Karla Schneider

Zwischen Kloppe und Glück

Karla Schneider

Zwischen Kloppe und Glück

oder

Wer sammelt

hat mehr vom Leben

Roman

BELTZ
& Gelberg

Karla Schneider, geboren 1938 in Dresden, arbeitete als Buchhändlerin und freie Mitarbeiterin einer Tageszeitung. Seit 1979 lebt sie in Wuppertal, heute als freie Autorin von Büchern für Kinder und Erwachsene.
Im Programm Beltz & Gelberg erschienen von ihr außerdem die Romane *Die abenteuerliche Geschichte der Filomena Findeisen*, *Wenn man Märri Schimmel heißt*, *Die Reise in den Norden* (Nominiert für den Deutschen Jugendliteraturpreis) sowie die Gulliver Taschenbücher *Lauter Windeier*, *Von seltsamen Dingen und ihrer wahren Bedeutung* und *Fünfeinhalb Tage zur Erdbeerzeit* (Astrid-Lindgren-Preis).

Gesetzt nach der neuen Rechtschreibung

Lektorat Ruth Klingemann
Einband von Rotraut Susanne Berner
Gesamtherstellung
Druckhaus Beltz, 69494 Hemsbach
Printed in Germany
ISBN 3 407 79763 X

1. Kapitel

»Neun Jahre sind ein gutes Alter, um mit der ersten Sammlung zu beginnen«, hatte Herr Holtei Malwida ermuntert. Malwida Meisenbug war zufällig gerade neun. Um genau zu sein: neun Jahre und sieben Monate.

Obwohl der alte Herr Holtei in derselben Gasse wohnte wie die Meisenbugs, hatte Malwida ihn nur vom Sehen gekannt. Dann hatten sie plötzlich angefangen, miteinander zu reden.

Es war am ersten Rollstrumpftag im Jahr gewesen. Malwida hatte ihre langen braunen Strümpfe bis zu den Knöcheln heruntergerollt. Die Strumpfhalter am Leibchen baumelten lose unter ihrem Rock und die Luft strich ihr um die nackten Beine, ein großartiges Gefühl. Was machte es da schon, dass ihre Großmutter ihr hinterherrief: »Aber nach fünf rollst du sie wieder hoch! Wir haben schließlich erst April, vergiss das nicht.«

Sie standen beide Schlange, Malwida und Herr Holtei, im Hof hinterm Gasthaus »Zum Erbgericht« und rückten alle paar Minuten einen kleinen Schritt vor.

»Interessantes altes Haus, in dem ihr wohnt«, hatte Herr Holtei das Gespräch eröffnet.

»Hm, ja. Ich glaub, es ist zweihundert Jahre alt oder so. Jedenfalls war es schon alt, als der Vater von meinem Opa es gekauft hat«, gab Malwida Auskunft. Sie fühlte sich geehrt. Bei den Meisenbugs wurde das Haus nie anders genannt als »die Bruchbude«.

»Da lebe ich nun bloß einen Steinwurf entfernt von euch und habe das Haus noch nie von innen gesehen«, setzte Herr Holtei das Gespräch fort. »Habt ihr noch die originalen alten Türen?«

Malwida nickte, etwas unsicher. »Glaub schon.«

»Und wie steht's mit den ... Türklinken?«

Malwida wunderte sich, weshalb die Augen von Herrn Holtei auf einmal so glitzerten. »Klar haben wir auch Türklinken. Sonst könnte man die Türen ja nicht auf- und zumachen.«

Sie war enttäuscht. Der alte Holtei war wohl doch schon etwas hepp-hepp. Oder er gehörte zur Sorte dieser blöden Witzbolde, die dauernd Kinder vergackeiern müssen.

Aber dann ließ Herr Holtei die Katze aus dem Sack: »Du musst wissen, ich bin Sammler. Ich sammle Türklinken aller Formen, aller Zeitalter und aller Materialien. Ich bin sogar deswegen in den Trümmern herumgeklettert. Streng verboten, weil natürlich sehr gefährlich. Für jede Türklinke, die ich erbeutete, hab ich quasi mein Leben aufs Spiel gesetzt. Aber um die Leidenschaft eines Sammler zu verstehen, muss man selbst Sammler sein.«

Sein Blick bohrte sich begierig in die Augen von Malwida. »Und du? Wie steht's mit dir? Zigarettenschachteln? Briefmarken? Abziehbildchen? Trachtenpuppen?«

Malwida schüttelte zu allen Fragepunkten den Kopf. Es war ihr richtig peinlich, dass sie bisher noch gar nichts sammelte. Sie versuchte den Mangel vor Herrn Holtei zu entschuldigen.

Die alten Meisenbugs, Malwidas Mutter und ihre Großmutter, rauchten beide nicht. Sie hatten überhaupt etwas gegen das Rauchen. Und auf der Post, die der Haushalt Meisenbug bekam, klebten immer die gleichen Briefmarken. Meistens waren sie eingerissen, oft mit Stempelfarbe verschmiert. Wozu sollte sie die aufheben?

Abziehbilder glückten Malwida selten. Wenn sie die Rückseite abrubbelte, ging jedes Mal ein Stück vom Bild kaputt. Außerdem hatte ihre Mutter schon ewig keine mehr mitgebracht. Wahrscheinlich waren Abziehbilder ebenso verschwunden wie vieles andere. Wie Kognakbohnen ohne Kruste beispielsweise. Oder wie Sahnewindbeutel. Oder wie gute Butter. Alles Dinge, die Malwida nur aus Unterhaltungen der alten Meisenbugs kannte.

Und Trachtenpuppen?

Um sicherzugehen, fragte sie: »Mit Trachten meinen Sie doch so was wie eine Spreewälderhaube, einen Turban und Tirolerhüte, stimmt's? Nee, meine Puppen haben bloß normale Sachen an.«

»Macht nichts, macht überhaupt nichts«, sagte Herr Holtei. Er nahm seine Deckelkanne für die Molkenbrühe in die linke Hand. Die rechte legte er feierlich auf Malwidas Schulter. »Wir werden eben ein bisschen suchen müssen. Aber über kurz oder lang werden wir etwas Geeignetes für dich finden. Und dann wirst du, Malwida Meisenbug, zu uns gehören.«

»Was – ich?« Malwida wurde es unbehaglich. Hieß das etwa, sie sollte ihr Zuhause aufgeben und mit dem alten Herrn Holtei und seinem Bruder zusammenleben? Vorsichtshalber trat sie einen halben Schritt von Herrn Holtei weg, aus der Schlange heraus, so dass seine Hand von ihrer Schulter rutschte.

»Was ist daran so schlimm?« Herr Holtei lächelte wie der Weihnachtsmann. »Verlass dich drauf: Schon bald wirst auch du zur großen Gemeinschaft der Sammler gehören. Um dort Mitglied zu werden, muss man kein bestimmtes Alter erreicht haben. Wie alt bist du? Neun? Ausgezeichnet. Könnte nicht günstiger sein.«

Und dann hatte er den Satz gesagt: »Neun Jahre sind ein gutes Alter, um mit der ersten Sammlung zu beginnen.«

Wieder rückten sie ein Stück näher auf die Garage zu. In der Garage standen ein Tisch und mehrere mächtige Zinkkannen, aus denen Herr Schlegel, der Milchmann, die Molke schöpfte. Er hantierte abwechselnd mit dem Halbliterbecher und dem Litermaß. Mehr als einen Liter Molke bekam niemand.

»Beschreib mir doch spaßeshalber ein paar von euren Türklinken«, sagte Herr Holtei zu Malwida. »An die eine oder andere wirst du dich doch erinnern.«

Malwida überlegte krampfhaft. Sie blieb im Geist vor den verschiedenen Türen der Meisenbug-Wohnung stehen.

»Also, da ist eine, die sieht ein bisschen aus wie ein goldenes Zwergenhämmerchen. Ohne den Stiel natürlich«, begann sie.

»Messing«, flüsterte Herr Holtei. »Vermutlich spätes Biedermeier. Weiter, Malwida. Fallen dir noch mehr ein?«

»Na ja, vielleicht die Klinke von der Küchentür?«, schlug Malwida vor. Es schmeichelte ihr, dass Herr Holtei so begeistert war. »Die ist richtig ulkig. Sie hängt nämlich runter. Verstehen Sie? Sie baumelt. Man drückt nicht drauf, wenn man die Tür auf- oder zumacht. Sondern man muss mit den Fingern hineinfassen wie in einen Ring und drehen.«

»Könntest du sie mir aufmalen?«, bat Herr Holtei. »Hier in den Sand?«

Mit der Kante ihrer Holzsandale ritzte Malwida ein Oval in den rötlichen Dreck. Es sah aus wie ein Mund, der gerade »nee« sagt.

»Und hier unten dran sind dann noch zwei abstehende Schnörkel. Wie goldene Hörnchen. Das heißt, wenn man die Klinke anhebt, sind die Hörnchen oben.«

»Herrlich, herrlich«, flüsterte Herr Holtei. »Unvorstellbar, dass ein derartiges Kleinod in meiner nächsten Nähe existiert!«

Malwida kamen Zweifel, ob es sich gehörte, einen solchen Wertgegenstand mehrmals am Tage gedankenlos zu benutzen. Beruhigend sagte sie daher zu Herrn Holtei: »Eigentlich wird die Klinke ja sehr geschont. Die Küchentür steht immer offen. Nur wenn geheizt wird nicht. Und zugemacht wird sie fast immer nur so …«

Malwida führte Herrn Holtei vor, wie sämtliche Meisenbugs die Küchentür ins Schloss drückten. Sie streckte ihr

Hinterteil heraus und schubste damit in die Luft, gegen eine unsichtbare Türfüllung.

Mittlerweile waren sie der Garage schon ziemlich nahe gerückt. So nahe, dass der säuerliche Geruch aus den Molkereikannen ihre Nasen erreichte.

»Noch eine?«, drängte Herr Holtei. Er zwinkerte Malwida auffordernd zu und wackelte mit den buschigen Augenbrauen, als hätten sie ein Geheimnis miteinander. »Wie wär's mit … sagen wir mit der Klinke an der Schlafzimmertür von Großmama Meisenbug?«

»Die? Hm …« Malwida schlenkerte ihre Emaillekanne und dachte nach. »Ach ja, die ist schwarz.«

Herr Holtei wartete gespannt.

»Sonst nichts? Das ist mir zu wenig. Zeichne sie mal auf. Damit ich mir ungefähr ein Bild machen kann.«

Malwida scharrte mit ihrer Sandale glättend über den Boden. Dann malte sie ein sehr ungleich gestopftes Würstchen in den Sand. Ein Würstchen mit einer Taille in der Mitte und einem dicken Wurstzipfel am Ende.

»Da, wo die Klinke an der Tür festgemacht ist, ist eine goldene Kralle«, setzte sie erläuternd hinzu. »Das kann man im Sand nicht so gut erkennen. Die Kralle umkrallt den schwarzen Griff. Der ist aus Holz, glaube ich. Und ganz hinten, an der Schwanzspitze, gibt es so ein goldenes Knöpfchen, ganz winzig.«

»Wunderhübsche Spindelform«, sagte Herr Holtei. »Ich schätze Gründerzeit. Möglicherweise auch schon früher. Holla, wir sind dran. Zwei Liter Molke, bitte.«

»Ein Liter pro Kopf«, sagte Herr Schlegel. Man hörte, dass er diesen Satz heute schon hundertmal hatte sagen müssen.

»Mein Bruder und ich haben zusammen zwei Köpfe«, sagte Herr Holtei.

»Ihr Bruder muss selber kommen«, sagte Herr Schlegel. »Könnte ja jeder die Anzahl seiner Familienangehörigen nach Belieben erhöhen. Wie soll ich das kontrollieren, ob einer die Wahrheit sagt.«

»Ich habe zufällig ein Foto einstecken, auf dem mein Bruder und ich zusammen drauf sind«, sagte Herr Holtei. »Es muss jedem ins Auge springen, wie ähnlich wir uns sind.«

Er fummelte in seiner Brieftasche herum. Seine Hände zitterten und er war rot im Gesicht. »Hier, bitte schön!«

Er reichte Herrn Schlegel eine Fotografie über den Tisch. Sie hatte schon viele Knicke. Malwida bemerkte das, als sie neugierig den Hals reckte. Wahrscheinlich hatte Herr Holtei sie schon oft herumgezeigt.

Der Milchmann warf nicht mal einen Blick darauf.

»Tut mir Leid. Ein Liter. Die hinten in der Schlange wollen auch noch was abkriegen.«

Herr Schlegel tauchte den Messbecher in die große Kanne und goss die Molke in Herrn Holteis kleine. Er nahm die Münzen entgegen und sortierte sie in ein Drahtkörbchen mit verschiedenen Fächern.

Als Malwida mit ihrem vollen Molkekrug vorsichtig um die Ecke des Gasthofs »Zum Erbgericht« bog (dort begann das Stolperpflaster und man musste höllisch aufpassen), trat Herr Holtei zu ihr. Er hatte auf sie gewartet. Das war nett von ihm, fand Malwida. Sie hatten ja auch beinah den gleichen Heimweg. Herr Holtei musste nur hundert Meter weiter die Gasse hinaufsteigen.

Malwida war drauf und dran, ihm von der Klinke zwischen Wohnzimmer und Kinderstube zu erzählen. Wie ein kleines Zepter, wenn man König spielen will, wollte sie sagen. Doch Herr Holtei schien nicht mehr interessiert.

Solange sie nebeneinander hergingen, redete er von nichts anderem als von dem Liter Molke. Nicht von dem Liter, den er bekommen hatte, sondern von dem anderen, den Herr Schlegel ihm nicht hatte geben wollen.

»Jeder weiß, dass ich einen Bruder habe«, beschwerte er sich bei seiner Zuhörerin. »Ich würde doch kein Familienmitglied aus der Luft greifen. Stellt mich dieser Mensch als Lügner hin! Beschämt mich vor der ganzen Schlange! Wenn Oberon nur nicht so stur wäre! Wie oft habe ich ihn schon gebeten, er möchte doch ab und zu mal mitkommen. Zum Einholen meine ich. Die Leute vergessen ja ganz, dass es dich gibt, habe ich zu ihm gesagt. Nichts zu machen. Mein Herr Bruder spielt den Höhlenbären!«

Malwida nahm an, dass Herrn Holteis Bruder mit einem Bärenkostüm bekleidet herumlief. Zu Weihnachten hatte ihre Klasse das Märchen *Das Abenteuer im Walde* aufgeführt. Nur Gerda, die Tochter vom Bäcker, hatte ein echtes Kostüm gehabt. Ihre Eltern hatten es bei einer Kunstgewerbefrau extra anfertigen lassen. In einen engen

Schlauch eingenäht, war Gerda auf dem Fußboden entlanggekrochen wie eine wirkliche Schnecke. Ihr Haus hatte sie mit Rucksackriemen auf den Rücken geschnallt getragen.

Ob Herrn Holteis Bruder auch auf allen vieren ging wie ein richtiger Bär? Ob er zum Essen die Schnauze hochklappte? Malwida war insgeheim froh, dass er heute nicht mit zum Einkaufen gekommen war. Der arme Herr Holtei konnte einem schon Leid tun.

»Wiedersehen«, sagte Malwida höflich und wollte in den Hof der »Bruchbude« einschwenken.

Herr Holtei guckte verdutzt. Er hatte gar nicht auf den Weg geachtet.

»Halt, warte ... einen Moment ... nicht so schnell«, stotterte er. Rasch hatte er sich wieder gefasst. Er sagte zu Malwida: »Weißt du was? Komm mich doch mal besuchen. Wir müssen uns unbedingt was Geeignetes ausdenken, was du sammeln kannst. Außerdem willst du doch sicher meine Türklinkensammlung besichtigen. Dreihundertfünfundfünfzig Exemplare bis jetzt. Komm einfach mal am Nachmittag. Da habt ihr doch keine Schule, soviel ich weiß. Oberon und ich – wir mussten seinerzeit auch nachmittags drei Unterrichtsstunden über uns ergehen lassen. Stell dir vor, wie viel Zeit du deiner Sammlung widmen könntest, Malwida! Ich meine, wenn du eine hättest.«

»Ich lass mir was einfallen«, sagte Malwida. »Ich muss jetzt rein.«

An der Haustür drehte sie sich um. Herr Holtei stand immer noch da. Aber seine Blicke galten nicht ihr. Herr Holtei betrachtete die »Bruchbude« als betrachte er eine bezaubernde Fata Morgana am Horizont der Wüste.

2. Kapitel

Gleich nach der Unterhaltung mit Herrn Holtei forschte Malwida die alten Meisenbugs aus. Zuerst ihre Großmutter.

»Du, Babbel, sammelst du eigentlich was?«

»Ja, Zuckermarken«, war die Antwort. »Damit wir zu Ostern einen Kuchen backen können.«

So etwas konnte natürlich nicht als richtige Sammlung gelten, fand Malwida. Denn die Großmutter hob die Zuckerabschnitte der Lebensmittelkarten ja nicht deshalb auf, weil sie auf bunte Papierschnipsel versessen war. Sie würde sie in der Osterwoche in den Laden mitnehmen und dafür Zucker kaufen, den es ohne diese Marken nun mal nicht gab.

Malwidas Mutter wusste noch, dass sie als Kind Ausschneidepuppen gesammelt hatte.

»Ein oder zwei Jahre lang war ich ganz verrückt danach. Jedes Wochenende brachte der Papa einen neuen Bogen für mich mit. Was wurde da geschnippelt und angezogen und ausgezogen! Jedes Kleidungsstück hatte zwei Klappen, mit denen wurde es über die Schultern der Figur gehängt. Das ging, bis ich ungefähr so alt war wie du. Dann wurde es mir zu kindisch.«

»Ja, aber deine Sammlung?«, fragte Malwida. »Was ist aus ihr geworden?«

Frau Meisenbug zuckte die Achseln.

»Irgendwann in den Kehrichteimer gewandert. War doch bloß Papier.«

Malwida wartete, ob sie die Briefe erwähnen würde. Doch für Frau Meisenbug schien das Thema »Sammlung« beendet zu sein.

Im Nachttisch von Malwidas Mutter waren nämlich die mittlere und die unterste Schublade mit Briefen voll gestopft.

Auf keinem einzigen klebte eine Briefmarke. Nur jeweils oben rechts war ein kleiner runder Stempel. Und jeder Packen war mit einem Seidenbändchen verknotet.

Alle diese Briefe hatte Herr Meisenbug, Malwidas Vater, seiner Frau aus dem Krieg geschrieben.

Doch das war streng genommen keine echte Sammlung, überlegte Malwida. Denn es würde nie mehr weitere Briefe geben. Eine Sammlung aber, das hatte sie begriffen, musste ständig vergrößert werden. Deshalb hieß es ja »Sammlung«, weil man sammelte.

Malwida dachte an den nächsten Tagen ziemlich viel an Herrn Holtei. Auf Schritt und Tritt brachte er sich ihr in Erinnerung:

Sooft sie eine Türklinke anfasste.

Sooft ihr Blick auf eine weggeworfene Zigarettenschachtel fiel.

Jedes Mal, wenn sie zufällig das Wort »Briefmarken« aufschnappte.

Jedes Mal, wenn sie an einem ganz bestimmten Fenster im Erdgeschoss eines ganz bestimmten Hauses vorbeikam. Dort stand hinter der Scheibe eine Puppe mit weißem Holländerhäubchen, weißen Puffärmeln und mit einem über Kreuz gelegten Brusttuch. Eine Trachtenpuppe.

Alles Gegenstände, die es offenbar wert waren, dass man sie sammelte. Schade nur, dass Malwida sich nicht das Geringste aus ihnen machte. Wenn ich was sammle, muss es mir schon gefallen, dachte sie.

Die Vorstellung, große Mengen seltsam angezogener Puppen oder leerer Zigarettenschachteln zu besitzen, gefiel ihr nicht im Mindesten. Aber was käme sonst in Frage?

Malwida grübelte und grübelte. Nach einer Woche ließ ihr Feuereifer nach. Sie erinnerte sich immer seltener an Herrn Holtei.

Daran war zum Teil auch Herr Holtei selbst schuld. Nirgendwo tauchten sein knittriger Regenmantel und sein grauer Filzhut auf; dabei ging Malwide beinah täglich einkaufen.

Er stand kein einziges Mal in der Schlange vorm Bäcker.

Auch nicht in der Gärtnerei, wo Radieschen und Stiefmütterchen in zwei getrennten Schlangen abgegeben wurden.

Er fehlte sogar in der Wurstbrühen-Schlange, die den ganzen Nachmittag nicht kleiner wurde, weil sie immer wieder nachwuchs. Mit etwas Geduld konnte man in der Wurstbrühen-Schlange der halben Einwohnerschaft von Poyritz begegnen.

Wenigstens in der Schlange vorm Gemischtwarenladen hätte Malwida ihn doch ab und zu mal treffen müssen! Aber nichts dergleichen. Falls Herr Holtei und sein Bruder Bedarf an Lagerbier, Gräupchen, sauren Gurken und Stinkadores hatten (so nannten die Meisenbugs den einzigen vorrätigen

Käse), kauften sie diese Dinge vermutlich nur am Vormittag ein.

So war es kein Wunder, dass Malwida Herrn Holtei bis Ostern vergessen hatte. In der Osterwoche gab es einfach zu viele Ablenkungen. Denn am Gründonnerstag rückte Malwidas Mutter die fünf bunt lackierten Papp-Ostereier heraus.

Die stammten noch aus der Zeit vor dem Krieg. Außerdem waren sie Andenken an Herrn Meisenbug und wurden sehr in Ehren gehalten. Malwida musste jedes Jahr lange betteln, ehe sie damit spielen durfte. Nie vergaß Frau Meisenbug zu erwähnen, was damals in jedem einzelnen Ei drin gewesen war.

Das größte Ei mit den Papageien auf goldenem Hintergrund hatte zum Beispiel Kognakbohnen ohne Kruste enthalten. Und in dem blauen Ei, das so kostbar aussah, weil es über und über mit Glasperlen besät war, hatten Weinbrandkirschen gelegen.

Malwida holte Hildchen Hahn-Hahn, die ebenfalls in der »Bruchbude« wohnte. Hildchen war ein Jahr jünger als Malwida. (Die alten Meisenbugs wunderten sich manchmal. Sie fragten Malwida: »Warum spielst du nicht lieber mit Hermi Hahn-Hahn? Die ist ein Jahr älter als du und würde viel besser zu dir passen als Hildchen.« – Malwida gab darauf nie eine Antwort. Sie hatte es ja mit Hermi versucht. Aber mit Hermi zu spielen war die reinste Hölle. Darüber zu erzählen wäre fast wie Petzen gewesen. Deshalb hüllte sie den Namen

Hermi Hahn-Hahn in den Mantel des Schweigens, wie ihre Großmutter das nannte.)

Hildchen war zu Hause und kam gerne mit. Dann versteckten sie im Garten der Meisenbugs die leeren Pappeier. Mal versteckte Malwida und Hildchen durfte suchen. Anschließend musste Hildchen verstecken und Malwida war mit Suchen dran.

Malwida fühlte sich benachteiligt, weil Hildchen sich im Garten der Meisenbugs nicht so gut auskannte und daher nur ganz leichte Verstecke wählte.

»Du gibst dir überhaupt keine Mühe«, murrte Malwida. »Unter der Veranda ist doch doof. Dort guckt jeder zuallererst drunter. So wie du versteckst, macht das gar keinen Spaß.«

Trotzdem spielten sie am nächsten und am übernächsten Tag wieder Pappeier-Verstecken. Hildchen lernte schnell und wurde immer erfinderischer.

Ostersonntag war Schluss damit. Am Abend vorher hatte Frau Meisenbug die Pappeier von Malwida zurückgefordert. Und Sonntag früh sagte sie zu Malwida: »Bleib mal im Haus. Gleich kommt der Osterhase.«

Das Papageien-Ei, das Perlen-Ei, das Rosen-Ei, das Küken-Ei und das Frühlingsblumen-Ei in den Händen, liefen die alten Meisenbugs, Memmi und Babbel, im Garten von Baum zu Baum und von Busch zu Busch. Sie lachten laut dabei und riefen sich zu.

»Nicht so weit oben!«, rief Malwidas Großmutter. »Das findet sie doch nie im Leben!«

»Denk mal mit dran, dass ich das blaue hinter die Steinbank gelegt habe«, rief Malwidas Mutter. »Für den Fall, dass sie es nicht entdeckt.«

Malwida wartete hinter der Verandatür und hatte beide furchtbar lieb.

Gegen die Verstecke, die die alten Meisenbugs aussuchten, waren die von Hildchen geradezu raffiniert. Das große Papageien-Ei lag immer unter der Veranda. Auch die anderen Eier konnte man auf den ersten Blick ausmachen. Sie leuchteten weithin: aus dem kahlen Forsythienstrauch heraus, hinter dem Stamm des Birnbaums hervor, zwischen den dicken Wurzeln der Linde.

Um Memmi und Babbel nicht den Spaß zu verderben, guckte Malwida absichtlich eine Weile in der Luft herum, ehe sie eins nach dem anderen einsammelte.

Jedes Ei war zu drei Vierteln mit grünem Ostergras gefüllt. In das Grün hineingebettet lagen winzige Zuckereier, in denen ein Klecks süßer Flüssigkeit war, wenn man sie zerbiss. Rote, weiße und gelbe. Oder weiße Eihälften aus Fondant mit einem gelben Dotter in der Mitte. Braune und rosa Fondanthäschen. Gelbe Fondantküken. Aß man zu viel Fondant hintereinander, zog es einem in den Zähnen.

Nur im kleinsten Pappei, dem Rosen-Ei, war weder Ostergras noch Fondant, sondern ein Trikotklumpen. Malwida rollte ihn auseinander. Sie hielt ein Paar Ringelsöckchen in der Hand. Rot-weiß-grün geringelt. Ringelsöckchen waren allgemein die große Mode und deshalb kaum aufzutreiben. Malwida setzte sie umgehend an die Spitze der Liste geliebtester Kleidungsstücke. (Die Liste umfasste nur zwei Teile.)

Sie selbst hatte zehn Osterbilder mit Wasserfarbe gemalt. Die alten Meisenbugs durften sich die schönsten aussuchen. Die wurden im Wohnzimmer hinter den Büffetscheiben aufbewahrt, an die Süßweingläser gelehnt. Dort würden sie bleiben, bis sie von den Weihnachtsbildern abgelöst wurden. Ein paar allerdings steckte Malwidas Großmutter in den Rahmen des großen Spiegels im Korridor. »Damit sie jeder gleich sehen kann, der uns besucht«, hieß es. Die alten Meisenbugs erhielten äußerst selten Besuch.

Der Tag wurde immer wärmer. Die Sonne brannte herunter wie im Hochsommer. Nachmittags mussten die alten Meisenbugs zugeben, dass dies das perfekte Ringelsöckchenwetter war.

Malwida trollte sich auf die Gasse. Die alten Meisenbugs blieben auf der Veranda sitzen und aßen langsam und andächtig den Osterkuchen. Jedes Krümchen wurde mit der Fingerspitze vom Teller getupft. Nach Malwidas Meinung hatte die Großmutter längst nicht genug Zuckermarken dafür gesammelt. Aber vielleicht lag es auch daran, dass Malwida zu viele Fondanteier und Fondanthasen und Fondantküken gegessen hatte. Viel zu viele. Ihr war ein ganz kleines bisschen übel.

Ein bestimmtes Ziel hatte sie nicht. Sie trödelte nur so dahin, die steile Gasse hoch.

Wenn man aus dem kühlen Mauerschatten der »Bruchbude« heraus war, hatte man nur noch Sonne um sich.

Denn rechter Hand, wo die Sonne jetzt, zur Kaffeezeit, stand, zogen sich zwei Gartengrundstücke entlang. Die dazugehörigen Häuser standen nicht direkt an der Straße. Man konnte sie von hier aus nicht einmal sehen; ihre Schatten fanden nie aus den Gärten heraus. Ungehindert knallte die Sonne von Mittag bis Abend auf die Häuser der linken Straßenseite.

Wer zur Gasse hin wohnte, zog ab Mittag die Gardinen zu. Manche stellten auch bloß Pappendeckel in die Fenster. Wie zum Beispiel der Kunstmaler, der sich öfters mit seinem Klapphocker oben in die Kurve setzte, um zu malen. Die Kinder der Gasse hatten ihm den Spitznamen Erdbeernase gegeben. Wie er wirklich hieß, wusste Malwida nicht.

Auch heute, am Ostersonntag Nachmittag, saß Erdbeernase in seinem weißen Doktorkittel wieder an der Außenseite der Kurve. Wie meistens hatte er etliche Kinder um sich, die hinter seinem Rücken herumlungerten und seine Arbeit verfolgten.

Malwida näherte sich der Gruppe von unten her, Schrittchen für Schrittchen. Sie kam nur langsam vorwärts. Denn nach jedem dritten Schritt senkte sie den Blick und bewunderte ihre Ringelsöckchen. Ihr war zumute, als gingen von ihrem Ostergeschenk Signale aus. Unhörbare Fanfarenstöße. Und jedes Signal schmetterte: NEU! NEU! NEU! ROT-WEISS-GRÜNE BLOCKSTREIFEN! ALLERNEUESTE MODE!

Aber die anderen Kinder hatten nur Augen für Erdbeernases Zeichenblock. Dass er überhaupt malen konnte, so dicht, wie sie ihm auf die Pelle gerückt waren! Es fehlte nicht viel und sie hätten Wangen und Kinne auf seinen Schultern liegen gehabt.

Erdbeernase hatte heute keine Staffelei dabei und keinen Farbkasten. Er zeichnete mit Bleistift. Er zeichnete doch tatsächlich Hermi Hahn-Hahn! Was er an der finden mochte?

Hildchen war auch da. Sie triefte förmlich vor Familienstolz und bemerkte Malwidas Ringelsöckchen überhaupt nicht.

Hermi Hahn-Hahn saß einen Meter von Erdbeernase entfernt auf dem niedrigen Mäuerchen und schaute niemanden an. Malwida überlegte, ob das wohl anstrengend war: so lange Zeit über zu tun, als säße man ganz allein auf der Mauer. Und durch sechs Leute in allernächster Nähe einfach hindurchzugucken, als wären sie Luft. Ausnahmsweise sah Hermi mal gar nicht biestig aus, sondern still und satt und freundlich.

Weil Ostern war, trugen Hildchen Hahn-Hahn und Hermi Hahn-Hahn ihre Haare zum Erntekranz geflochten. Das war eine schwierige und zeitraubende Zopffrisur, die rund um den Kopf herumlief. (Die alten Meisenbugs hatten sich auf Malwidas Quengeln hin beide daran versucht und waren beide gescheitert. Malwida musste weiterhin ihre Affenschaukeln tragen.)

Frau Hahn-Hahn hatte eine Vorliebe für diese Haartracht. Aber weil das Flechten stets so lange dauerte, raffte sie sich nur zu besonderen Anlässen dazu auf. Jetzt, am Nachmittag, hingen schon allerhand wilde Strähnen aus den Erntekränzen heraus. Bei Hildchen weniger als bei Hermi.

Manchmal kam eine sanfte Brise aus den Gärten herübergeweht. Dann roch es süß und samtig nach Stiefmütterchen. Und dann fächelte es der sitzenden Hermi die losen Haare um den Hals und um die Stirn. Um den Hals hatte sie eine rote Kette.

Malwidas Augen wurden kugelrund vor Empörung. Diese Kette kannte sie doch! Durchsichtige ovale Perlen! Aus Kunststoff zwar nur, aber rot schimmernd wie echte Rubine. Jede Perle konnte durch ein Nippelchen an die nächste gesteckt werden. Oder wieder abgelöst werden, falls man sich statt der Kette lieber zwei Armbänder draus machen wollte. Beim Spielen im Hof war Malwida die Kette vor ungefähr vier Wochen abhanden gekommen. Vielleicht hatte eins der Nippelchen nicht richtig fest gesteckt, so dass ihr die Kette vom Hals gerutscht war. Wie hatte sie danach gesucht! Alle Kinder hatten ihr suchen helfen. Auch Hermi.

Also war Hermi Hahn-Hahn nicht bloß biestig und piesackte jüngere Kinder, was allein schon ausreichte, um sie unausstehlich zu machen. Sie mauste auch noch!

Malwida fühlte einen dicken Kloß in der Kehle. Der schöne Ostertag war ihr plötzlich verhagelt.

Sich bei den alten Meisenbugs über Hermi, diese diebische Elster, zu beschweren, würde nur dazu führen, dass Frau Meisenbug zur Wohnung der Hahn-Hahns hinunterstürmte. Sie würde verlangen, mit der alten Hahn-Hahn zu sprechen. Sie würde draußen auf dem Korridor bleiben. Sie würde laut werden. Und die alte Hahn-Hahn würde mit genauso lauter Stimme ihre Hermi verteidigen. Sie würden sich anschreien, sich beleidigen und die alte Hahn-Hahn würde schließlich die Tür zuplautzen. Lieber wollte Malwida auf die Fast-Rubinkette verzichten.

Trotzdem stiegen ihr immer mehr Tränen in die Augen. Bevor eins von den anderen Kindern das mitbekam und laut ausposaunte: »He – die heult! Was heulst'n du auf einmal?«, schlich sich Malwida von Erdbeernase und seinem Publikum fort. Quer über die Gasse, wo die Biegung der Kurve sie vor der Aufmerksamkeit der anderen schützen würde.

Neben einem Gartengitter blieb sie stehen. Sie zog ein paarmal den Rotz hoch und rieb sich mit den Fingerknöcheln die Augen trocken. Hinter dem Zaun aus eisernen Lanzen lag ein kleiner Vorgarten, der aus Leibeskräften in der Sonne badete. Alles darin war bereits ein gutes Stück weiter gediehen als im Garten der Meisenbugs.

Der Forsythienstrauch blühte von der obersten Spitze bis fast auf die Erde. Jedes seiner Ästchen verschwand unter schaumigen gelben Rüschen. Auf dem runden Rasenfleck hatten sich eine violette und eine dottergelbe Krokus-Insel angesiedelt. Rechts und links der Eingangsstufen plusterten sich dicke Polster von Veilchen. Und entlang der Hauswand standen Osterglocken und fette, knallrote Tulpen Kopf an Kopf, wie zur Parade angetreten.

Malwida war viel zu sehr mit ihrem Kummer beschäftigt, um das Locken und Leuchten wahrzunehmen. Ihretwegen hätte sich auf der anderen Seite des Zauns auch eine zertrampelte Wildschweinsuhle befinden können.

»Malwida! Komm doch rein!«

Verdutzt hob Malwida den Kopf und spähte überall herum. Sie packte die eisernen Lanzen mit beiden Händen und drückte ihr Gesicht an die Stäbe.

Die Blumen lächelten sie an. Alle miteinander lächelten sie so gelb, so rot und so violett sie konnten. Sonst war niemand zu sehen. Im Garten befand sich kein Mensch. Die Fenster des Hauses lagen still und schläfrig da und wedelten nur ein bisschen mit den Vorhängen.

Konnten Häuser rufen?

»Das Tor ist offen!«, schallte es jetzt.

Die Stimme kam von oben, Malwida hatte es ganz deutlich gehört. Das eine Mansardenfensterchen im Dach – glich es nicht einem Mund?

Unsicher, ob die Aufforderung wirklich und wahrhaftig von dem Haus mit dem hübschen Vorgarten ausging, klinkte Malwida das Gittertor auf. Es quietschte laut und schrill in den Angeln. Sie erschrak und wollte lieber wieder den Rückzug antreten. Die alten Meisenbugs vertraten nämlich die Ansicht, dass es ungehörig war, in fremde Häuser einzudringen, wenn man dort nichts zu suchen hatte.

Doch in dem Moment flog die Haustür auf. Aus der Türöffnung hastete Herr Holtei. Er lief im Zuckeltrab alter Leute. Fast genauso zuckelte Malwidas Großmutter über den Korridor. (Vor allem dann, wenn ihr der Geruch von angebranntem Essen in die Nase stieg.)

Nun verlor Herr Holtei gar noch den einen Pantoffel!

Ohne sich darum zu kümmern, stieß er Worte hervor: »Wie schön, wie schön … Malwida … endlich mal besuchen …«

Malwida hatte Herrn Holtei noch nie in Hemdsärmeln gesehen und noch nie ohne seinen Hut. Sein Haar war grau und lockig und ziemlich lang. Es fiel ihm beim Laufen in die Stirn und verdeckte die Brillengläser. Zwischen seinen Kragenecken prangte eine blauseidene Krawattenschleife mit Pünktchen.

»Dass du mich nicht vergessen hast, Malwida! Das freut mich aber. Schon längst wollte ich dir alles zeigen.«

Herr Holtei japste und strahlte und legte Malwida den Arm um die Schultern. »Na, komm! Komm mit …« Mit der freien Hand machte er ausladende Gebärden über Forsythiensträucher und Krokus-Inseln hin.

Wie ein König, der jemanden in sein Reich einläd, dachte Malwida beeindruckt.

»Ist das Ihr Garten?«, fragte sie.

»Leider nein. Er gehört dem Hauswirt. Uns steht nur das Recht kostenloser Augenweide zu.« Herr Holtei angelte geschickt mit der Fußspitze nach seinem verlorenen Pantoffel, als er an ihm vorbeikam. Malwida hatte bemerkt, dass sein großer Zehn durch den Strumpf guckte.

Im Hausflur wies Herr Holtei mit ebenso königlicher Gebärde zur Treppe hin. Als käme das Erdgeschoss für jemanden wie ihn nicht in Betracht.

»Noch etwas höher, wenn ich bitten darf«, sagte er, als Malwida im ersten Stock zielsicher auf die grün gestrichenen Türen zuging. Beschämt kam sie wieder zurück.

»Ist das denn nicht Ihre Wohnung? Aber hier ist doch Schluss. Hier gehts doch nicht mehr weiter.«

»Doch, doch. Gleich sind wir da. Nur noch fünfzehn Stufen.« Krächzend versuchte Herr Holtei zu singen: »Unterm Dach juchhe, unterm Dach juchhe hat der Sperling seine Jungen – wie es so schön im Liede heißt.«

Malwida kannte das Lied. Die Mädchen aus der Siebten und der Achten sangen es manchmal in der Hofpause. Sie stellten sich dabei ganz eng im Kreis und kehrten die Rücken nach außen. Meistens jedoch sangen sie Lieder, in denen von Liebe die Rede war: *Kein Feuer, keine Kohle kann brennen so heiß* oder *Rusla, wenn du meine wärst, nu jaja, nu jaja.*

Die fünfzehn Stufen waren viel schmaler und steiler als die vorhergehenden. Und als Malwida oben die Tür aufdrückte (denn Herr Holtei stieg hinter ihr), stand sie tatsächlich auf dem Dachboden.

3. Kapitel

Obgleich dies doch ein gänzlich fremdes Haus war, roch der Dachboden zu Malwidas Erstaunen genauso wie der Dachboden der »Bruchbude« nach verwittertem Holz und Dachziegeln und eingesperrtem Staub. Noch mit verbundenen Augen hätte sie den Geruch wieder erkannt.

Wo die Nachmittagssonne durch die Dachluken fiel, tanzten die Staubkörnchen in dichten Schwärmen. So dicht, dass man nicht erkennen konnte, ob hinter dem Gewirbel noch mehr Bodenraum war oder nicht. Auch hier gab es gespannte Wäscheleinen, ganz wie zu Hause. Nicht mal die Lattenverschläge fehlten, in denen die Hausbewohner allerlei Krempel aufbewahrten: Reisekörbe und alte Küchenherde, Kinderwagen mit hohen Rädern und Bilder mit gesprungenem Glas.

Eins der Lattentürchen war allerdings nicht verschlossen. Es stand halb offen, als lohne sich das Absperren nicht. Malwidas neugierige Blicke entdeckten im Dämmerdunkel des Verschlags einen hölzernen Thronsitz mit Deckel. Und an der Seitenwand hatte jemand schulheftgroße Zeitungsfetzen auf einen langen Nagel gespießt.

In der »Bruchbude« hatten sie die Papierstücke ordentlich gestapelt auf einem Brettchen liegen. Außerdem wäre es den Meisenbugs nicht mal im Traum passiert, die Aborttür offen zu lassen! War die Jauchengrube lange nicht geleert worden, zündeten die alten Meisenbugs manchmal sogar Räucherkerzchen im Flur an. Dabei besaßen sie eine richtige feste Tür, die man nach Belieben verriegeln konnte. Eine Tür, hinter der man seine Ruhe hatte, wenn man auf dem Holzthron hockte und sich in die Zeitungsartikel des Klopapiers vertiefte.

Hier musste man ja ständig in der Angst leben, gestört und überrascht zu werden. Falls die Leute von unten gerade Wäsche aufhängen kamen oder in ihren Bodenkammern kramen wollten, saß man vor ihren Augen wie in einem Käfig.

»Guten Morgen, Herr Holtei! Ganz schöner Sturm letzte Nacht, was?«

Ob man in solcher Situation einen Gruß erwiderte?

Bei der Vorstellung wurde Malwida vor lauter Peinlichkeit ganz rot im Gesicht. Schnell schaute sie in die entgegengesetzte Ecke, damit Herr Holtei ihre Gedanken nicht erriet. Denn eben betrat auch er den Dachbodenbereich. Ihm war nämlich zum zweiten Mal der Pantoffel entglitten und er hatte die steile Treppe nochmals hinabsteigen müssen, um ihn zu holen.

»Gleich rechts, bitte schön. Wir sind am Ziel«, verkündete Herr Holtei.

Malwida ging hinter ihm her auf die Wand aus Sonnenstäubchen zu. Sie schritten mitten hindurch. Als Malwida sich umsah, hatte die Wand sich hinter ihrem Rücken wieder geschlossen. Die andere Hälfte des Bodens war hinter dem blendenden Staubgeflimmer verschwunden. Wie weggezaubert.

Dafür war eine eingezogene Zwischenwand sichtbar geworden. In ihre obere Hälfte waren Glasscheiben eingelassen und in der Mitte gab es einen Eingang mit eirundem Porzellanschild. HOLTEI stand darauf.

Herr Holtei musste Malwida ein klein wenig schieben, weil sie sich nicht entschließen konnte, durch diese Tür zu gehen. Ihr war Herrn Holteis Bruder eingefallen, der nie zum Einkaufen mitgehen wollte. Was, wenn er gerade in seinem Höhlenbären-Kostüm steckte? Wenn er auf allen vieren auf sie zugetappt käme? Wenn er nun brummte?

Als könne er Gedanken lesen, sagte Herr Holtei: »Ich habe Oberon schon von dir berichtet. Und von dem interessanten alten Haus, in dem du lebst. Er wird sehr erfreut sein, dich kennen zu lernen.«

In dem engen düsteren Vorraum, der sein Licht nur durch die Glasscheiben bekam, das heißt durch die weit entfernten Bodenluken, lauerte jedoch nichts Zottiges, um sich auf den Besuch zu stürzen.

»Das da ist die Küche.« Herr Holtei deutete auf eine von drei abgeschabten Türen. »Dann kommt mein Zimmer und zur Westseite hin das von Oberon. Als wir hier einzogen, hatten wir uns zuerst für ein Schlafzimmer und ein gemeinsames Wohnzimmer entschieden. Aber die Idee erwies sich als nicht so glücklich. – Oberon?«

Er pochte zweimal zart an die letzte Tür.

»Dürfen wir dich in deiner Höhle stören? Ich möchte dir Malwida Meisenbug vorstellen.«

Malwida kribbelten alle Haarwurzeln. Bestimmt war es

unhöflich, loszukreischen, wenn man sich einem Menschen im Bärenfell mit Bärenkopf gegenübersah. Ob sie ihm die Hand geben musste? Beziehungsweise die Pfote schütteln? Oder genügte ein freundschaftliches Winken?

Beide warteten auf ein »Herein!« oder sonst eine Aufforderung. Als keine erfolgte, drückte Herr Holtei den Türgriff nieder und steckte die Nase ins Zimmer seines Bruders.

»Hätte ich mir denken können«, sagte er. »Hat wieder mal nur Ohren für IHN.«

Offenbar schien Besuch nicht erwünscht. Herr Holtei kehrte sich jedoch nicht daran, sondern bugsierte Malwida mit sanftem Nachdruck über die Schwelle.

Unter der Dachschräge, deren Fenster mit einem Theatervorhang drapiert war (zumindest hielt Malwida es für einen Theatervorhang), stand eine Bettcouch. Darauf, in einem Nest von zwanzig oder dreißig Sofakissen, lag ein barfüßiger älterer Herr mit geschlossenen Augen. Er träumte wohl gerade etwas Angenehmes, denn sein Gesicht war ein einziges glückseliges Lächeln.

Auch die alten Meisenbugs lächelten bisweilen auf diese Art. Malwida wusste, dass sie dann an »Bohne« dachten. Womit sie Bohnenkaffee meinten, den es schon seit Jahren nicht mehr zu kaufen gab. Oder sie dachten an Kognakbohnen ohne Kruste. Oder an Sahnewindbeutel. An Lachsschinken und indische Blumenseife.

Nirgendwo im Zimmer konnte Malwida ein Bärenkostüm entdecken. Sie atmete auf. Zweifellos hing es in einem der drei Schränke, die die senkrechte Wand verstellten. Herrn

Holteis Bruder hatte sich für das Nachmittagsschläfchen in einen roten Hausmantel gehüllt. Nach Aussage der alten Meisenbugs hießen die allerfeinsten Stoffe: Samt, Spiegelseide oder (wenn mit Gold durchwirkt) Brokat. Samt kannte Malwida vom Nadelkissen; der war es nicht. Es musste sich um Brokat handeln, denn in den Schlafrock waren Goldfäden eingewebt. Ganz eindeutig. Seine Farbe erinnerte an eingewecktes Erdbeerkompott im Winter, wenn die Erdbeeren fast alles Rot eingebüßt haben.

Herr Holtei kitzelte seinem Bruder die nackte Fußsohle. Gleich würde der friedlich Schlummernde sich aufbäumen, würde zappeln und quieken. Malwida kaute in Vorfreude auf der Unterlippe. Ihre Großmutter zum Beispiel wieherte und schlug aus wie ein Pferd, wenn man ihr an die Fußsohlen ging.

Doch statt wie ein normaler Mensch zu reagieren, schabte Herrn Holteis Bruder bloß mit dem Fuß am nächstliegenden Sofakissen. Seine Augen blieben zu. Der glückliche Ausdruck seines Gesichts veränderte sich nicht.

Jetzt schob Herr Holtei zwei Fingerspitzen in den Mund und ließ einen gellenden Pfiff los.

Sofort riss der Träumer die Augen weit auf, plinkerte entsetzt mit den Lidern und fuhr hoch wie ein Stehaufmännchen.

»O Gott, hab ich das Gas brennen lassen? Ist der Wasserkessel explodiert?«

»Beruhige dich, es ist alles in bester Ordnung«, sagte Herr Holtei. »Ich wollte dich lediglich mit unserem Besuch bekannt machen. Das ist Malwida Meisenbug. Malwida – hier siehst du meinen Bruder Oberon.«

»Malwine, ach Malwine, du bist wie eine Biene«, trällerte Herrn Holteis Bruder. Mit sehr schmalen und sehr weißen Händen nahm er etwas von seinem Kopf herunter. Einen Metallbügel mit zwei runden Scheiben. Behutsam legte er ihn auf dem größten und geblümtesten der Sofakissen ab. Worauf die Hände sich ausgiebig am Haar zu schaffen machten, es befühlten und glätteten und in Form brachten. Malwida fand es seltsam, dass ein alter Mann noch so pechschwarzes Haar besaß. Noch seltsamer war allerdings, dass er zum Nickerchenmachen Kopfhörer aufsetzte.

»MalwiDA«, berichtigte Herr Holtei etwas ungehalten. »Nicht MalwiNE«.

»Oh, ich bitte vielmals um Pardon«, sagte sein Bruder, an Malwida gewandt. Er fischte eine Brille aus der Brusttasche seines Hausmantels, um Malwida besser begutachten zu können.

»Ringelsöckchen«, stöhnte er begeistert. »Noch dazu in den italienischen Nationalfarben! Funkelnagelneu, soweit ich das einschätzen kann. Was für ein Glückskind du bist.«

»Die waren im Osterei«, sagte Malwida und lächelte stolz auf ihre Söckchen herunter.

»Ich könnte auch mal wieder neue Strümpfe gebrauchen«, sagte Herrn Holteis Bruder wehmütig. »Was glaubst du, warum ich hier barfuß sitze? Alles ist schon hundertmal gestopft. Ich verabscheue Gestopftes. Früher trug ich fast nur seidene Socken. Das Zeug, das es heute auf die Textilmarken gibt, diese mit der Kohlenschaufel gestrickte Holzwolle! Das scheuert einem empfindsamen Wesen wie mir die Haut blutig. Aber lassen wir das. Davon zu reden macht mich immer traurig. Du bist gekommen, um dir von Titus seine Sammlung vorführen zu lassen, hab ich Recht?«

Malwida nickte. »Hmh.« Sie genierte sich dafür, dass sie geglaubt hatte, das Haus habe sie gerufen.

Dann platzte sie mit der Frage heraus: »Und was sammeln Sie?« Denn selbstverständlich musste er als Bruder von Herrn Holtei auch zur großen Gemeinschaft der Sammler gehören.

»Alles über den großen Thoralf Atterbom«, war die feierliche Antwort. »Jedes Bild, das du hier im Zimmer sehen kannst, stellt ihn dar, in einer seiner Glanzrollen. Warte, du musst unbedingt seine Stimme hören.«

So viel sich Herr Holtei auch räusperte, so viel er stirnrunzelte über den neuerlichen Aufenthalt – es half nichts. Malwida wurde von seinem Bruder zum Diwan gebeten. Die hagere Gestalt im erdbeerkompottroten Hausmantel wieselte hin und her. Der Draht des Kopfhörers wurde aus einem Kasten gezogen. Es wurde ein Deckel gehoben, eine Schallplatte mit einem Samtbürstchen abgestaubt. Und zuletzt, wie etwas Heiliges, wurde ein Dorn oder eine Nadel auf die Schallplatte herabgesenkt.

Musik setzte ein. Dann sang jemand. Das heißt, eigentlich war es ein Mittelding aus Krächzen und Wimmern. Malwida errötete vor Verlegenheit. Wie konnte jemand nur so etwas sammeln? Sie musste sich Mühe geben, um nicht loszuprusten. Denn immerhin hatte sie Erfahrung, was wirklich schönen Gesang betraf.

Oft genug hatte sie Gisi Kammer zugehört. Gisi Kammer durfte bei den Auftritten des Schulchors immer das Solo von *Suliko* singen. Schon beim ersten Ton, wenn sie in die Stille hinein anfing: »Sucht' ich, ach, das Grab meiner Liebsten«, ging es einem durch und durch.

Oder *Stenka Rasin*, das gelegentlich im Radio kam. Das war auch ein russisches Lied. Malwidas Mutter stellte bei *Stenka Rasin* regelmäßig das Radio lauter. Und ebenso regelmäßig pflegte sie zu bemerken: »Bässe haben die ... Bässe! Lauter Schaljapins.«

Nein, für Malwida stand es fest, dass der große Thoralf Atterbom weder an Gisi Kammer noch an den Sänger von *Stenka Rasin* heranreichte.

»Einmalig«, flüsterte Herrn Holteis Bruder, als die Schallplatte zu Ende war und nur noch leer vor sich hin schrammte. »Eine einmalige Stimme und einmalige Musik. Schau, das da ist sein Porträt als Siegmund. Aus dieser Partie stammt die Arie, die du soeben gehört hast: *Winterstürme wichen dem Wonnemond*. Aus der Oper *Die Walküre*.«

Malwida starrte auf die stark vergrößerte Fotografie über dem Kopfende des Diwans. Der behäbige Mann auf dem Bild war angezogen wie die Hirten beim Krippenspiel zu Weihnachten. Jedenfalls trug er sein Fell auf die gleiche Art umgeschnallt. Offensichtlich war es in der Oper viel wärmer als in der ungeheizten Kirche, denn statt Pulloverärmeln sah man seine fetten bloßen Arme. Die waren mit Armreifen geschmückt, sogar an den Oberarmen drückten sie sich ins Fleisch hinein.

Malwida spürte, dass sie etwas Nettes über den großen Thoralf Atterbom sagen sollte. So teilte sie Herrn Holteis Bruder ihre Beobachtung mit, die ihn sicher sehr interessieren würde. Sie zeigte auf die Fotografie: »Dieselbe Haarfrisur hat die Verkäuferin im Bäckerladen. Solche Ponys und hinten so eine lange Dauerwelle dran.«

»Das ist nur eine Perücke«, sagte Herrn Holteis Bruder wegwerfend. »Aber wie findest du seine Stimme?«

»Bisschen undeutlich«, gestand Malwida. »Ich meine, ich hab kein Wort verstanden.«

Herrn Holteis Bruder lachte. »Kein Wunder – er singt ja auch schwedisch. Einer der herrlichsten Tenöre, die unser Jahrhundert hervorgebracht hat. Immer wenn er an unserer Oper gastierte, hatte ich die Ehre und die Freude, ihm zu dienen. Ich besitze drei persönliche Widmungen von seiner Hand sowie seine Kaffeetasse und eine Menge Gewandstücke, die er in seinen Rollen auf dem Leibe trug. Alles da drin … alles mit Liebe eingemottet.«

Er machte Miene, Malwida den Inhalt des ersten Kleiderschranks zu präsentieren.

»Das genügt wohl für heute«, sagte Herr Holtei ungeduldig. »Wenn du gestattest, nehme ich unseren Besuch jetzt mit hinüber in mein Zimmer.«

»Natürlich, natürlich, verzeiht mir«, rief sein Bruder zerknirscht und stopfte den Kleiderbügel mit dem Kostüm wieder in den Schrank zurück. Seine langen weißen Hände vollführten Pantomimen der Entschuldigung. »Möchtet ihr Tee, meine Lieben?«

Die beiden alten Herren blickten fragend auf Malwida.

»Hast du Durst?«

Malwida schüttelte rasch den Kopf. Bei den Meisenbugs gab es Tee nur im Krankheitsfall. Salbeitee zum Gurgeln bei Halsweh und Kamillentee für alles Übrige. Freiwillig trank man ihn nicht.

»Es wäre ohnehin nur ein schnöder Kräuterabsud gewesen«, sagte Herrn Holteis Bruder und lächelte schmerzlich. »Unser Vorrat an indischen Teeblättern ist schon ewig aufgebraucht.«

»Was meinte er mit ›dienen‹?«, erkundigte sich Malwida leise bei Herrn Holtei, als sie draußen im schummrigen Vorraum waren.

»Oberon war Garderobier im Opernhaus. Er hat den Sängern geholfen, sich an- und auszukleiden. Er war sehr beliebt. Paar Tage vor dem großen Angriff – nun auch schon wieder über drei Jahre her – bekam er eine eitrige Angina. Ich musste ihn mit Gewalt ins Bett stecken. Das war sein Glück. Die Stadt wurde in Schutt und Asche gelegt, wie du weißt. Das Opernhaus brannte ab bis auf die Grundmauern. Alle, die im Keller Zuflucht gesucht hatten, wurden verschüttet und erstickten elend. Als Oberon Tage danach vor dem Trümmerhaufen seiner Oper stand, dachte ich, er verliert den Verstand. Weinkrämpfe schüttelten ihn. Er aß nichts und konnte nicht mehr schlafen. Wochenlang ging das so. Seitdem ist er nie mehr in der Stadt gewesen.«

»Ist der große Thoralf Atterbom etwa auch mit umgekommen?«, wollte Malwida wissen.

»Um Himmels willen, das hätte uns noch gefehlt!«, rief Herr Holtei in komischer Bestürzung. »Ich glaube, das wäre Oberons Ende gewesen. Nein, Thoralf Atterbom lebte schon damals den größten Teil des Jahres in Schweden. Er gastierte kaum noch. Unter uns: Seine beste Zeit war vorüber. – Aber jetzt kein Wort mehr über Tenöre, wenn ich bitten darf. Wir kommen nun zu einer Sammlung ganz anderer Art. Sesam, öffne dich!«

4. Kapitel

Schweigend, mit einem feinen Lächeln, ließ Herr Holtei sein Zimmer auf Malwida wirken. Hab ich dir zu viel versprochen?, sagte dieses Lächeln. Sind wir in Ali Babas Schatzhöhle oder nicht?

Hier gab es keine schrägen Wände. Wahrscheinlich hatte er sich aus diesem Grund für den mittleren Raum entschieden. Es gab auch keine Theatervorhänge, keine Fotografien, keinen Musikapparat, keinen roten chinesischen Lampion mit langer Troddel über dem Diwan. Ja, Malwida konnte nicht mal einen Diwan ohne chinesischen Lampion entdecken. Und überhaupt kein Kissengebirge. Nicht das lumpigste, klumpigste Behaglichkeitskissen. Gar nicht zu reden von handlichen kleinen Ohrenpolstern in seidigem Schwarz wie nebenan.

Vom Fußboden bis zur niedrigen Decke war jede freie Wandfläche mit Regalen ausgekleidet. Malwida fand insgeheim, dass es hier wie im Fundbüro aussah. Sogar auf dem Tisch in der Mitte, unter dem Lampenschirm, reihte sich Glaskasten an Glaskasten.

Ein maulbeerfarbiges Dauerbrandöfchen hielt sich bescheiden im Hintergrund neben der Tür. Man konnte ihm ansehen, dass es dazu erzogen worden war, nicht unnötig aufzufallen. Und das Feldbett mit der braunen Rot-Kreuz-

Decke hatte sich halb unters Fensterbrett verkrochen. Als sei ihm bewusst, dass es in diesem Museum nur geduldet wurde; ausnahmsweise.

Nach der Andachtsminute nahm Herr Holtei Malwida bei der Schulter und fing an, ihr seine Lieblingsstücke vorzuführen. Einen nach dem anderen klappte er die Deckel der Glaskästen hoch.

»Hier drin bewahre ich meine Kronjuwelen auf«, erläuterte er. »Was du in meiner Hand siehst, ist eine gotische Bronzeklinke. Stammt vermutlich von einem Kirchenportal. Ist die Rosette hinter der Klinkenwurzel nicht zum Sterben schön? Einzigartige Kunstschmiedearbeit. Wurde nie übertroffen. Oder die hier, sogar noch mit Schlüsselschild; ungefähr hundert Jahre später zu datieren. Von einem Patrizierhaus, würde ich sagen.«

Er hielt Malwida einen wuchtigen Türdrücker vor die Nase, der aus lauter übereinander geschmiedeten Blättern bestand. Aus gezackten und gerollten länglichen Blättern, ein bisschen wie die vom Löwenzahn.

Sie hatten die Tisch-Ausstellung erst zu drei Vierteln geschafft, als Malwida gähnen musste. Und dabei standen die vielen Wandregale noch bevor. Sie versuchte es zuerst zu unterdrücken.

Die alten Meisenbugs waren Meister im Unterdrücken von Gähnanfällen. Sie bekamen dabei immer sonderbar kreisrunde Nasenlöcher. Schafften sie es nicht, wandelten sie den Gähnlaut schnell in ein spaßiges Wort um. Malwidas Großmutter sagte immer »Galla-galla«. Ihre Mutter sagte etwas, das so ähnlich klang wie »Rawau, rawau, oh waiawaia«. Wenn Malwida nicht daran dachte und den Mund aufriss, hieß es prompt: »Hallo, ist dort der Zoologische Garten? Wir haben hier ein junges Nilpferd eingefangen!«

Herr Holtei merkte es erst, als Malwida es beim besten Willen nicht mehr unterdrücken konnte. Dann aber war er vor Reue und Bedauern ganz zerknirscht. Ihm zitterten die Hände, während er das soeben noch gepriesene Sammelstück (etwas Gedrechseltes aus Palisander, mit Blattgoldverzierungen) wieder in den Kasten bettete.

»Was bin ich doch für ein schrecklicher Egoist. Du armes Kind … armes Kleines. Es tut mir so Leid. Weißt du, Malwida, ein Sammler in seinem Überschwang hat nun mal keine Ahnung, wie sehr er die Kräfte und die Geduld eines Unbeteiligten strapaziert. Du musst dich setzen. Wohin setzen wir dich? Ich weiß, dass ich einen Stuhl im Zimmer habe. Aber wo, aber wo?«

Hilfe suchend fuhren seine Blicke im Zimmer umher. Er sah aus, als hätte er Schwierigkeiten, sich in seiner eigenen Einrichtung zurechtzufinden.

Beim Pappeier-Verstecken würde der noch nicht mal ein unter der Veranda abgelegtes Ei aufstöbern, dachte Malwida etwas gönnerhaft. Sie erbarmte sich endlich und machte ihn auf die beiden Stühle aufmerksam, die an den Schmalseiten der langen Tafel standen. Sie waren so vollständig unter die Tischplatte geschoben, dass man ihre Lehnen, flüchtig betrachtet, als einen Teil des Tisches ansehen konnte.

Herr Holtei lachte überrascht. »Nanu, da sind sie ja, die

Schelme! Immer müssen sie mit mir Blindekuh spielen. Nimm Platz, Malwida, nimm Platz und mach dir's bequem. Ich will dich auch gar nicht weiter anstrengen. Den Rest besichtigen wir ein andermal.«

Er holte sich den zweiten Stuhl und setzte sich zu Malwida.

»Ab sofort wollen wir nur noch über dich sprechen. Und darüber, was *du* sammeln könntest. Hast du schon etwas gefunden?«

Erwartungsvoll neigte er sich vor.

Malwida zog eine verlegene Schnute und zuckte ein paarmal mit den Achseln.

»Eigentlich noch nicht so richtig«, sagte sie. »Ich hab mir alles Mögliche überlegt. Aber irgendwie war nichts dabei, auf das ich Lust gehabt hätte.«

»Du meinst, dein Sammlerinstinkt wollte nicht auf Briefmarken oder Zigarettenschachteln ansprechen«, fasste Herr Holtei zusammen.

Erleichtert, dass er das Problem so gut verstand, nickte Malwida. »Ja, genau.«

»Nun ... ich hätte da vielleicht etwas für dich. Ich meine, ein Sammelobjekt, das ich dir vorschlagen möchte.«

Herr Holtei wirkte nervös und zugleich siegessicher. Seine buschigen Augenbrauen hüpften viel versprechend auf und ab. Sein Blick hatte etwas Feuriges. Seine Mundwinkel kräuselten sich in innigem Vergnügen.

Einen ähnlichen Gesichtsausdruck hatten die alten Meisenbugs kurz vor der Bescherung am Heiligabend. Immer dann, wenn Malwida ihnen zusetzte, doch wenigstens die Anfangsbuchstaben der Geschenke zu verraten.

Herr Holtei schob seinen Stuhl zurück und machte einen Schritt auf das Nachtschränkchen zu, das zwischen Feldbett und Regalwand eingepfercht war. Doch dann zögerte er und drehte sich um.

»Würde es dir was ausmachen, die Augen zu schließen und sie erst wieder zu öffnen, wenn ich *jetzt* sage? Glaub mir, vom ersten Eindruck hängt ungeheuer viel ab. Eine kleine Inszenierung, ein bisschen Zeremonie können da Wunder tun.«

Die Augen fest zusammengekniffen, lehnte sich Malwida auf ihrem Stuhl zurück. Sie liebte solche Spiele über alles. Es kribbelte ihr im Bauch, als sollte sie gleich zum Geburtstagstisch geführt werden. Selbst wenn Herr Holtei etwas Blödes, etwas ganz und gar Unmögliches für sie ausgesucht hatte, wollte sie ihn wenigstens dafür gern haben, dass er es so spannend machte.

Sie spitzte die Ohren. Das Aufziehen einer Schublade … Also musste es etwas Kleines sein, das in eine Nachttischschublade passte. Oder etwas Flaches. Etwas Weiches, das sich zusammendrücken ließ. Sie hörte, wie Herr Holtei in seinen Pantoffeln näher schlurfte. Sie hörte seinen lauten Alte-Männer-Atem, als er sich auf dem Tisch zu schaffen machte.

»Jetzt«, sagte Herr Holtei.»

5. Kapitel

Auf dem dunklen Holz der Tischplatte lagen, hübsch aufgefächert, fünfzehn Postkarten.

Drei Weihnachtskarten.

Drei Osterkarten.

Drei Neujahrskarten.

Drei mit Zwergen und Blumen und elfenähnlichen Kindern.

Drei mit Katzen, die wie Menschen angezogen waren.

»Oh ...«, sagte Malwida. Es klang mehr wie »Ohhhr« und war ein Stöhnen. Sonst sagte sie nichts. Keinen Ton brachte sie heraus.

Zwei der Weihnachtskarten waren mit einer glänzenden, durchsichtigen Haut überzogen und alles Abgebildete hatte goldene Umrisse.

Eine Neujahrskarte und auch eine von den Zwergenkarten waren geprägt; man spürte es, wenn man mit dem Finger drüber fuhr.

Die Katzenfamilie hängte Wäsche auf, buk Unmengen Plätzchen und baute Sandburgen am Meer.

In einem Maiglöckchenwald ringelreihten weißgrüne Blumenelfen zur Musik einer Maikäfer-Kapelle.

Ein Weihnachtsmann segelte in einem Fesselballon über die verschneite Erde und schaute durch ein Fernrohr hinab.

Einem Osterhasen wurden von Blumenkindern Farben in seine Näpfchen abgefüllt: Gelb von der Primel, Blau vom Leberblümchen, Rosarot von der Pfirsichblüte, Grün von der Brennnessel.

Ein Mäuserich im Frack und eine Mausdame im Ballkleid tanzten Walzer in einem leeren Speicher, in den der Mond hereinschien. Durch das Fenster hatte man Ausblick auf eine Turmuhr, die gerade Mitternacht anzeigte. Auf den Dielenbrettern neben den Tanzmäusen standen ein winzigkleiner Sektkübel und zwei Gläser. Verstreute Konfettiplättchen bildeten die Jahreszahl 1912.

Eine Schmetterlingspuppe mit Stielbrille und Handtäschchen ließ sich von einem Zwerg in seinem Wurzelladen Stoffmuster für Flügel vorlegen.

Zwei rotbäckige Kinder in zuckerweißen Gamaschenhosen, weißen Mützen und weißen Fausthandschuhen suchten sich beim Christbaumhändler auf dem Weihnachtsmarkt die allergrößte Tanne aus. Ein Silberschleier aus stiebenden Flocken glitzerte über dem Bild. Man konnte ihn fühlen. Es war echter Glimmersand.

Herr Holtei mischte sich nicht ein. Er saß ruhig da und betrachtete Malwida. Wie sie eine Karte nach der anderen in die Hand nahm, um sie in allen Einzelheiten zu studieren. Wie sie, nachdem sie alle durch hatte, von vorne anfing. Malwida legte jede Karte wieder an ihren Platz zurück. Sie achtete darauf, dass sie die Fächer nicht durcheinander brachte.

Irgendwann hatte sie sich satt gesehen und faltete die

Hände im Schoß. Mit einem schweren Seufzer hob sie den Kopf und blickte Herrn Holtei selig an.

Sie hatte nicht vergessen, was er gesagt hatte: ein Sammelobjekt, das ich dir *vorschlagen* möchte. Von Schenken war nicht die Rede gewesen. Natürlich nicht. Wer würde schon solche Kostbarkeiten weggeben ohne entsprechenden Gegenwert? Trotzdem war alles in ihr so voller Entzücken, dass sie gar nicht merkte, wie sehr sie lächelte.

Herr Holtei hob mit zwei Fingern Malwidas Kinn an und drehte ihr Gesicht zum Fenster hin. Er schien sehr zufrieden mit dem, was er sah.

»Ja, jetzt brennt sie, die Flamme«, sagte er. Es hörte sich an wie höchstes Lob. »Es lodert förmlich in deinen Augen. Von nun an gehörst du zu uns. Zur Gemeinschaft der Sammler.«

Er strich die Postkarten ein, Fächer auf Fächer, und klopfte sie auf der Tischplatte zu einem Stoß zurecht. Dann hielt er ihn Malwida hin.

»Dies soll dein Grundstock sein. Einige der Karten sind fast fünfzig Jahre alt. Bewahre sie sorgfältig auf. Am besten eignet sich dazu eine Zigarrenkiste oder eine Pralinenschachtel.«

Malwida war zumute, als seien ihr soeben die Krone, das Zepter und der Reichsapfel zukünftiger Königswürde verliehen worden. Eine große Dankbarkeit sprudelte in ihr. Gleich würde sie überkochen. Ihre Arme wollten sich ausbreiten. Aber bei den Meisenbugs umarmte man sich nicht, außer wenn Tante Edith zu Besuch kam. Von Küssen hielten die alten Meisenbugs noch weniger, wenngleich sie keine Hemmungen hatten, laut und schmachtend vom Küssen zu singen, beim Bügeln oder beim Fensterputzen.

Weil die Dankbarkeit aber unbedingt heraus wollte, packte Malwida die Hand von Herrn Holtei. Sie schüttelte sie wie beim Guten-Tag-Sagen. Sie quetschte sie mit aller Macht.

»Ohhhr, danke, danke. Vielen, vielen Dank!«

»Könnte mir vielleicht jemand die Tür aufmachen?«, rief es vom Vorraum her. Malwida sauste mit klappernden Holzsandalen wie ein Pfeil durch das Zimmer und ließ Herrn Holteis Bruder eintreten. Er war mit einem schwarzen Lacktablett beladen, auf dem ein schwarzes Kännchen und zwei schwarze Tassen standen.

»Ich dachte, ihr hättet am Ende doch gern ein Schlückchen. Da Malwida sich nichts aus Tee macht, hab ich Muckefuck aufgebrüht. In der kleinen Schale ist der letzte Rest Kandiszucker. Die Milch müsst ihr euch dazudenken. Du hast doch sicher nichts dagegen, Titus, wenn ich schon mal einschenke. Bei dir würde garantiert die Hälfte daneben kleckern.« Zu Malwida gewandt, setzte er hinzu: »Hausfrauliche Fähigkeiten sind ihm leider nicht in die Wiege gelegt worden. Ein Glück für ihn, dass er mich hat.«

»Oberon, du darfst Malwida beglückwünschen«, sagte Herr Holtei. »Wir haben soeben die Geburt einer Sammlerin erlebt.«

»Das Gegenteil hätte mich überrascht«, sagte sein Bruder. Er setzte erst die Kanne wieder ordentlich auf den Untersetzer zurück, dann trat er zu Malwida und gab ihr einen Kuss auf die Stirn.

»Unerhörte Freuden und nagende Qualen! Sternenflüge und skrupellose Begierde! Das wird von nun an dein Los sein, kleines Mädchen. Lass es dir von Titus bestätigen. Er kann dir ganze Vorträge darüber halten. So, ich will euch nicht weiter stören.«

Und er wandelte hinaus; anders ließ sich sein Gang nicht beschreiben.

Herr Holtei und Malwida nahmen jeder ein Bröckchen Kandis in den Mund und ließen den Kaffee schluckweise daran vorbeilaufen. Malwidas linke Hand lag währenddessen auf dem Postkartenstoß.

Herr Holtei sprach über das Sammeln und Malwida sog jedes seiner Worte in sich auf.

»Einen eingefleischten Sammler erkennt man daran, dass er von früh bis spät an seine Sammlung denkt«, sagte er. »Malwida nickte zustimmend. Es war schon losgegangen. Sie spürte es bereits.

»Wacht ein Sammler auf, ist die Sammlung das Erste, was ihm einfällt«, fuhr Herr Holtei fort. »Den ganzen Tag über kreisen seine Gedanken darum, wie er sie erweitern kann. Freunde und Bekannte werden nicht selten daraufhin ausgesucht, ob sie etwas besitzen, das man gern für seine Sammlung hätte. Oder ob sie Zugang haben zu Objekten, die Gegenstand unseres Sammelns sind. Die Freizeit eines Sammlers wird überwiegend mit der angenehmen Tätigkeit des Sichtens zugebracht. Man blättert oder staubt ab, man nimmt in die Hand, ordnet alles wieder mal neu. Eine stillzufriedene Beschäftigung, um den Sammlertag ausklingen zu lassen und sich auf die Nacht einzustimmen. Ich meine natürlich auf die Träume. Wenn du wüsstest, kleine Malwida, was für herrliche Trophäen mir im Traum schon zugefallen sind!«

»Was sind den Troffähn?«, unterbrach ihn Malwida. »Sammeln Sie etwa noch was anderes außer Türklinken?«

Herr Holtei hob abwehrend die Arme. »Davor bewahre mich der Himmel! Wer vielerlei sammelt, sammelt nichts richtig. Ich meine, nicht mit der nötigen Inbrunst. Man würde seine Leidenschaft verzetteln. Nein: Eine Trophäe, musst du wissen, ist eine Siegesbeute. Ein durch List, Geschick und Mut, aber auch mit einer gehörigen Portion Glück erorberter Sammelgegenstand. Eine Trophäe für Oberon wäre es zum Beispiel, wenn er an das Champagnerglas von Thoralf Atterbom herankäme. Das, aus dem der große Atterbom vor seinen Auftritten stets drei Schlucke trockenen Sillery zu trinken pflegte. Leider ist es im Besitz einer anderen Atterbom-Sammlerin – der ehemaligen Sängerin Nelly Musäus.«

»Könnte er es ihr nicht abkaufen?«, schlug Malwida teilnehmend vor.

Herr Holtei fragte zurück: »Würdest du eine von deinen Postkarten verkaufen?«

Stumm, heftig schüttelte Malwida den Kopf.

»Siehst du. Nein, Nelly Musäus ist im Gegenteil hinter der Kaffeetasse her. Sie hat die Stirn gehabt, meinem Bruder dafür Geld anzubieten. Geld! Für Thoralfs Tasse! Wie diese

Person sich das Champagnerglas ergaunert hat, ist allein schon haarsträubend genug. Normalerweise trank Atterbom seine drei Aufmunterungsschlucke in der Garderobe, wo Oberon ihn umhätschelte und bewachte. Aber einmal, ich weiß nicht mehr wieso (Oberon weiß es sicher noch), besuchte Atterbom mit dem Glas in der Hand die benachbarte Garderobe der Musäus und ließ das Glas aus Zerstreutheit dort stehen. Als Oberon es holen wollte, lachte die Musäus ihn nur frech aus und sang dazu: ›Mein ist es nun! Auf ewig mein! Und wird es immer, immer bleiben.‹«

Nach einer Pause, in der beide erschüttert über so viel Unverschämtheit schwiegen, sagte Herr Holtei: »Hüte dich vor Sammlern, die dasselbe sammeln wie du. Sie sind zu allem fähig.«

Beiläufig fiel sein Blick auf den Wecker, der auf dem Nachttisch tickte. Er erschrak.

»Ich fürchte, ich muss dich schleunigst nach Hause schicken, Malwida. Wir wollen doch nicht, dass deine Mutter und deine Großmama ungehalten werden. Meinst du, es wäre möglich, dass sie mir eine Besichtigung eurer reizvollen Türklinken gestatten? Ob du sie in meinem Namen bitten ... schon etwas vorfühlen, sozusagen ... und, äh, meine Passion schildern könntest?«

Mit Sehnsuchtsstimme, als sei er ein verwunschener Frosch und nur das Eine – Anblick und Berührung der Meisenbugschen Klinken – könne ihm Erlösung bringen, setzte Herr Holtei hinzu: »Ich werde nicht eher Ruhe finden, bis ich jede Einzelne bewundert und gründlich inspiziert habe.«

Malwida hatte für sein Begehren volles Verständnis. Nun, da in ihr gleichfalls das Sammelfieber ausgebrochen war, wusste sie, dass man es allein durch Sehen, Bekommen und Haben stillen konnte. Ihr Kartenpäckchen an die Brust gedrückt, überlegte sie, wie die Angelegenheit sich am besten bewerkstelligen ließe.

Eins war sicher: Die alten Meisenbugs würden nicht sehr erbaut sein, wenn sie ihnen Herrn Holteis Wunsch übermittelte. Sie wusste sogar, was sie antworten würden.

»Was?! Wer?! Der alte Holtei oben aus dem gelben Haus? In unserer Wohnung rumschnüffeln? Kommt überhaupt nicht in Frage. Türklinken untersuchen – lass dir doch nicht solchen Quatsch weismachen. Wer weiß, was der vorhat.« Sie würden einmütig die Köpfe schütteln und misstrauische Gesichter schneiden.

Andererseits musste ein Sammler dem anderen beistehen. Und wo Herr Holtei ihr doch gerade die Postkarten geschenkt hatte! Sie fühlte sich ihm zutiefst verpflichtet. So entgegnete sie kurz entschlossen: »Es wäre besser, wenn niemand zu Hause ist. Ich meine, niemand außer mir. Dann hätten Sie viel mehr Ruhe zum Angucken. Meine Mutter kommt nie vor fünf Uhr von der Gummibude heim.«

»Gummibude?« Herr Holtei wunderte sich. »Was in aller Welt ist das denn?«

»Na ja, eigentlich ist das eine Vulkanisierwerkstatt«, erklärte Malwida. »Aber wir sagen nur Gummibude. Dort kann man sich die Schuhe besohlen lassen, wenn man ein Stück alten Autoreifen mitbringt. Meine Mutter arbeitet da in der Annahme. Das Dumme ist nur, dass meine Großmutter fast nie weggeht. Höchstens mal zum Gärtner oder zum Friedhof, pflanzen und gießen.«

Herr Holtei bekam ein Flackern in die Augen. »Und wie könnte ich erfahren, wann die Luft rein ist?«

»Mir fällt da was ein«, sagte Malwida. »Können Sie unsere Fenster sehen, die nach der Kurve hin liegen?«

»Aus einer von den Bodenluken müsste das möglich sein«, sagte Herr Holtei. »Wenn ich auf ein Fußbänkchen steige.«

Sie sahen sich an wie Verschwörer auf Leben und Tod.

»Ich werde demnach jeden Nachmittag Ausschau halten. Recht so? Sagen wir von eins bis vier. Und an was für ein Zeichen hattest du gedacht?«

»Na ja, ich könnte ein Betttuch raushängen«, sagte Malwida zögernd. Sie entsann sich dunkel an jenen Tag, als sämtliche Hausbewohner der »Bruchbude« weiße Bettlaken an den Fensterbrettern festgezweckt hatten. Auch das war ein Zeichen gewesen – für die heranrückenden Russen. Es sollte bedeuten: Wir ergeben uns.

»Etwas weniger Auffälliges wäre mir lieber«, sagte Herr Holtei.

»Ich hab's«, rief Malwida freudig. »Ich mach einfach die eine Hälfte vom Fensterladen zu.«

Damit war Herr Holtei einverstanden. Er brachte Malwida noch bis zum Gartentor.

Die Gasse lag wie ausgestorben da. Erdbeernase hatte seinen Stammplatz in der Kurve schon vor Stunden geräumt. Alle Kinder waren nach Hause gerufen worden. Die Sonne war weitergewandert und hatte nur Schatten zurückgelassen. Vielleicht war sie auch schon untergegangen. Nur ein paar Amseln flöteten noch. Kalt kroch es Malwida die nackten Beine hoch.

Ohne auf das unebene Pflaster Acht zu geben, rannte sie der »Bruchbude« zu. Sie hatte keine Zeit, wie sonst das Echo zu genießen, das den Klapperlärm ihrer Holzsandalen schallend zurückwarf. Kurz vor der »Bruchbude« lag die lauteste Stelle; dort klang es fast wie ein galoppierendes Pferdegespann.

Die alten Meisenbugs hatten schon mit dem Abendbrot angefangen. Unfreundliche Blicke trafen die späte Heimkehrerin.

(Malwida hatte die Postkarten fürs Erste im Handschuhschränkchen auf dem Flur untergebracht. Jetzt bloß keine Fragen herausfordern: »Wo hast du die her?«– »Seit wann gehst du zu wildfremden Leuten in die Wohnung?«– »Die trägst du morgen zurück. Geschenke von so komischen Bekanntschaften sehe ich nicht gerne.«)

»Ich bin bei Renate Pappenheim gewesen«, stieß Malwida atemlos hervor. Um niemanden dabei ansehen zu müssen, wusch sie sich ohne extra Aufforderung am Ausguss die Hände.

»Renate Pappenheim?«, rätselte ihre Mutter und streute sich Salz auf ein Radieschen. »Seit wann bist du denn mit der befreundet? Davon weiß ich ja gar nichts.«

Für Malwida kam die neue Freundschaft ebenso unerwartet. Sie würde auch nur bis zum Ende des Abendsbrots anhalten. Allerhöchstens. Renate Pappenheim hatte aufgebogene Fingerkuppen und gab damit an, dass sie Altflöte spielen konnte. Sie verborgte nie etwas und ging allem aus dem Weg, womit man sich schmutzig machen konnte. Sie und Malwida waren sich so gleichgültig wie ein Kohlkopf dem anderen. Aber Renate Pappenheim wohnte am weitesten entfernt. Nämlich in der Siedlung oben auf dem Berg. Und nur das zählte heute Abend.

6. Kapitel

Wie kam ein Sammler an Trophäen?

Mit List, Geschick und Mut. Und mit einer gehörigen Portion Glück. So hatte Herr Holtei behauptet.

Malwida versuchte es zuerst mit List und Geschick. Mut war vorläufig nicht erforderlich. Und Glück konnte man sowieso nicht erzwingen.

Sie nützte die Abwesenheit ihrer Mutter und schlich sich in die Rumpelkammer im Zwischenstock. Dort gab es kein elektrisches Licht. Malwida tastete sich mit vorgestreckten Händen durch die Stockfinsternis und stieß den eisernen Fensterladen auf. Noch nie war sie allein hier unten gewesen. Es roch nach Moder und Schimmel und war so grabeskalt, dass sie ihre langen Strümpfe hochrollte und an den Haltern festmachte.

Ihr Interesse galt dem oberen Schubfach der staubbedeckten Kommode. In den beiden anderen Fächern, das wusste sie von früheren Besuchen mit ihrer Mutter, wurden nur zerlöcherte Tischdecken und Teile von Faschingskostümen aufgehoben, Glacéhandschuhe mit abgeknabberten Fingerspitzen sowie Hutblumen und Hutschleier.

Dreimal zog Malwida die schwere Schublade schief heraus. Dreimal musste sie sie wieder zurammeln. Der Schweiß stand ihr auf der Stirn. Endlich!

Rechts war ein großer brauner Karton untergebracht, der schwachen Weihrauchduft verströmte. Nein, der blieb zu bis Weihnachten. Er wurde nur einmal kurz gestreichelt. Sein Inhalt würde am Abend vor dem ersten Advent überall in der Meisenbug-Wohnung verteilt werden. Jetzt, zu Ostern, wollte Malwida nichts davon sehen. Weder Räuchermann noch grün geflügelte Engelchen mit Harfen, Geigen und Posaunen. Weder die Lackbilder-Krippe noch den Batzen Lametta, der von Jahr zu Jahr weniger wurde, so sehr man sich auch in Acht nahm.

Dann kam eine Lücke, in die die Pappostereier hineingehörten. Die waren noch oben. Ein großer, prall gefüllter Umschlag erregte Malwidas Interesse. Juhu! Hatte sie es nicht geahnt? Postkarten!

Ihre Freude erhielt allerdings einen Dämpfer, als sie sie begierig durchblätterte.

Ein Hoch dem Silberpaar! Herzlichen Glückwunsch zur Silbernen Hochzeit! Mit tiefempfundenem Beileid. Es kondolieren zum Heimgang. Nur langweilige Schriftzüge, teils in Silber, teils in Schwarz, allenfalls eine silberne Girlande drüber oder drunter. Oder ein schwarzer Palmwedel. Keine einzige mit Bild dabei. Dafür hatten alle einen Klappteil hinten dran, auf dem mit Tinte unleserliche Namen gekritzelt standen. Na, das konnte man ja abschneiden. Vielleicht taugten sie zum Tauschen? Malwida nahm sie mit, als sie die Rumpelkammer verließ.

Zwei oder drei Tage danach (die Sammlung hatte sich noch

immer nicht vergrößert) wurde Malwida am späten Nachmittag ins Wohnzimmer gerufen. Die alten Meisenbugs standen beisammen und furchten die Stirne.

Malwida bemühte sich um ein unschuldiges Aussehen. Hatten sie etwa die abgeschnittenen Hälften der Trauerkarten und Silberhochzeitskarten gefunden? Um das zu verhindern, hatte sie sie nicht in den Papierkorb geworfen, sondern viermal durchgerissen und im Komposteimer verbuddelt.

»Ja? Was soll ich denn?«

»Zieh mal dein Sommerkleid an. Und komm wieder her.«

Malwida musste nicht fragen welches. Sie besaß nur eins. Vor vier Jahren, als sie fünf war, hatte sie es neu bekommen. Rosa Kunstseide mit Streublümchen, reichliche Puffärmel, um den Saum eine Falbel und um die Taille eine Schärpe. Es hatte schon letzten Sommer arg unter den Achseln gekniffen. Die Ärmel saßen mittlerweile so stramm, dass sie Striemen hinterließen. Das Knopfloch hinten am Halsausschnitt war zugenäht und statt dessen eine Schlaufe angebracht worden.

Zwischen Oberteil und Rock hatte Fräulein von Carolsfeld, die Schneiderin, voriges Jahr ein zehn Zentimeter breites Stück Stoff eingesetzt. Inlettstoff von einem alten Kopfkissen. Dieser Behelfsstreifen wurde zwar von der Schärpe verdeckt, aber die verrutschte bei der leisesten Bewegung.

Trotz des Kunstgriffs musste Malwida mit Betrübnis feststellen, dass ihr der Rock gegenwärtig kaum noch die Schlüpfer bedeckte. Die Ärmelbündchen schnürten ihr die Oberarme ein wie mit eisernen Reifen und unter den Achseln war beim Überziehen die Naht geplatzt. Knopf und Schlaufe im Nacken klafften weit auseinander.

Ein zweistimmiger Jammerlaut.

»Bist du über den Winter tatsächlich so viel gewachsen?« Malwidas Mutter konnte es nicht fassen.

Malwida senkte schuldbewusst den Kopf, als sei das zu verhindern gewesen, wenn sie nur etwas mehr aufgepasst hätte.

»Nein, das kann sie beim besten Willen nicht mehr tragen«, fasste Malwidas Großmutter zusammen. »Da muss was Neues her. Und da wir schon dabei sind: Der Faltenrock sieht auch verboten aus, wenn ihr mich fragt.«

Den dunkelblauen Faltenrock zog Malwida seit drei Jahren jeden Tag an. Im Winter hatte sie eine Trainingshose drunter angehabt. Eigentlich hieß er bloß noch »Faltenrock«. Denn als auch er zu eng geworden war, hatte Fräulein von Carolsfeld die Falten »geöffnet«, wie sie das nannte. Seitdem war er glatt. Wenn man ihn gegen das Licht hielt, konnte man die Fäden zählen.

»So, du kannst es wieder ausziehen. Häng es gar nicht erst in den Schrank zurück; das kommt in die Lumpen.«

Worauf die alten Meisenbugs Kriegsrat hielten.

Malwida beobachtete sie gespannt. Es tat ihr ein bisschen Leid um ihr rosa Streublümchenkleid. Aber sie musste zugeben, dass nach all den Jahren weder von der rosa Farbe noch von den Blümchen viel Erkennbares übrig geblieben war. Von allem anderen ganz zu schweigen.

Memmi kaute auf ihren Niednägeln und Babbel lutschte

am Brillenbügel. Irgendwas musste dran glauben, das stand fest. Aber was konnte man entbehren?

Die Spinnstoffmarken der Textilkarte waren futsch, denn Malwidas Mutter hatte durch Zufall zweieinhalb Meter von einem Ballen bunten Stoff erbeutet, der in einem Laden gerade eben hereingekommen war. Sie war die Elfte in der Schlange gewesen und hatte gezittert, der Ballen könnte vor ihr zu Ende sein.

Fräulein von Carolsfeld hatte den Stoff naserümpfend befingert und gemeint: »Der zipfelt ja schon, wenn man ihn bloß scharf anguckt.« Dann hatte sie einen Packen aus Zeitungen gerissener Modebilder hervorgekramt und schon mal den Abstand zwischen Frau Meisenbugs Schultern gemessen, ihre Bundweite und ihren Brustumfang. Der Rocksaum, bestimmte sie, müsse bis an die untere Wade reichen. »Glauben Sie mir, man trägt jetzt wieder lang. In Frankreich haben sie schon damit angefangen.«

Frau Meisenbug hatte zu Hause alles brühwarm berichtet. Um der Gerechtigkeit willen sollte man sagen, dass auch Malwidas Mutter kein Kleid im Schrank hängen hatte, das nicht ebenfalls schon zweimal geändert worden war.

Nach dem Abendbrot ging das Beratschlagen weiter. Und bis zum Zubettgehen hatten die alten Meisenbugs Malwida mit einem neuen Trägerrock, einer weißen Bluse und einem Kleid »für gut« ausstaffiert. Vorerst aber nur theoretisch. Aber es genügte, um alle drei in übermütige Laune zu versetzen.

Malwida hopste, schon im Nachthemd, ihrer Großmutter auf den Schoß, als wäre sie ein Sahnepiepchen von höchstens drei Jahren.

»Gleich morgen trenne ich alles auf«, sagte die Großmutter und tätschelte Malwidas Schenkel. »Und dann näht dir die von und zu Carolsfeld picobello neue Sachen.«

»Babbel …?«, schmeichelte Malwida in singenden Tönen. »Du, Babbel … ich sammle neuerdings Postkarten. Hast du irgendwo welche für mich? Mit 'nem hübschen Bild vorne drauf? Oder weißt du jemanden, von dem ich welche kriegen kann?«

»Guck mal auf dem Sofa-Umbau nach. Dort liegt die Osterpost.«

Über der Rückwand des Sofas verlief ein hölzernes Ablegebord. Während der Weihnachtszeit war dort der feste Platz der Hemdenmatz-Engel mit den grünen Flügeln, den Harfen, Geigen und Posaunen. Das restliche Jahr über verschwendete Malwida keinen Blick auf den Sofa-Umbau. Dort gab es absolut nichts Interessantes, nur die Haarnadelhäufchen ihrer Großmutter, eine Minivase mit Gänseblümchen, die gerahmte Fotografie eines jungen Mannes in Wehrmachtsuniform (Herr Meisenbug auf seinem letzten Urlaub) und die mit einer Büroklammer zusammengehefteten Reste der Lebensmittelkarten.

Mit einem Satz, der einem Frosch Ehre gemacht hätte, flog Malwida jetzt vom Schoß ihrer Großmutter auf das Sofa. Dessen Sprungfedern jaulten und die Großmutter rief: »He, he! Ich soll dir wohl den Nackten versohlen!«

Tatsächlich – in der rechten Ecke lagen drei Postkarten.

»Scheint nicht die rechte Liebe zu sein«, sagte die Großmutter, als der Begeisterungsschrei ausblieb.

»Die sind ja so labberig. Und das Papier ist so grauschmuddelig«, beschwerte sich Malwida. Ihr Gesicht war vor Enttäuschung ganz lang geworden. »Und auf der einen Karte ist alles schwarz übermalt.«

»Nein, nein, das ist nach einem Scherenschnitt gedruckt. Von einer Künstlerin namens Plischke«, belehrte die Großmutter sie. »Diese Karten sind eigentlich sehr beliebt.«

»Bei mir jedenfalls nicht«, widersprach Malwida. »Wie kann man ein Bild lieben, auf dem alles schwarz ist? Und auf der hier ist bloß so'n doofes Gedicht.«

»Kann ich mir nicht vorstellen, dass ein Gedicht auf einer Osterkarte doof ist«, sagte ihre Großmutter. »Lies mal vor, damit ich das beurteilen kann. Aber komm näher an die Funzel ran, da drüben verrenkst du dir noch die Augen.«

Malwida robbte über die Sofalehne und hielt die Postkarte in den Lichtkreis der Petroleumlampe. Die alten Meisenbugs nannten sie nur »die Funzel«. Immer wenn Stromsperre war, musste die Funzel herhalten. Auf jeden Fall leuchtete sie viel heller als die Flackerflämmchen der Tellerlichter.

Mit abfälliger Betonung begann Malwida zu lesen.

»An den Frühling. Willkommen, schöner Jüngling … Was sind das überhaupt für komische Krakel? Solche Buchstaben haben wir nicht gehabt. Willkommen, schöner Jüngling! Du Wanne der Natur!«

»Wonne«, verbesserte ihre Großmutter. »Wonne soll das sicher heißen. Da ist die Sütterlinschrift dran schuld.«

Malwida buchstabierte weiter: »Mit deinem Blumenkörbchen willkommen auf der Flur. Wieso auf *der* Flur? Auf *dem* Flur muss das doch heißen. Jeder Klapskopp weiß das. Nee, so einen Mist tu ich nicht in meine Sammlung. Ohne Bild und dann noch Schreibfehler!«

Die Großmutter lachte.

»Na, nun geifere mal nicht gleich so wild drauflos. Das hat schon seine Richtigkeit. *Die* Flur – damit sind Felder und Auen gemeint. Ich gebe zu, der Ausdruck ist etwas altmodisch. Von wem ist das Gedicht denn? Steht ein Name drunter?«

»Schiller«, sagte Malwida. Ihre Verachtung war nicht zu überhören.

»Dann kann es nicht schlecht sein«, sagte ihre Großmutter in einem Tonfall, der jede Diskussion ausschloss. »Schiller und Goethe, das waren Dichterfürsten. *Festgemauert in der Erden steht die Form, aus Lehm gebrannt. Wer reitet so spät durch Nacht und Wind? Vom Eise befreit sind Strom und Bäche. Wer wagt es, Rittersmann oder Knapp', zu tauchen in diesen Schlund?* Alles entweder Goethe oder Schiller. Wenn ihr richtige studierte Lehrer hättet anstatt dieser Notnägel, dieser sogenannten ›Neulehrer‹, würde dir das auch nahe gebracht. Das muss man im Schlaf hersagen können.«

»Frau Schleiermacher *ist* eine richtige Lehrerin«, rief Malwida. Sie bäumte sich auf wie eine kampfbereite Kobra. »Zu Weihnachten haben wir sogar Theater gespielt: *Das Aben-*

teuer im Walde. Und Gedichte lernen wir bei ihr auch. Sogar in Mundart!« Und sie ratterte herunter: »Am Lilienschdeene, um Middrnachd, da ladschd ä Geschbensd durch'n Fälsnschachd.«

»Na siehst du, das ist ja fein«, sagte die Großmutter. Sie hörte nicht mehr genau hin, sondern las zum x-ten Male die Rückseite der dritten Osterkarte.

Malwida kletterte wieder zu ihr in den Lehnsessel hinüber. Sie schob ihren Kopf unter dem Arm der Großmutter hindurch, so dass ihre Nase beinahe die Karte berührte.

»Blumenkarten mit nichts weiter drauf sind langweilig«, brummte sie.

»Das ist der Veilchenstrauß von Albrecht Dürer«, wurde sie zurechtgewiesen. Die Großmutter sagte es ehrfurchtsvoll. »Das war ein berühmter Maler.«

Doch Malwida blieb ungnädig.

»Erstens sind die Veilchen viel zu sehr zusammengepappt. Mir gefallen sie jedenfalls nicht. Und hätte dieser Herr Dürer nicht ein paar Wichtel oder Elfen mit draufmalen können? Oder ein paar niedliche Osterküken? Wenn die Karte wenigstens geprägt wäre. Oder mit goldenen Rändern und Silberstaub.«

Die Großmutter wuschelte Malwida über das Haar.

»Die Postkarten, die in den Schreibwarenläden noch vorrätig sind, sind Bestände aus den Kriegsjahren. Da kannst du keine goldenen Ränder erwarten. Und deshalb ist auch die Papierqualität so mies. Aber was ganz anderes: Weißt du, wer mir diese Veilchenstraußkarte geschickt hat?«

Sie drehte die Karte um und tippte auf die sehr eng und gleichmäßig geschriebenen Zeilen.

»Lulu Wesendonk!«

»Was denn – die, bei der du damals Kindermädchen warst?«

Malwida wusste über die Vergangenheit der alten Meisenbugs genauestens Bescheid. Bis in die letzten Einzelheiten. Memmi musste man alles mühsam aus der Nase ziehen, aber Babbel erzählte gern und ausführlich von früher. Vom Sturz in den Pflaumenmuskessel bis zur Hochzeit mit Großvater Meisenbug.

»Ja, die – stell dir vor.« Die Gromutter nickte. Sie sah gerührt und weit entfernt aus. »Nie wieder hab ich so feine Sachen zu essen bekommen wie bei den Wesendonks. Jeden Mittag gab es Nachtisch.«

»Ich weiß, ich weiß«, trompetete Malwida dazwischen. »*Weinchaudeau* und *Birnencharlotte* und *Eisbombe Fürst Pückler*!« Sie liebte diese Namen. Es waren Zauberworte aus einem Märchen.

»Dabei war ich gerade erst vierzehn geworden und mit der Schule fertig«, fuhr die Großmutter fort. »Die reinste Landpomeranze. Keine Ahnung von irgendwas. Lulu war fünf. Das einzige Kind. Sie hat unheimlich an mir gehangen und furchtbar geweint, als ich nach zwei Jahren wieder fortging, um den Tippmamsell-Kursus zu machen. Sie schreibt mir zu jedem Geburtstag und vergisst auch sonst kein Fest. Nach über fünfzig Jahren! Wenn das keine Treue ist, dann weiß ich nicht.

Mit sechs spielte sie schon Klavier wie der kleine Mozart. Und alle Tage ein frisches weißes Kleid; wie eine Puppe sah sie immer aus. Das Bügeln gehörte zu meinen Aufgaben. Auch das Haarewaschen jeden dritten Tag. Mit Kamille wurde gespült, weil das dem feinen blonden Haar gut tun sollte.«

»Ja, und Lulus Mutter wollte, dass du ihrem Kind außerdem Eigelb in die Haare schmierst«, erinnerte Malwida.

Obwohl sie Großmutters »Lulu-Zeit« schon hundertmal gehört hatte, riss es sie jedes Mal hin und her, wenn sie sich das vorstellte. Einerseits fand sie es herrlich verrückt, solche Verschwendung zu betreiben. Dem Haar mit Hilfe von Eiern nie dagewesenen Goldschimmer zu entlocken, war beinah dasselbe wie auf Rosenblättern schlafen oder in Vollmilch baden oder den Fußboden mit Dukaten pflastern, was in Märchen gar nicht so selten vorkam. Und ihre eigene Großmutter, ihre Babbel, hatte jemanden persönlich gekannt, der auf solche Weise lebte. Jedenfalls hatte sicher nicht viel daran gefehlt, das ließ sie sich nicht ausreden.

Andererseits weckte solches Leben Empörung. Wie beim Märchen *Vom Mädchen, welches das Brot mit Füßen trat*. Dabei wusste Malwida nicht einmal, ob ihr echte, das heißt von Hühnern gelegte Eier überhaupt geschmeckt hätten. Sie kannte Eier nur als Nachbildung aus Fondant. Und aus Waffelteig mit süßem Schaum im Inneren. Oder als gelbes Pulver, von dem ein Löffelvoll in den Plinsenteig gestreut wurde.

»Damals waren Eier bloß Pfennigartikel«, sagte die Großmutter. »Das Dutzend für ’ne halbe Mark. Und Wesendonks hatten Geld genug. Denen gehörte eine Gummifabrik. Nein, worauf ich hinaus will, ist was anderes: Ich könnte mir denken, dass Lulu allerhand Postkarten besitzt. Zum Heiraten hat sie sich zwar nie entschließen können, aber sie hatte Freunde in der ganzen Welt, zumeist aus Künstlerkreisen. Wenn sie denen so treu geschrieben hat wie mir, muss sie auch eine Menge Post zurückbekommen haben. Ich weiß, dass sie nicht ausgebombt wurde. Nach dem großen Angriff hat sie sich sofort bei mir gemeldet, wollte wissen, ob ich noch lebe. Allerdings musste sie aus der Villa raus, da sitzen jetzt die Russen drin.«

»Au ja, Babbel! Schreib ihr mal und frag sie, ob sie Karten für meine Sammlung hat!« Malwida war Feuer und Flamme.

»Hier steht«, sagte die Großmutter und schwenkte die Veilchenstrauß-Karte, »dass sie in so einem Kulturhaus für deutsch-sowjetische Verbrüderung arbeitet. Puschkin-Haus nennt es sich, wenn ich das richtig entziffert habe. Du hast doch eine Monatskarte. Finde raus, wo dieses Kulturhaus ist, und besuch sie. Grüße sie ganz herzlich von mir und sag, dass du meine Enkelin bist.«

»Aber wieso willst du ihr nicht lieber schreiben? Ich meine wegen der Postkarten für mich.« Malwida zog einen Flunsch. Sie verstand die Großmutter nicht. So ungefällig zu sein, sah ihr überhaupt nicht ähnlich. »Was ist denn schon dabei?«

Sie machte Männchen wie ein Hund. Sie rubbelte und streichelte an der Großmutterhand mit den beiden eingewachsenen Trauringen herum. Sie gab ihr Kosenamen.

»Babbelchen … meine süße Babbeline … Na, komm, gib dir einen Ruck, sag ja … Babbeleia … Babbelitzi …«

»So etwas Hartnäckiges!« Die Großmutter lachte laut heraus. »Nein, Malwida, spar dir die Mühe. Du kriegst mich nicht dazu, dass ich Lulu Wesendonk um ein paar Postkarten anbettle. Ich hab sie noch nie um etwas gebeten. Nicht um Notwendiges, als sie noch reich war. Und schon gar nicht um Überflüssiges.«

»Dann komm wenigstens mit. In dieses Puschkin-Haus. Ich mag nicht allein in so ein wildfremdes Haus gehen. Und ich weiß auch nicht, was ich mit ihr reden soll. Ich muss dann immer so stottern.«

Die Großmutter schüttelte den Kopf. Ihre Stimme klang traurig, aber fest.

»Ich bin seit dem Angriff nur zweimal in die Stadt gefahren. Das erste Mal, weil ich es nicht glauben wollte, dass nichts mehr da war. Ich musste mich selbst überzeugen. Das zweite Mal, weil ich im Rathaus zu tun hatte; es ging um die Hypotheken auf der Bruchbude. Beide Male hab ich heulen müssen wie ein Schlosshund. Ich dachte, ich könnte nie im Leben wieder froh werden. Ohne Not tu ich mir den Anblick der Ruinen kein drittes Mal an. Dazu kommt noch, dass ich das lange Stehen in den überfüllten Straßenbahnen nicht aushalte.«

»Dem Bruder von Herrn Holtei geht es genauso«, sagte Malwida mit der Miene von jemandem, der Bescheid weiß. »Er rührt sich kaum noch aus dem Haus. Geht nicht mal mit zum Einkaufen. Seit er den Trümmerhaufen von seinem zerbombten Opernhaus gesehen hat, ist er ein Höhlenbär geworden. Er hatte auch Weinkrämpfe, wie du. Tagelang, sagt Herr Holtei.«

»Holtei? Holtei? Sind das nicht die zwei alten Herren aus dem gelben Haus oben in der Kurve? Woher kennst du die denn, dass sie dir solche privaten Dinge erzählen?«

Malwida biss sich auf die Lippen. Musste sie sich verplappern!

»Och ... vom Schlangestehen«, sagte sie so gleichgültig wie sie konnte. »Da steht man und steht man und da redet man eben miteinander. Du würdest dich wundern, was ich alles schon mit angehört hab.«

Dann machte sie, dass sie ins Bett kam. Ganz ohne doppelte und dreifache Aufforderung.

»Träum von deinen neuen Kleidern!«, rief die Großmutter ihr hinterher.

»Gleich übermorgen, wenn du alles aufgetrennt hast, gehen wir zur Carolsfeld«, sagte Malwidas Mutter, die den letzten Satz gehört hatte. Sie hatte den Komposteimer im Garten ausgeleert und sich im Dunkeln mit der Nachbarin am Zaun verplaudert.

»Jetzt ist Ende April. Wenn wir Glück haben, sind die Sachen dann Ende August fertig. Ich kenn sie doch. Die nimmt einfach viel zu viel an und wer ihr nicht jeden Tag auf den Nähten kniet, hat das Nachsehen.«

7. Kapitel

Wenn man an der Wohnungstür von Fräulein von Carolsfeld schellte, setzte normalerweise in der nächsten Sekunde rasendes Gekläffe ein. Blieb es still, war das das Zeichen, dass die Schneiderin nicht zu Hause war.

Malwida wollte wieder gehen. Doch ihre Mutter, ein umfangreiches Bündel unterm Arm, rührte sich nicht vom Fleck.

»Keiner da. Sie ist einkaufen«, flüsterte Malwida.

»Es war bekannt, dass Fräulein von Carolsfeld bisweilen ausgedehnte Streifzüge durch die noch existierenden Kurzwarenläden unternahm. Bis in die entlegensten Stadtteile fuhr sie dann. Sogar die angrenzenden Kleinstädte klapperte sie ab, auf der Suche nach Knöpfen, nach Nähseide, Schulterpolster und etwas, das Vliseline hieß und zur Versteifung der Kragen und Aufschläge diente.

Frau Meisenbug schüttelte den Kopf und flüsterte gleichfalls. »Sie muss da sein. Ich hab ihr gesagt, dass wir heute gegen Abend vorbeikommen.«

»Aber Corinna bellt nicht.«

»Frag sie um Himmels willen nicht, wo Corinna ist. Kein Wort darüber, hörst du? Sie hat das arme Wurm fortbringen müssen, zum Einschläfern. Sie konnte sie nicht mehr ernähren. Hunde sind in solchen Zeiten wie jetzt Luxus, wenn man nicht gerade Bauer ist oder Fleischer.«

Malwida sah ihre Mutter entsetzt an. Eingeschläfert? Die kleine weiße Spitzdame? Sie musste daran denken, wie hoheitsvoll Corinna sich in ihrem Korb mit dem geflochtenen Baldachin niedergelassen hatte, sobald die Besucher von ihrer Herrin gutgeheißen worden waren. Eine Prinzessin auf ihrem Thrönchen. Und wie gern Fräulein von Carolsfeld sie vorgeführt hatte: »Gib mal Küsschen, Corinna!« Dann war der Spitz ihr auf den Schoß gesprungen und hatte ihre Nase mit seiner Nase berührt.

Frau Meisenbug drückte noch einmal auf den Klingelknopf.

In dem Moment hörte man in der Wohnung die hastigen, stolpernden Schritte der Schneiderin. Sie entschuldigte sich mit lauter angefangenen Sätzen, die sie nicht fertig sprach. Von »erst noch dran gewöhnen«, war die Rede und vom Geratter der Nähmaschine, bei dem sie die Klingel leider oft überhöre. »Weil doch nun niemand mehr die Kunden anmeldet, seit …«,

In dem Zimmer, in das sie geführt wurden, gab es ein Doppelbett mit der schönsten Steppdecke, die Malwida je gesehen hatte. Millionen bunter Blumen und Blätter waren auf dem Stoff. Fräulein von Carolsfeld nannte das Muster *Millflöhr*.

Auf der einen Bettseite, die der Nähmaschine am nächsten war, breitete Frau Meisenbug jetzt ihr Mitgebrachtes aus. Sie machte drei Häufchen. Die Schneiderin prüfte die Teile durch Hochhalten, kratzte mit dem Daumennagel hier und da dran herum. Bei allem, was sie tat, blinzelte sie unablässig mit den geröteten Augenlidern. Dieses nervöse Blinzeln hatte sie schon, solange Malwida sie kannte.

»Also, das nehmen wir für den Trägerrock.« Und Fräulein von Carolsfeld befingerte und glättete den derben, orange geblümten Kretonne. (Die großen Sitzkissen der Verandabänke hatten nun keine Unterseiten mehr.)

»Und aus dem hier das Blüschen. Da machen wir bunten Hexenstich um Hals und Ärmel.« (Die Mullgardinen, mit denen die Glasscheiben des Wäscheschranks verkleidet gewesen waren.)

»Und das soll das Kleid werden? ... Hm, bisschen auffällig. Ich würde ein Dirndl vorschlagen. Viereckiger Ausschnitt mit weißer Zackenlitze. Und um die Taille ein Schößchen. Für den Saum auch wieder Litze. Dreifach. Wo kriegen wir die Litze her?«

Mit dem Stoff für Malwidas neues gutes Kleid hatten die alten Meisenbugs die meiste Arbeit gehabt. Bis in die Nacht hatten sie am Tag zuvor geschuftet, die dreiteilige Matratze aus Großvater Meisenbugs ehemaligem Bett abzubalgen. Fortwährend hatten sie aus Versehen in den Stoff geschnitten. Ein Fingernagel nach dem anderen war ihnen eingerissen. »Ich kann nicht mehr, ich kann nicht mehr.« Sie hatten gestöhnt und gejammert. Von der Erleichterung, mit der sie die Idee zuerst begrüßt hatten, und dem Stolz über ihre Findigkeit war nichts mehr übrig geblieben.

Malwidas Mutter hatte immer häufiger geflucht. »Eine Sträflingsarbeit ist das! Noch mal mach ich so was nicht.«

Unglücklich hatte Malwida sich ins Stübel verzogen. Nach

einer Weile war sie wieder aufgetaucht und hatte schüchtern vorgeschlagen, es doch lieber sein zu lassen.

»Ich muss nicht unbedingt ein neues Kleid haben. Ich brauch wirklich keins.«

»Ach nein? Kannst du mir dann bitte verraten, was du demnächst anziehen willst? Möchtest du vielleicht im Unterhemd in die Schule gehen, mit dem Klammerbeutel als Rock drüber?«

Die Mutter hatte kurz vor einem Tobsuchtsanfall gestanden. Um sie nicht noch mehr zu reizen, hatte Malwida klein beigegeben. Sie hatte sich nebenan im Stübel auf ihrem alten Kinderstuhl zusammengekauert, für den sie eigentlich längst zu groß war. Doch wenn ihr nach Weinen zumute war, passte er wieder.

Jetzt lag das Ergebnis der Sträflingsarbeit auf dem zarten *Millflöhr*-Muster der Steppdecke: sechs ungleiche, schiefe Stücke aus blutrotem Matratzenstoff, mit eingewebten Pfingstrosen.

Malwida musste gerade stehen und die Arme steif ausstrecken, damit Fräulein von Carolsfeld mit dem Metermaß an ihr herumhantieren konnte. Verlegen ließ sie die Blicke an den Wänden entlang wandern, obwohl sie die Zimmereinrichtung schon hundertmal gesehen hatte.

Den Schrank, an dessen Kopfleiste viele Kleiderbügel mit halb fertigen Sachen hingen.

Den Tisch mit der Filetspitzendecke und Narzissen in einer Kristallvase.

Den Schreibschrank mit der herausgeklappten Platte.

Oben drauf noch eine Vase; eine kobaltblaue, ohne Blumen. Unzählige Fotografien in Aufstellrahmen, fast alles Frauen. Frauen in kurzen Kinderkleidern, deren Gürtel weit unterm Nabel hingen. Alberne Nachttopfhüte beschatteten ihre Gesichter, so dass man nur die lachenden Münder sah.

Aus den Fächern des Schreibschranks ragte hineingestopfter Papierkram. Dort wurden die Heftchen mit den Körpermaßen sämtlicher Kundinnen aufbewahrt. Es dauerte immer eine Ewigkeit, bis Fräulein von Carolsfeld den richtigen Eintrag fand. Der Einfachheit halber notierte sie die Maße dann jedes Mal wieder neu, das ging schneller.

Die Schreibplatte war mit Stapeln zerfledderter Modezeitschriften beladen. Alle Bildseiten hatten rechts unten einen fettigen, schwärzlichen Zipfel. Das kam daher, weil Fräulein von Carolsfeld beim Durchblättern ständig den Daumen anleckte. (Etwas, das bei den alten Meisenbugs streng verboten war und »eklige Unsitte« hieß.)

Urplötzlich durchfuhr ein heißer Strahl Malwida.

Postkarten! Zwei Stück! An die überquellenden Fächer des Sekretärs gelehnt!

Wie im Traum machte sie einen Schritt darauf zu.

»Wo willst du denn hin?«, nörgelte Fräulein von Carolsfeld. Sie kniete am Boden und hatte eine Hand in Malwidas Rockbund gekrallt. Die andere Hand rollte gerade das Bandmaß bis zu Malwidas Knien herunter. »Die paar Minuten musst du schon stillhalten, Fräuleinchen.«

»Bitte, darf ich mir die Postkarten da drüben mal angucken?«

»Ja doch. Gleich«, sagte die Schneiderin. Als würde sie mit einem quengelnden Kleinkind reden. »Den Saum eine Handbreit überm Knie, länger nicht. Aber ich lass ordentlich was drin.«

Kaum hatte sie ihre kalten Finger aus dem Rockbund herausgenommen, klapperten Malwidas Holzsohlen im Galopp zum Sekretär. Die Karten herunterzunehmen, wagte Malwida nicht. Fräulein von Carolsfeld war ziemlich etepetete mit ihren Besitztümern. Um nicht in Versuchung zu geraten, legte Malwida die Hände auf dem Rücken zusammen.

Drei Kinder, vergissmeinnichtbekränzt, spielten auf einer Wiese mit einem schneeweißen Osterlamm. Die Mädchen jede eine kleine Lulu Wesendonk (weiße Kleider, offene kamillengelbe Haare), der Junge im Matrosenanzug. Eine zarte Folie schimmerte über der Karte. Wie die Haut einer Seifenblase. Und ALLES hatte goldene Konturen! Selbst die Gräser auf der Wiese, das Halsband vom Lamm und die Tupfen am Saum der Spitzenkleider waren mit Gold reichlich versehen.

Auf der anderen Karte, in geheimnisvoll bräunlichem Ton gehalten, bemühten sich mehrere Wurzelweiblein um ein festlich geputztes Feenkind oder eine Prinzessin. Sie banden ihr Schleifen in die Haare, hoben bewundernd die perlenschwere Borte ihres Mantels hoch und zündeten ihr eine blumenumwundene Kerze an.

Malwida brannte mit den Augen Löcher in die Karten. Beinah jedenfalls. In Gedanken vollführte sie einen Tausch. Sie dachte die Karten von Fräulein von Carolsfeld nach Hause, auf den Sofa-Umbau. An ihrer Stelle erhielt die

Schneiderin die schwarze Plischke-Karte und die mit »Willkommen, schöner Jüngling! Du Wanne der Natur!«

»Von meiner Cousine aus Sebnitz und meiner Schwägerin aus Tuttlingen«, sagte die Besitzerin der Prachtstücke.

Frau Meisenbug nickte. »Aha.«

Alle Kundinnen kannten diese beiden Verwandten bestens. Fräulein von Carolsfeld sprach sehr oft von ihnen. Es waren ihre einzigen Angehörigen.

»Die ist sicher noch von früher«, meinte sie, als Malwida sich über die goldenen Ränder wunderte. »Meine Cousine hat viele Jahre in einer großen Druckerei gearbeitet. Als Buchhalterin.«

»Haben Sie noch mehr solche Karten?« Malwida fragte es sehnsüchtig.

Fräulein von Carolsfeld machte eine nervöse Handbewegung. »Kann schon sein. Bei mir wird nichts weggeworfen. Ich hab die Karten, die ich bekam, immer in die Bücher gelegt, als Lesezeichen. Aber ich komme schon lange nicht mehr zum Lesen, leider.«

Es wurde ausgemacht, dass Malwida in der nächsten Woche zum Anprobieren kommen sollte.

»Ende Mai, wenn es warm wird, braucht sie die Sachen dann dringend«, sagte Frau Meisenbug mit entschiedener Stimme.

»Ich tu, was ich kann, ich tu, was ich kann«, sagte die Schneiderin und wedelte noch nervöser mit den Händen. »Ich nähe die halbe Nacht durch, wenn der Strom wieder da ist.«

Auf dem Nachhauseweg hatte Malwida kein anderes Thema als die Postkarten der Sebnitzer Cousine und der Schwägerin aus Tuttlingen.

»Meinst du, sie schenkt sie mir?«, flehte sie ihre Mutter an, als habe Frau Meisenbug darüber zu entscheiden. »Die sammelt sie doch gar nicht. Die hebt sie bloß auf. Kannst du sie nicht mal fragen?«

Aber sie musste die Erfahrung machen, dass ihre Mutter sich ähnlich gegen ein solches Ansinnen sperrte wie die Großmutter.

Malwida konnte das nicht begreifen. Wenn es um Mehl oder Brot oder Kartoffeln ging, kannte die Mutter doch solche Hemmungen auch nicht. Im Winter war sie mehr als einmal mit einem Rucksack voller Tischtücher aus Damast losgezogen, mit Dutzenden von Damastservietten, mit vierundzwanzig silbernen Kuchengabeln im hellblau-seiden gepolsterten Kasten, mit der Zeiss-Ikon-Kamera von Herrn Meisenbug und seinem Fernglas. In aller Herrgottsfrühe, wenn es noch stockfinster war. Mit dem Bummelzug, bei dem es durch die zerbrochenen Abteilscheiben eiskalt hereinpfiff, war sie auf die Dörfer gefahren. Am Abend dann total erledigt heimgekommen; nur noch ein heißes Fußbad und dann ab ins Bett.

Erst am nächsten Tag hatte sie alles haarklein berichtet: Wie sie bei den Bauernhöfen vorgesprochen und gefragt hatte, ob man ihr für dies oder das nicht ein Vierpfundbrot geben könnte. Oder ein Säckchen graues Mehl. Oder zwanzig Pfund Kartoffeln. Oder eine ganz kleine Speckseite.

Wieso brachte sie es dann nicht fertig, Fräulein von Carolsfeld ein paar lumpige Postkarten abzuhandeln?

Mit jeder Maiwoche ging das Grün der Fliederdolden ein wenig mehr in Lila und Violett und Weiß über. Im Meisenbug-Garten gab es mindestens einen Fliederbaum von jeder Sorte. Herr Meisenbug hatte sie gepflanzt, als er noch Gartenbauschüler gewesen war.

»Zu schade, dass er nicht sehen kann, wie sie sich rausgemacht haben«, sagte die Großmutter. Sie sagte es jedes Jahr. »Nächste Woche, wenn die Schafskälte überstanden ist, können wir schon einen Strauß abschneiden.«

In all den Fliederbäumen – den blasslilanen, den rotvioletten, den beiden weißen Zwillingsbäumchen – war, so sah es Malwida, ein Stückchen Papa zurückgeblieben. Fast taten ihr Hildchen und Hermi Hahn-Hahn Leid, von deren Vater es keine lebendige, jedes Jahr blühende Spur gab.

»Vergiss nicht, nachher der von und zu Carolsfeld wieder auf den Pelz zu rücken«, rief die Großmutter über die Schulter.

»Jaaa …«, knurrte Malwida und runzelte widerwillig die Stirn. Sie machte gerade Apfelbaum-Notizen. Das hatte Frau Schleiermacher nämlich der Klasse aufgegeben: Vom Frühjahr bis zum Herbst sollte jeder einen Baum seiner Wahl beobachten. Jede Woche ein paar Zeilen aufschreiben. Und wer malen konnte, sollte die Fortschritte in Bildern festhalten.

Malwidas Apfelbaum nahm sich Zeit. Vorläufig ließ er nur erbsengroße purpurrote Knöllchen sehen.

Zweimal die Woche klingelte Malwida bei der Schneiderin und leierte ihren Spruch herunter: »Meine Mutter lässt fragen, ob ich schon anprobieren kann? Sie hat gesagt, ich soll drauf warten.«

»Ja doch, ja doch ... Gleich als Nächstes kommst du dran«, sagte dann Fräulein von Carolsfeld. Auch ihr Satz war stets der gleiche. Man konnte ihr anmerken, dass sie Malwida gern wieder losgeworden wäre.

Auch Malwida wäre nur zu gern wieder abgehauen. Aber da beide sich vor dem Zorn Frau Meisenbugs fürchteten, ließ die Schneiderin Malwida hereinkommen. Und Malwida setzte sich brav auf einen der Stühle am Tisch mit der Filetdecke. Manchmal stand sie auf, um sich die Beine zu vertreten. Sie ging von einem Fenster zum anderen, starrte auf die gegenüberliegende Hauswand beziehungsweise auf die Straße, auf die elektrischen Bügel der vorüberrasselnden Straßenbahnen.

Und immer landete sie zuletzt vor dem Sekretär.

Schon zweimal hatte sie es gewagt und die Postkarten in die Hand genommen. Fräulein von Carolsfeld hatte nichts bemerkt. Sie ließ die Nähmaschine rattern, schob Stoffe zentimeterweise unter der Nadel durch und bewegte mit den Füßen wie wild das Trittbrett. Sie sprach leise mit sich selbst und schien Malwida Gegenwart vergessen zu haben.

»Einen schönen Gruß von meiner Mutter und am Sonnabend käme sie nachgucken, wie weit die Sachen sind«, sagte Malwida an einem Mittwoch Ende Mai.

Die Schafskälte war überstanden und die Großmutter

hatte die ersten Fliederzweige abgeschnitten. Von jeder Sorte ein paar. Schwer und feucht und kalt, blaßlila, dunkelviolett und weiß – so hingen sie über den Rand der bauchigen grünen Glasvase und dufteten das ganze Wohnzimmer aus.

»Ich bin ja so weit, ich bin ja so weit«, zeterte Fräulein von Carolsfeld. Und tatsächlich zeigte sie Malwida die zugeschnittenen und bereits gehefteten Kleidungsstücke. Malwida musste sich im Unterzeug hinstellen und bekam eins nach dem anderen anprobiert.

Die neuen Sachen, so viel konnte man jetzt schon sehen, wurden unvorstellbar herrlich. Fräulein von Carolsfeld war eine Künstlerin. Sie konnte Matratzenstoff, Gardinen und Kissenbezüge in die Garderobe einer Prinzessin verwandeln.

Die Freude wirbelte in Malwidas Bauch herum. Das peinliche Herumsitzen hatte sich gelohnt. Die Freude verlangte nach einer Überfreude. Nach einer Krönung sozusagen.

Später wusste Malwida nicht mehr genau, wie es hatte geschehen können. Vielleicht, weil sie es insgeheim so sehr gewünscht hatte? Während Fräulein von Carolsfeld sich wieder über etwas anderes hermachte (ein Tanzstundenkleid, das bis morgen fertig sein sollte), klapperte Malwida zum Sekretär hinüber. Aber statt wie gewöhnlich einen Abschiedsblick auf die ersehnte Trophäe zu werfen, hob sie den Saum des kaum noch bis zur Taille reichenden Pullovers hoch und steckte die Karten ein. Von oben schob sie sie hinter den Schlüpfergummi und zog den Pullover wieder drüber.

»Du kannst deiner Mutter ausrichten, ich wär so gut wie fertig damit«, rief Fräulein von Carolsfeld ihr nach.

8. Kapitel

Zwei Trophäen! Das bedeutete, dass Malwidas Sammlung auf nunmehr siebzehn Postkarten angewachsen war.

Von Rechts wegen hätte Malwida Meisenbug, die Sammlerin, jetzt das Glück des Triumphs empfinden sollen. Innerhalb einer Sekunde hatte sie sich in den Besitz von zwei wirklich schönen Stücken gebracht. Mit List, Geschick und Mut – ganz wie Herr Holtei es vorausgesagt hatte.

Aber da war leider diese ziemlich laute, aufdringliche Stimme, die ihr allen Triumph und alles Glücksgefühl von Stunde zu Stunde mehr verdarb. Bis sie nicht mehr vorhanden waren.

Du bist das Schäbigste und Niederträchtigste, das man sich denken kann, trompetete die Stimme die ganze Nacht über. Keinen Dreck besser als Hermi Hahn-Hahn, die dir die rote Perlenkette geklaut hat. Da war keine List dabei – höchstens Hinterlist. Und von wegen Mut und Geschick – ph! Gib doch zu, dass du ganz einfach gemaust hast. Gib zu, dass du ein Mausehaken bist! Mausehaken! Mausehaken!

Beim Aufstehen war es Malwida so mies im Magen, dass sie kaum eine halbe Brotschnitte mit Vierfruchtmarmelade hinunterwürgen konnte. Und beim Gedanken, am Sonnabend mit ihrer Mutter Fräulein von Carolsfeld unter die Augen treten zu müssen, wurde ihr noch elender.

Sie würde nicht mit hingehen. Anprobiert hatte sie ja ohnehin schon alles. Sie würde NICHT DA SEIN. Etwas sehr Wichtiges, Dringendes würde dazwischenkommen. Bloß was?

Zweierlei war zu erledigen.

In der Hofpause suchte Malwida Frau Schleiermacher auf. Sie erwischte sie gerade noch, ehe sie im Lehrerzimmer verschwunden war. Das lag oben in der Privatwohnung von Herrn Gentz, einem anderen Neulehrer; er gab Mathematik und Erdkunde. Um ins Lehrerzimmer zu gelangen, musste man schellen. Dann machte einem die kleinste Tochter von Herrn Gentz auf, mit schleifenden Windeln. Herr Gentz hatte den Raum abtreten müssen, nachdem die Lehrerinnen sich beklagt hatten. Sie könnten sich nirgendwo ungestört den Rock hochhheben, um die rausgerutschten Blusen wieder straff zu ziehen, außer auf dem Plumpsklo für Mädchen.

»Das Puschkin-Haus?«

Ja, Frau Schleiermacher wusste, wo es war. Aber die Straße konnte sie nicht nennen.

»Ich glaube, die heißt jetzt anders. Am besten, ich beschreibe dir, wie du hinkommst. Es ist aber ziemlich weit, quer durch die Trümmerlandschaft hindurch, am anderen Ende der Stadt. Du fährst doch sicher nicht allein hin?«

Nein, das hatte Malwida nicht vor. Sie wusste auch schon, wen sie mitnehmen wollte.

»Am Postplatz müsst ihr umsteigen, entweder in die Linie Sieben oder die Acht. Und dann eine Haltestelle vor dem früheren Roxy-Palast-Kino aussteigen. So ein kleiner Platz;

heißt jetzt auch anders. Du hast aber Augenringe heute. Brütest du eine Krankheit aus?«

»Nö. Glaub nicht. Vielen Dank.«

»Na, dann … Geh mal schnell an die Luft.« Frau Schleiermacher rannte nach oben, um ihren Rock hochzuschieben und die Bluse wieder straff zu ziehen. Außer ihr benutzten nur Kolleginnen das Lehrerzimmer. Herr Gentz, die einzige männliche Lehrkraft der Schule, verbrachte die große Pause selbstverständlich in seinem eigenen Wohnzimmer.

Das zweite Vorhaben war nicht annähernd so einfach.

Malwida passte das Stündchen ab, in dem sich die Großmutter nach dem Mittagessen immer aufs Sofa legte.

Sie schnappte sich die Gartenschere. Sie kletterte auf die Mauer zwischen dem Meisenbug-Garten und dem des Nachbarn zur Rechten; anders kam sie nicht an die aufgeblühten Dolden heran. Mit der einen Hand zog sie die Fliederzweige zu sich her. Dann kam der gefährliche Moment, in dem sie die Mauer loslassen und schnell einen Zweig abzwicken musste. Einen nach dem anderen. Schnipp, schnapp, schnipp, schnapp. Sie warf sie alle auf die Erdbeerpflänzchen hinunter.

Die weißen Zwillingsbäume standen allerdings nicht in der Nähe der Mauer. Sie beschatteten eine stille Nische, wo im Sommer ein Korbtisch und zwei Korbstühle aufgestellt waren. Aber Malwida wollte auch weißen Flieder haben, unbedingt. Wenn schon, dann von allem etwas.

Sie versuchte, auf einem umgekippten Eimer zu balancieren, aber ihre Arme erwiesen sich als immer noch zu kurz.

Bis Malwida auf die schlaue Idee kam, die Äste mit der Spazierstockkrücke von Großvater Meisenbug zu sich herunterzubiegen.

So, das war geschafft.

Zufrieden trug sie ihre Ausbeute zusammen. Jetzt aber nichts wie fort damit, bevor die Großmutter aufstand und womöglich anfing zu schreien: »Den ganzen Flieder geplündert! Bist du noch normal? Liebe Güte, wie sehen die armen Bäume aus – wie die gerupften Hühner!«

Das Dumme war, dass die gewaltige Masse der Fliederzweige Malwida vollständig die Sicht verdeckte. Sie schlurfte langsam, ihre Last umklammernd, an den Häusern entlang. Sie bemühte sich, mit den Schultern zu »hören«, wann die Gasse zu Ende war. Wann sie den Platz überqueren musste, das hieß: die Straßenbahngleise.

Es fehlte auch nicht an blöden Bemerkungen der Leute, die ihr auf dem Bürgersteig auswichen.

»Willst du 'n Blumenladen aufmachen?«

»Kuckt mal – 'n Fliederbusch auf zwei Beinen!«

Und dabei beständig die Angst, die ungeschickt gepackte Ladung könnte ins Rutschen kommen und auf dem Fußweg landen. Die Fliederdolden stupsten Malwida beim Gehen sanft ins Gesicht. Wie die weichen kühlen Schnäuzchen kleiner Tiere. Und der starke Duft, so nah, verursachte ein leichtes Schwindeligsein.

Blind, einzig vom »Gehör« ihrer Schultern gelenkt, schwenkte Malwida endlich in einen Hinterhof ein. Schleppte sich und ihren abgebrochenen Wald die gebohnerte Treppe hoch. Erster Stock. Zweiter Stock. Dritter. Hielt an. Schmiss alles hin. Schnaufte und schnaufte.

Hoffentlich kam nicht gerade eine Kundin; das fehlte noch. Zweig für Zweig, Dolde für Dolde arrangierte Malwida sorgfältig auf dem Fußabtreter von Fräulein von Carolsfeld ein Fliedergebirge. Wenn Fräulein von Carolsfeld aus der Tür träte, müsste sie entweder stehen bleiben oder auf die Blumen trampeln. Aber das würde sie bestimmt nicht tun. Sie hatte eigentlich immer Blumen auf dem Tisch, in der Kristallvase. Nur in den letzten Wochen waren die Narzissen vor sich hin gewelkt, ohne dass die Schneiderin sie durch andere Blumen ersetzt hatte. Und gestern war die Vase leer gewesen, Malwida erinnerte sich genau.

Sie warf einen wohlgefälligen Blick auf die Barrikade aus Blasslila, Rotviolett und Lammlöckchen-Weiß. Sie fühlte sich auf merkwürdige Weise erleichtert. Als hätte der Flieder ihr das Versprechen zugeflüstert: Geh ruhig nach Hause, geh nur. Ich mach das schon.

Wie ein wirklicher Papa, der sich für die Schande seiner Tochter entschuldigt.

Malwida schellte. Sie lauschte, bis sie im Innern der Wohnung die bekannten nervösen Schritte hörte. Dann raste sie die Treppe hinunter, als sei der Teufel hinter ihr her.

Auf dem letzten Treppenabsatz rutschten ihre Holzsohlen ab. Sie krachte mit dem Steiß auf die Kanten der Stufe. Die Strafe. Die Strafe. Es tat höllisch weh. Die Unterlippe zwischen den Zähnen, um nicht zu weinen, humpelte Malwida auf die Straße, Richtung »Bruchbude«. Es tat weh und sie musste humpeln, aber es war in Ordnung. Wenn man seine Strafe weg hatte, durfte man anfangen, sich zu freuen.

Hildchen Hahn-Hahn zu überreden, dass sie mitkam, war am leichtesten. Hildchen machte alles mit. Hauptsache, sie brauchte nicht selbst zu reden, nichts selbst zu entscheiden und es war keine Gefahr dabei. (Obwohl sie im Wegrennen recht geübt war.)

Auch Frau Hahn-Hahn, deren Erlaubnis natürlich eingeholt werden musste, hatte nichts dagegen, obgleich sie vom Puschkin-Haus noch nie etwas gehört hatte.

»Wozu musst du denn dahin?«, fragte sie. In einem Ton, als sei Malwida beim Kaiser von China eingeladen worden.

»Eine Freundin von meiner Großmutter arbeitet dort«, sagte Malwida. »Ich soll ihr was ausrichten, Grüße und so.« Und davon war kein einziges Wort gelogen.

»Na, dann«, sagte Frau Hahn-Hahn. Sie schien beeindruckt. Sie flocht Hildchen schnell noch einmal die Zöpfe nach.

»Warte, komm her!«

Sie hielt ihren Schürzenzipfel unter den Wasserhahn und rubbelte dem erwartungsfroh strahlenden Hildchen die Mundwinkel sauber. Die Mundwinkel waren Hildchens schwache Stelle.

»Dann viel Spaß, ihr zwei Hübschen. Monatskarten nicht verlieren!«

Im Gegensatz zu Hildchen, die einem ungetrübten Nachmittag voller Unterhaltung entgegensah, stand Malwida mit todernster, um nicht zu sagen finsterer Miene neben dem Fahrer der Straßenbahnlinie Achtzehn. Dabei hatten sie so unverhofftes Glück! Wann kam es schon mal vor, dass der Platz frei war?

Der enge Winkel zwischen dem Fahrerpult mit der Kurbel und der Fensterscheibe war sonst immer von irgendjemand besetzt. Und dichtauf standen die Anwärter, die darauf lauerten, dass derjenige endlich ausstieg und sie sich auf den begehrten Platz schieben konnten.

Im Wageninnern gab es ausnahmsweise etliche freie Sitzplätze (Sonnabendnachmittag und nur vier Haltestellen nach der Endstation). Trotzdem wäre es Malwida und Hildchen nicht mal im Traum eingefallen, sich zu setzen. Es war ein ungeschriebenes Gesetz, dass man auf dem Perron blieb, unter allen Umständen. Wer sich freiwillig setzte, galt als Memme.

Befand man sich in Begleitung seiner Mutter, war man leider genötigt, an ihrer Seite drinnen auf den Holzbänken zu hocken. Man wich dann den spöttischen Blicken der Kinder aus, die draußen standen, wie es sich gehörte, und sehnte den Augenblick des Aussteigens herbei.

Obwohl das Unternehmen »Puschkin-Haus« sich so verheißungsvoll anließ und das Glück ihnen den besten Platz in der ganzen Straßenbahn freigehalten hatte, trug Malwida schwer an ihrer Verantwortung. Schließlich handelte es sich nicht um einen Spaziergang zu den Elbwiesen, um mal eben eine Tasche Karnickelfutter heimzubringen. Alles lag im Nebel. Alles konnte schief gehen. Der Ort, zu dem sie fuhren, war ein unbekannter, nie gesehener. Und die Person, die Malwida anzutreffen hoffte, war ebenso fremd und vielleicht gar nicht dort.

Langsam nur wichen die Beklommenheit und der Druck im Magen. Ein bisschen Abenteuerlust stellte sich ein. So weit weg von der »Bruchbude«. Ganz sicher war schon eine Stunde vergangen.

»Horch mal mit auf das, was die Schaffnerin ausruft«, forderte Malwida Hildchen auf. »Damit wir den Postplatz nicht verpassen. Frau Schleiermacher hat gesagt, dort müssen wir umsteigen.«

Hildchen, die sich völlig auf Malwida verlassen hatte, guckte verstört. Sie war doch bloß zum Spaßhaben mitgekommen und jetzt sollte alles von ihrem Gehör abhängen.

»Ich sag's euch schon rechtzeitig, ihr Sahnepiepen«, beruhigte sie der Fahrer.

Beide lächelten dankbar zu seiner Autoritätsmütze auf. Sie rückten ein Stückchen näher an ihn heran. Sie hätten ihm ohne Bedenken ihr Leben anvertraut. Ein Straßenbahnfahrer, eins jener immer schweigsamen Wesen, unnahbar wie ein Standbild von Stein, hatte sie einer Ansprache gewürdigt.

Natürlich kannte jedes Kind die Vorschrift, den Wagenführer nicht mit Gequassel abzulenken. Dennoch wagte Malwida die Frage: »Nimmt man die Linie Sieben oder die Linie Acht, wenn man zum Puschkin-Haus will?«

»Was für 'n Haus soll das sein? Kenn ich nicht.«

Malwida dachte an Frau Schleiermacher. »Eine Haltestelle vorm früheren Roxy-Palast-Kino.«

»Ach so. Das ist egal, die fahren beide dran vorbei. So, die nächste müsst ihr umsteigen.«

Sie vergaßen nicht, ihm Auf Wiedersehen zu sagen. Er hatte zwei glühende Verehrerinnen gewonnen.

»Den tät ich als Vater nehmen«, bekannte Hildchen und Malwida nickte.

Man wusste so wenig über Männer. Die paar, die sie kannten, waren entweder uralt und unappetitlich oder maulfaul und grob. Oder frech, wie der Hinkebein-Schaffner, der den Frauen im Wageninnern dreckige Witze erzählte und allgemein bloß »der Arschkneifer« hieß.

Herr Holtei und sein Bruder waren etwas anderes, etwas Besonderes, das sie von den gewöhnlichen Männern unterschied: Sie waren Sammler.

Etwas verloren irrten Malwida und das dicht an ihr klebende Hildchen auf dem weiten, windigen Postplatz umher. Beinah alle Straßenbahnen der Stadt kreuzten sich hier. Ringsum nichts als Trümmerberge. Und hinter den Trümmerbergen waren noch mehr Trümmerberge.

Hildchen hopste im schönen Gruselgefühl. »Au weia, au weia, und wenn wir nun in die falsche Richtung kutschen?«

Die Schaffnerin der Linie Sieben war fast so nett wie der Fahrer von der Linie Achtzehn. Die schwarze Schaffnerjacke war ihr zu groß, war eine Männerjacke, deshalb hatte sie einen Lederriemen zweimal um den Bauch geschnallt. Mit dem Daumen, auf dem das Gummikäppchen zum Münzen-Rausdrücken saß, pulte sie an einer Rolle Drops herum. Sie erwischte einen roten und schnellte ihn sich in den Mund, wie im Zirkus.

»Puschkin-Haus? Das kann nur die Herrschafts-Villa sein, das einzige stehen gebliebene Haus in der Gegend. Die fünfte Haltestelle, wenn es das ist, was ich denke. Hier – ich hab heute meine Spendierhosen an …«

Sie pulte einen zitronengelben Bonbon aus der Rolle und schnippte ihn hoch, in Malwidas aufgehaltene Hand. Der dritte, ein orangener, fiel auf den Boden des Wagens. Hildchen bückte sich, so blitzfix, wie sie es ihrer Schwester Hermi abgeguckt hatte, und kratzte den Drops zwischen den dreckverklebten Holzleisten hervor. Kaum hatte sie ihn, steckte sie ihn sich in den Mund.

»Dreck macht fett«, sagte die Schaffnerin, ehe sie weiterging. »Noch jemand ohne Fahrschein?«

9. Kapitel

Als die Straßenbahn davongerasselt war, lag es vor ihnen, auf der anderen Seite des kleinen Platzes: das Puschkin-Haus. Die Schaffnerin hatte Recht gehabt – es gab hier wirklich weit und breit kein Gebäude, das sonst in Frage gekommen wäre. Bei allen anderen Häusern, die noch nach Haus aussahen, waren die unteren Fenster mit Ziegelsteinen ausgefüllt. Und aus den oberen Fenstern wuchs Birkengrün.

Treppenstufen führten zum imposanten Portal hinauf. Malwida sah Hildchen an. Hildchen sah Malwida an. Sie schnitten einander Grimassen. Der herrliche saure Dropsgeschmack im Mund machte sie kühn. Er stärkte ihre Lebensgeister.

Um den Türflügel aufzudrücken, mussten sie sich zu zweit dagegenstemmen.

Das Innere der Diele war gleichzeitig dunkel und von blendender Helle. Die grellen Lichtbahnen kamen von der Sonne, die durch den verglasten Erker hereinschien.

Wohin man den Blick wendete, traf er auf Holz. Fußboden, Treppenpodeste, Türeinrahmungen, kleine Geländer hier und da, Wandtäfelungen – nichts als Holz. Es schimmerte goldbraun, wo das Licht drauffiel, und dunkelte ehrwürdig in den Schattenwinkeln vor sich hin. Nirgends gab es eine glatte Fläche, alles war geschnitzt und gedrechselt.

Zwei weibliche Holzplastiken, nackig bis auf einen Schal um die Hüfte, bewachten rechts und links eine Flügeltür. Auf den erhobenen Armen hielten sie eine Art hölzernes Kanzeldach. Ein Netz aus riesenhaften Bienenwaben spannte sich über die Decke. Die niedrige Säule am Treppenaufgang war mit spiraligen Kerben geschmückt und erinnerte an den dicken Hunderter vom Mikadospiel. Sie wuchs aus einem bauchigen Holzkübel heraus, auf dem Teufel Fratzen zogen. Und das Treppengeländer erst: hölzerne Brezeln und in den Brezellöchern geschnitzte Schwertlilien mit Frauengesichtern.

»Davon könnte man jahrelang heizen.« Hildchen Hahn-Hahn schob voller Hochachtung die Unterlippe vor.

»Bis der Kachelofen platzt«, stimmte Malwida ihr bei.

Jeder Schritt, auch der allervorsichtigste, knarrte. Das gesamte Haus schien zu knarren und zu ächzen wie ein lebendiges Wesen. Malwida wagte sich nur in Zeitlupenschritten über das Parkett. Zum ersten Mal schämte sie sich für ihre Klapperlatschen. Hildchen mit ihren Stoffschuhen war da fein raus. Doch auch ihre Schritte gingen nicht ohne Geräusch vor sich.

Irgendwo im Haus spielte jemand Klavier. Eine Männerstimme sang dazu. Dann brach beides ab und setzte von neuem ein.

In der Erkernische, mitten in der Sonnenbahn, saß ein Mädchen in einem Ledersessel. Sie war furchtbar aufgeregt und wiederholte beständig einen Text, der sich reimte.

Ein anderes Mädchen, eher eine Frau, ritt mit einem aufgeschlagenen Buch in der Hand auf der Armlehne eines geschnitzten Stuhls. Sie sagte dem ersten Mädchen leise vor, wenn es wieder einmal stecken blieb oder sich verhaspelte.

»Ich schaff es nicht! Ich schaff das nicht! Nicht bis heute Abend! Der Gutzkow hatte drei Wochen zum Lernen und ich soll es in einem Tag können?« Das Mädchen im Ledersessel brach in Schluchzen aus.

»Gutzkow fällt aus, das weißt du. Wir haben niemand sonst außer dir. Unmöglich, ausgerechnet diesen Beitrag wegzulassen. Und du kannst es doch schon! Glaub mir, du kannst es schon. Du hast noch vier volle Stunden«, tröstete die Ruhige und klopfte ihr aufs Knie.

Mit geweiteten Augen verfolgten Malwida und Hildchen Hahn-Hahn die Szene im Erker. Malwida vergaß vollkommen, weshalb sie hierher gekommen war. Sie standen wie die Ölgötzen (wie die alten Meisenbugs es genannt hätten), empfanden heftiges Mitleid und lernten jede Zeile mit.

Lustig pfeift und weht der Wind
Und das Schifflein fliegt geschwind
Nach dem Inselland Bujan,
Nach dem Reich des Zaren Saltan.

Malwida flüsterte vernehmlich; Hildchen begnügte sich damit, die markantesten Worte zu wiederholen: »Bujan … Zar Saltan.«

Die Leute auf dem Schiff gingen an Land, wo Zar Saltan sie als seine Gäste empfing. Wie die Reise war, wollte er wissen. Und er fragte sie aus, ob sie nicht etwas Wunderbares gesehen hätten jenseits des Ozeans.

O ja, das hatten sie und erzählten davon. Von einer anderen Insel wussten sie zu berichten, mit einer Stadt voller Türme und Zinnen und goldener Kuppeln. Und mitten drin – das Schloss des Fürsten Gwidon.

Jetzt kam eine Stelle, bei der sich das Mädchen regelmäßig versprach.

Vor dem Schloss, auf weitem Raum
Steht ein hoher Tannenbaum;
Im kristallnen Häuschen drunter
Sitzt ein Eichhorn, zahm und munter …

Das Mädchen im Ledersessel sagte jedes Mal »hohler Tannenbaum« und »flink und munter«.

»Ich lern das nie! Die Zeit ist zu kurz, das ist nicht zu schaffen.« Sie faltete vor Verzweiflung die Hände.

»Komm, probier's gleich noch mal«, sagte die Ruhige. »In einer halben Stunde gibt's Tee. Also, los: ›Vor dem Schloss, auf weitem Raum …‹«

»Vor dem Schloss, auf weitem Raum
Steht ein hoher Tannenbaum;
Im kristallnen Häuschen drunter
Sitzt ein Eichhorn, zahm und munter …«,

begann Malwida halblaut aufzusagen.

Die beiden jungen Frauen drehten sich um. Das nervöse Mädchen hatte den Mund noch gar nicht aufgemacht gehabt. Puterrot verstummte Malwida.

»Wer seid *ihr* denn?«, fragte die mit dem Buch in der Hand. »Seid ihr nur so hereingeschneit oder wollt ihr zu jemand Bestimmtem?«

»Ja, zu Frau … zu Frau …« Wie war doch schnell ihr Name gewesen? »Zur Freundin von meiner Großmutter. Sie heißt … sie heißt … FRÄULEIN WESENDONK!«

»Die ist oben, im Musikzimmer. – Warte! Wie kommt es, dass du Puschkin auswendig kannst? Weißt du auch, wie der Text weitergeht?«

Und Malwida ratterte ihn herunter:

»… sitzt ein Eichhorn, zahm und munter,
Und dies Eichhorn singt und knackt
Nüsse zu des Liedchens Takt,
Nüsse, gar nicht zu bezahlen:
Ganz von Golde sind die Schalen,
Jeder Kern ist ein Smaragd.
Krieger, Diener halten Wacht.
Ein besondrer Schreiber muss
Schriftlich zählen jede Nuss,
Die es knackt …«

»Halt, halt, das genügt. Ich glaub es dir. Und woher kannst du das?«

»Na, vom Zuhören«, sagte Malwida schüchtern.

»Unglaublich. Zu schade, dass du nicht einen Tag früher aufgetaucht bist. Im Handumdrehen hätte ich dir das gesamte Märchen vom Zaren Saltan eingepaukt. Und dann hättest du es heute Abend bei dem Festakt vortragen können.«

Die Frau klappte das Buch zu, aus dem sie abgehört hatte.

»Machen wir Teepause, Regine. Danach geht's sicher besser, du wirst sehen. Grusinischer Tee ist ein Lebenselexier. – Kommt mit mir, Mädchen; ich zeige euch, wo ihr unsere Ludowika findet.«

Sie legte Malwida den Arm um die Schultern wie einer alten Freundin und führte sie die Treppe hinauf. Hildchen, an Malwidas anderer Seite, blieb immer auf gleicher Höhe. Sie sonnte sich in Malwidas Ruhmesglanz, wie sie sich in Hermis Ruhm gesonnt hatte, als die von Erdbeernase gemalt wurde.

»Ich bin Klawa«, sagte die Frau zu Malwida. »Und du?«

Malwida nannte ihren Namen, schnell und undeutlich. Ihr war ganz trocken im Mund. Sie hatte fürchterliche Angst, dass die Frau sie hier behalten und sie zwingen würde, bis zum Abend die Geschichte vom Zaren Saltan auswendig zu lernen. Für den Fall, dass das nervöse Mädchen wieder weinte und alles verpatzte.

Dann weine ich auch, dachte Malwida. Sie war schon nahe dran.

Die Frau merkte nichts davon. Sie hielt Malwida fest umarmt und redete beim Treppensteigen lockend auf sie ein.

»Du bist ein Naturtalent. Würde es dir gefallen, ein anderes Poem von Puschkin zu lernen und hier für uns zu deklamieren? Nicht heute, ein andermal. Richtig vor Publikum, vor vielen Leuten, die klatschen, wenn du fertig bist?«

Malwida schüttelte entsetzt den Kopf. Wäre sie doch bloß nie hierher gekommen! Ihre Atemzüge zitterten verdächtig. Sie klemmte die Unterlippe ein und biss darauf herum. Hoffentlich konnte Lulu Wesendonk sie aus der bedrohlichen Situation retten.

Und wenn nicht? Wenn sie es vielleicht gar nicht wollte? Wenn sie ebenfalls der Meinung war, Malwida müsse unbedingt vor einem Saal voll wildfremder Menschen seitenlange Gedichte von diesem Puschkin aufsagen?

Stille Hilfe kam von Hildchen. Sie fasste Malwidas steif herunterhängende Hand. Ließ sie auch dann nicht los, als es zweimal um die Ecke ging und der Platz für drei Personen nebeneinander recht knapp wurde.

Endlich blieben sie stehen. Klawa nahm ihren Arm von Malwidas Schultern. Hinter der Tür wurde gestritten. Eine tiefe Frauenstimme sprach sehr laut und empört. Ein Mann versuchte etwas zu erklären oder sich zu verteidigen. Aber sofort wurde er von der Frauenstimme wieder unterbrochen.

Klawa schmunzelte und schwenkte die Hand zum Zeichen, dass es brenzlig war, sich jetzt da hineinzubegeben.

»Ohweh! Der Genosse Knebel hat wohl gewagt, unserer Ludowika dreinzureden oder sie gar zu kritisieren. Dass er dabei den Kürzeren zieht, hätte ich ihm vorher sagen können. Ihr kommt etwas ungelegen, wie es aussieht. Aber probiert es ruhig; es gibt nur zwei Möglichkeiten. Entweder sie setzt euch an die Luft oder ihr seid willkommen.«

Sie hatte es eilig, zu ihrem grusinischen Tee zu kommen. Bevor sie entschwand, sich irgendwo im Knarren der dunklen Gänge verlor, rief sie noch: »Vergiss nicht, was ich dir angeboten habe, Malwida! Denk dran, wie man dir applaudieren wird!«

Als nach dreimaligem Anklopfen noch immer keiner »Herein«, gesagt hatte, drückte Malwida die Klinke nieder. Hand in Hand quetschten sie sich durch den kleinsten Türspalt.

Von der fünfjährigen oder auch siebenjährigen Lulu Wesendonk hatte Malwida eine feste Vorstellung. Gestärktes weißes Kleid, offenes Eidotter-Haar; so ähnlich wie die Mädchen auf ihren Postkarten. Natürlich würde sie nach fünfzig Jahren nicht mehr ganz so kindlich und so hübsch aussehen. Aber die Dame unter dem Kronleuchter, diese baumlange, spindeldürre Gestalt, auf dem hochfrisierten Haar einen kleinen dunkelblauen Strohhut mit Schleier – *das* konnte unmöglich Großmutters Lulu sein. Oder doch?

Lulu Wesendonk (wenn sie es war) hatte eine Hand auf den Flügel gelegt und gab ihm, während sie mit tiefer, klangvoller Stimme ihre Meinung darlegte, anfeuernde Klapse. Als stünde sie neben ihrem Streitwagen, dachte Malwida, und auf jeden Klaps hin würde automatisch eine Salve von Pfeilen abgeschossen.

»Ich will durchaus nicht Ihre Verdienste schmälern, Herr Knebel, das liegt mir fern. Jeder hier tut sein Bestes. Aber guter Wille ersetzt nun mal keinen Kunstverstand. Sie verstehen von Musik so viel wie ich vom Schuhebesohlen.«

Der Mann ihr gegenüber, im braunen Anzug mit rotem Schlips, blickte grollend. Er wirkte persönlich gekränkt. Wie einer, dem man gerade bewiesen hat, der Goldklumpen, auf den er so stolz war, sei nur ein Wetzstein.

»Aber der Anlass für die Feier verlangt, dass wir dem Charakter des Hauses Rechnung tragen. Es werden viele sowjetische Offiziere erwartet«, beharrte er.

»Und wenn Sie sich auf den Kopf stellen«, tönte es ihm entgegen, »ich bleibe dabei. Niemand – NIEMAND! – wird mich dazu bringen, Felix Mendelssohn-Bartholdy durch Isaak Dunajewski zu ersetzen. Dieses ›Lied vom Wasserträger‹ ist ein Paradestück, ich weiß. Aber eins für eine Freiluftbühne mit zwanzig Lautsprechern rings um den Platz. Außerdem muss der *Wasserträger* von einem Bass gesungen werden. Von einem Mann mit ordentlich Brustkasten, dem man das Schleppen der Wassertonnen abkauft. Der braucht nur loszulegen und die Leute lachen.«

Lulu Wesendonk verstellte ihre Stimme und imitierte einen kellertiefen Bass: »›Ohne Wasser, merkt euch das – plumm-plumm –, wär unsre Welt – plumm-plumm – ein leeres Fass. Plumm-plumm, plumm-plumm.‹ Dumpfes Gebrüll und Paukenschläge. Wir haben keinen Bass zur Verfügung. Hermann ist ein Schüler und singt lyrischen Tenor.«

»Es wird aber unliebsam vermerkt werden, wenn wir den *Wasserträger* nicht im Programm haben«, protestierte der Mann mit dem roten Schlips. »Und an wem wird man es wieder auslassen? Am Kulturhausleiter. Ich habe mir sagen lassen, der *Wasserträger* ist ein Lieblingsstück von Major Rubzoff.«

»Schieben Sie alles auf mich«, sagte Lulu Wesendonk. »Wir haben zwölf Jahre auf die Musik von Mendelssohn verzichten müssen. Ich werde nicht dulden, dass er nun von einem Dunajewski verdrängt wird, der es nicht wert ist, ihm die Notenlinien ziehen zu dürfen.«

»Na, na, na! Achten Sie auf das, was Sie sagen, Genossin Wesendonk ... äh, Fräulein Wesendonk.« Ganz beleidigte Leberwurst, kniff der Mann den Mund zu einem Strich zusammen. Aber es gab keinen Zweifel mehr, dass er verloren hatte.

»Warten Sie den Abend ab, Herr Knebel. Die Gäste werden schon auf ihre Rechnung kommen. Auch ohne *plumm-plumm, plumm-plumm*«, rief Lulu Wesendonk ihm hinterher. Sie klang gut gelaunt. Sie hatte gesiegt. Mit Schwung brachte sie ihre lange Heuschreckengestalt auf der Klavierbank unter und spielte ein paar Takte.

»Hermann, wo stecken Sie denn? Wir fahren fort. Sie sind noch längst nicht konzertreif.«

Aus dem Hintergrund löste sich ein junger Mann mit krausen Haaren.

Feigling, dachte Malwida. Warum hat er ihr nicht beigestanden?

Sanft und weich und sehnsüchtig waren die Töne, die Lulu Wesendonk anschlug; zuletzt nur noch wie ein Tröpfeln.

Und Sanftes, Weiches, Sehnsüchtiges sang der kraushaarige Junge dazu.

»Leise zieht durch mein Gemüt liebliches Geläute. Klinge, Kleines Frühlingslied, kling hinaus ins Weite.«

»Sehr schön, Hermann«, lobte Lulu Wesendonk. »Diesmal haben Sie auch die innere Stimme getroffen. Wozu so ein Gewitter im Tischkasten doch gut sein kann. Vorher hatten Sie mir einfach noch zu viel Trara in der Kehle. *Wilde Gesellen, vom Sturmwind umweht* oder wie das Zeug heißt. Sie wissen bestimmt, was ich ausdrücken will. Jetzt bitte das *Hirtenlied*, das *Wanderlied* und das *Jagdlied*, dann gehen wir Tee trinken. Den Rest üben wir hinterher.«

Der kraushaarige Junge lief rot an. Entweder vor Freude über das Lob oder weil er sich wegen der *wilden Gesellen* genierte.

Als Lulu Wesendonk schließlich den Deckel über die Tasten klappte, fragte sie, ohne sich umzudrehen: »Na, hat es euch gefallen?«

Da sie die ganze Zeit über keinerlei Notiz von ihnen genommen hatte, fühlte Malwida sich nicht angesprochen. Hildchen musste sie in die Seite puffen und tuscheln: »Die meint uns.«

Sie sprangen von dem Stuhl herunter, auf dem sie zu zweit gehockt hatten, dicht neben der Tür. Malwida konnte nicht gleich antworten. Sie nickte und leuchtete mit den Augen. »Mhmm!«

»Weil ihr so brav den Mund gehalten habt, habe ich ausnahmsweise Gnade vor Recht ergehen lassen«, sagte Lulu Wesendonk. »Für gewöhnlich gibt es das bei mir nicht, dass

Krethi und Plethi im Raum herumlungern dürfen, während gearbeitet wird.«

Sie zog einen elfenbeinfarbenen Sommermantel über, der bis dahin am Fensterriegel gehangen hatte, und kam nun auf sie zu, mit stakenden Schritten ihrer Storchenbeine.

»So, jetzt geht schön nach Hause und schreibt euch hinter die Ohren, dass ihr hier nichts zu suchen habt.«

»Aber ich hab ja was gesucht«, stellte Malwida richtig. (Wenn die alten Meisenbugs »Krethi und Plethi«, sagten, meinten sie damit unerwünschte Personen, denen nicht zu trauen war. Selbst Krethi und Plethi zu sein war niederschmetternd.)

»Ich wollte zu Ihnen ... ich sollte Ihnen nämlich ... Sie sind doch Lulu Wesendonk? Ich meine Fräulein Wesendonk?«

Wie vom Donner gerührt blieb die große Frau stehen.

»Woher weißt du diesen Namen? Der ist nur sehr guten Freunden geläufig und Menschen, die mich als Kind gekannt haben. Für den Rest der Welt heiße ich Ludowika. Wer bist du, Kind?«

Diesmal sagte Malwida ihren Namen laut und deutlich. Diesmal sollte er verstanden werden.

»Meisenbug? Könnte es sein, dass du die Enkeltochter von Betti Meisenbug geborene Haufe bist? Von meiner Betti? Warum hast du das nicht gleich gesagt!«

Ab sofort wehte ein anderer Wind. Jetzt, wo Malwida das richtige Losungswort genannt hatte, war von »Krethi und Plethi« keine Rede mehr. Sie wurde eingeladen, mit in das

Zimmer zu gehen, wo der Samowar mit dem begehrten grusinischen Tee bereitstand.

»Kommt mir einfach hinterher. Dann machen wir es uns für eine Weile gemütlich und du erzählst mir alles.«

Sie folgten ihr – halbe Treppe hinauf, um Korridorbiegungen herum, durch endlose Gänge. Malwida prägte sich jede Einzelheit von Lulu Wesendonks Äußerem ein, um der Großmutter später einen genauen Bericht liefern zu können.

Der seltsam schwankende Gang fiel ihr auf. Vielleicht kam das daher, dass sie so eine Bohnenstange war und so klapperdürr. Vielleicht lag es aber auch nur an ihren abgebröckelten Korksohlen, die sie ständig straucheln ließen.

Aus der Nähe sah man, dass der helle Sommermantel aus Rohseide schon ewig nicht mehr gereinigt worden war. Sein Saum war überdies an drei Stellen abgetrennt und schleppte. Und vorn, an der Knopfleiste, fehlte von der langen Reihe stoffbezogener Knöpfchen mindestens ein Drittel.

An den haselnussbraunen Seidenstrümpfen kletterten dicke Laufmaschenleitern die mageren Waden aufwärts. Die Füßlinge mussten demnach nur noch aus Löchern bestehen. Als letzten Notbehelf hatte Lulu Wesendonk weiße Tennissöckchen darüber gezogen. Das Eleganteste an ihr war der kleine dunkelblaue Strohhut, schief zur Stirn hin aufgesetzt und mit einem kurzen Schleier, der bis zur Nasenspitze reichte. Nicht mal zum Klavierspielen hatte sie den Hut abgenommen.

Sie bekamen ihren Tee nicht in Tassen eingeschenkt, sondern in Gläser, die in einem silbernen Körbchen standen.

Man durfte sich dazu einen Löffel rubinroter Marmelade mit ganzen Früchten nehmen: *Warennje*. Die sollte man in den Tee tun. Hildchen aß sie lieber gleich so; sie hörte gar nicht mehr auf, ihren Löffel abzuschlecken.

Auch in dem Teezimmer gab es Holz in Hülle und Fülle. Bequeme, ledergepolsterte Sessel standen in Gruppen beieinander. Zu einer solchen Gruppe trugen sie behutsam ihre Teegläser, begleitet vom Knarzen des Parkettbodens.

Hildchen ließ sich in den Sessel plumpsen. Der Löffel ragte ihr aus dem Mund wie ein Fieberthermometer und vom Hineinriechen ins dampfende Teeglas glänzte ihre Nase feucht. Dabei sein und es gut haben – mehr verlangte sie nicht. Selig griente sie in Malwidas Richtung.

Malwida musste Lulu Wesendonk einen Haufen Fragen über die Großmutter beantworten. Auch nach Herrn Meisenbug, Malwidas Vater, erkundigte sie sich.

»Er war mein Patensohn. Ihr wisst also noch immer nichts von ihm?«

»Doch«, sagte Malwida. Immer wenn sie »Papa«, dachte, fiel ihr nur der Flieder im Garten ein. »Meine Mutter hat einen Brief gekriegt. Von einem anderen Soldaten, der zuletzt mit ihm zusammen war. Er hat ihr den Trauring geschickt und die Brieftasche. Ich hab gehört, wie sie meiner Großmutter den Brief vorgelesen hat. Dass sie als Adventskranz eine alte Motorradfelge mit grünem Gummischlauch umwickelt haben, stand drin. Und dass sie Krähen gegessen haben. Und dass mein Vater einen Kopfschuss bekommen hat und gleich tot war.«

»Der übliche Satz«, brummte Lulu Wesendonk grimmig. Sie stand auf und holte sich ein zweites Glas grusinischen Tee und vergaß auch die Warennje nicht.

Hildchen tuschelte mit Malwida. »Du – ob man den Löffel Marmelade auch ohne Tee kriegen kann?« Sie hatte ihr Glas erst halb ausgetrunken; der starke Tee war nicht nach ihrem Geschmack.

»Frag doch mal die Frau dort«, schlug Malwida vor. »Wenn es klappt, hol ich mir auch noch einen.«

Aber Hildchen konnte sich zu solch einer Selbständigkeit nicht aufraffen. Dann hätte sie ja mit der wildfremden Frau reden müssen, die den Samowar bewachte.

Nicht mehr lange und die gemütliche Weile war vorbei. Und Malwida hatte noch keine Gelegenheit gefunden, vom Wichtigsten zu sprechen. Sie starrte Lulu Wesendonk nur an. Immer dringlicher und flehender. Bis es dieser auffiel.

»Hat deine Großmama dir einen besonderen Auftrag an mich mitgegeben? Ist es etwas Heikles? Kann ich ihr irgendwie helfen?«

»Nö, nö. Sie will nichts, das hat sie extra gesagt.«

»Jetzt fällt bei mir der Groschen«, sagte Lulu Wesendonk. »Du selbst hast etwas auf dem Herzen. Aber du weißt wohl, dass ich nicht mehr über mein Haus verfüge. Ich wohne zur Untermiete und mein Eigentum ist arg zusammengeschrumpft. Brauchst du einen Globus? Einen Viertelliter lila Tinte? Einen Federhalter mit Glaskugel unten dran, in der man das Straßburger Münster sieht?«

»Ich sammle Postkarten«, sagte Malwida. »Schöne, mit

Bildern. Keine Ansichten. Und auch keine schwarzen Plischke-Karten.«

»Und um mir das zu sagen, nimmst du vier Stunden Fahrt auf dich? Zwei bis hierher und zwei wieder zurück?« Lulu Wesendonk lachte, aber nicht laut; kein Auslachen. So lachten Damen, wenn sie fanden, dass ein Kind sich reichlich hepp-hepp benommen hatte. Und Lulu Wesendonk war eine Dame.

Malwida nahm es ihr nicht übel. Sie betrachtete das Parkettmuster. Niemand trug Schuld daran, dass sie auf einmal so trübsinnig wurde. Als wäre alle gute Laune aus ihr herausgesickert. Wie das Wasser aus einer verrosteten Gießkanne. Und plötzlich war nichts mehr drin.

Die große Frau, die Dame Wesendonk hatte sich erhoben; das Löffelchen klirrte in ihrem geleerten Teeglas.

»Ich kann nicht versprechen, dass ich etwas finde«, sagte sie. »Aber ich verspreche dir, dass ich danach suchen werde. Ich weiß, dass ich eine Hutschachtel voll mit alten Briefen unterm Bett stehen habe. Vielleicht findet sich darin die eine oder andere Postkarte für dich. Die Adresse deiner Großmama hab ich ja. Bring ihr meine allerherzlichsten Grüße, hörst du?«

Sie machte Hermann ein Zeichen. Er saß mit den beiden jungen Frauen in einer anderen Ecke des Teezimmers. Sie hatten die Köpfe zusammengesteckt. Ganz albern und aufgekratzt waren sie vor lauter Lampenfieber.

Während der langen Heimfahrt mit den Straßenbahnlinien

Sieben und Achtzehn standen Malwida und Hildchen Hahn-Hahn auf dem hinteren Perron des Triebwagens. Der Platz vorn, neben dem Fahrer, war diesmal besetzt. Man konnte nicht erwarten, dass sich die Wunder wiederholten.

Sie gähnten alle beide und hatten Schatten unter den Augen.

Malwida war mit den Gedanken noch immer im Puschkin-Haus. Sie wäre gern eine Fee mit Füllhorn gewesen. Das hätte sie über dem Puschkin-Haus ausgekippt. Lauter erfüllte Wünsche wären herausgefallen, in einem Regen aus Blumen und Wunderkerzen und sauren Drops. Die meisten Wünsche bekam natürlich Lulu Wesendonk erfüllt, denn dass in einer Hutschachtel voller Briefe keine einzige schöne Postkarte dabei wäre, konnte Malwida sich nicht vorstellen.

Die Fee Malwida Meisenbug bestimmte, dass die Gäste des Festakts heute Abend vor Begeisterung klatschen und toben würden. »Bravo, Mendelssohn!«, sollten sie schreien. Nein, lieber: »Bravo, Wesendonk! Lu-do-wi-ka! Lu-do-wi-ka! Bravo, Hermann! Zugabe! Zugabe!«

Und dieser Major Rubzoff, vor dem der Genosse Knebel solchen Schiss hatte, würde Lulu Wesendonk die Hand küssen und ihr anvertrauen, dass er sich überhaupt nichts mehr aus dem *Wasserträger* mache. »Von jetzt ab nur noch Lieder von Felix Mendelssohn-Bartholdy«, würde er schwören.

Und weil Malwida einmal dabei war, Glück zu verstreuen, wünschte sie dem nervösen Mädchen, dass es gut durch den *Zaren Saltan* käme, ohne Steckenbleiben und ohne Versprecher.

Als nach einer halben Stunde Fahrt noch immer kein Kind außer ihnen eingestiegen war, frage Malwida: »Setzen wir uns rein?«

Hildchen war auch dafür. Einmal im Leben durfte man eine Memme sein. Vor allem, wenn es keiner sah.

Auch Hildchens Gedanken waren noch immer ans Puschkin-Haus geknüpft, denn sie sang leise vor sich hin. Sie sang nach der Melodie von *Ein Frosch, der ging spazieren*: »Die schönste Marmelade, warum man die in ’n Tee tun soll? Die feinste Marmelade, doch bloß ’n Löffel voll. Warennje, Warennje, Warennje! Doch bloß ’n Löffel voll.«

10. Kapitel

Ziemlich erledigt, mit schweren Füßen, schleppten sich Malwida und Hildchen Hahn-Hahn die Gasse hinauf. Als sie in den Hof der »Bruchbude« geschlichen kamen, empfing Frau Meisenbug sie mit einem schallenden »Gut, dass du kommst, Malwida, fass mal gleich mit an!«

Wie an jedem Sonnabend kehrte sie gegen Abend mit dem großen Reisigbesen den gepflasterten Hof. Malwida musste den kleinen Besen nehmen und damit die Ecken säubern, in die man schlecht hineinkam. Die herumfliegenden Batzen von Pappelflaum sammelten sich mit Vorliebe hinter den Aschentonnen und in den Winkeln rechts und links von der Portaltreppe. Als sie fertig waren, stützen sie sich auf ihre Besenstiele, verschnauften und schauten rundherum und an den Hauswänden der »Bruchbude« hoch. Was waren die fleckig! Als seien gewaltige Mengen Kürbissuppe daran heruntergelaufen und ungleichmäßig eingetrocknet, dachte Malwida. Sie dachte still.

Ihre Mutter jedoch dachte laut: »Guck dir das an – in den Dachrinnen wächst wahrhaftig Löwenzahn! Wie soll man da rankommen, damit man ihn rauskratzen kann? Und dort hinten, nach der Gasse zu – das ist doch nicht etwa eine junge Birke? Ein Baum in der Dachrinne, nicht zu fassen! Alles verrottet und verkommt. Aber heute will ich mich nicht mehr ärgern. Heute will ich bloß noch gemütlich sitzen und Abendbrot essen und ein bisschen reden.«

»Ich auch«, sagte Malwida aus tiefstem Herzen. »Mir hängt der Magen schon in den Kniekehlen. Und zu erzählen hab ich auch eine Menge. Wo ich war, errätst du nie!«

»Ich weiß bloß, dass du nicht dort warst, wo du hättest sein sollen«, sagte ihre Mutter kurz angebunden. »Wir wollten doch heute Nachmittag bei der Carolsfeld deine neuen Sachen begutachten.«

»Wieso denn, die sind doch so gut wie fertig«, verteidigte sich Malwida. »Alles war schon zugeschnitten und zusammengeheftet, als ich vorgestern bei ihr war. Und anprobiert hab ich es auch – das Kleid, den Trägerrock und die Bluse. Passt alles picobello, ehrlich, ich schwör's dir.«

»Eigentlich wollte ich bei der Anprobe dabei sein«, erzählte die Mutter wenig später der Großmutter, während sie in der Küche mit den Bratkartoffeln zugange waren. »Ich wollte mich gern mit eigenen Augen überzeugen, wie alles sitzt. Aber der Vogel war ja ausgeflogen.« Mit dem Vogel meinte sie Malwida.

»Die gesamte Wohnung der Carolsfeld war eine einzige Fliederlaube«, erzählte sie weiter. »›Ach, Sie haben wohl einen runden Geburtstag gefeiert?‹, hab ich sie gefragt und wollte nachträglich gratulieren. Aber die Carolsfeld behauptete, der Flieder hätte vor ihrer Tür gelegen. Auf dem Abtreter, sagte sie. Kannst du dir das vorstellen? Dabei lächelte sie in sich hinein, als hätte sie da so ihre stille Vermutung. Denkst du, sie hat einen Verehrer?«

»Es war also mehr als ein gewöhnlicher Strauß?«, erkundigte sich die Großmutter interessiert.

»Ein Strauß? Ach was! Unmengen! Eimerweise stand das überall herum. Weißer Flieder, blauer, lilaroter. Sie hatte gar nicht genug Vasen. Man kam sich vor wie auf der Gartenbau-Ausstellung. Und ein Duft – das nahm einem regelrecht den Atem. Wie sie darin schlafen kann, ist mir unbegreiflich.«

»Mir ist auch was unbegreiflich«, sagte die Großmutter. Ihre Finger trommelten unheilverkündend auf dem Esstisch. »Ich hab nämlich ebenfalls so meine stille Vermutung, wo diese anonyme Frei-Haus-Lieferung herstammt. Unsere sämtlichen Fliederbäume im Garten sehen aus, als wären sie in die Mauser gekommen. Ich würde ja gar kein Wort verlieren, wenn es sich um fünf, sechs Zweige handelte. Weshalb musste sie aber über den armen Flieder herfallen wie eine Horde wilder Affen? So gut wie alles, was blühte, hat sie abgebrochen. Das ist es, war mir nicht in den Kopf will. Und warum ausgerechnet für die von und zu Carolsfeld? Aus Entzücken über das Matratzendirndl?«

Frau Meisenbug stemmte die Arme wie Henkel in die Hüften.

»Willst du damit etwa andeuten, die Fliederlaube der Carolsfeld geht auf das Konto von Malwida?« Sie sprach den Namen aus, als würde er mit drei i geschrieben. »Alles aus *unserem* Garten? Von den Bäumen, die Friedrich gepflanzt hat?« Ihre Stimme wurde mit jedem Satz schriller und gefährlicher.

Malwida hörte das Gespräch in voller Lautstärke mit an. Sie saß gerade auf dem Abort und das offene Abortfenster lag im rechten Winkel zum offenen Küchenfenster.

Ach nein, bitte, bitte nein – heute Abend kein Strafgericht mehr!, flehte sie innerlich. Sekundenlang dachte sie daran, heimlich auszureißen. Den Korridor entlangzuspurten und durchs Treppenhaus runter in den Hof. Und was dann? Im Dunkeln auf der Gasse rumstehen und warten, bis die Mutter ins Bett gegangen wäre? Bei den Hahn-Hahns um Asyl bitten?

Irgendwie widerstrebte es ihr, Hermi und die alte Hahn-Hahn in ihre Familienprobleme einzuweihen. Frau Hahn-Hahn würde sie bloß ausknietschen, bis sie auch die letzte Einzelheit erfahren hatte, und dann lachen wie ein Waldschrat. »Was denn – euren ganzen Flieder? Zur Schneiderin geschleppt? Gott, was müssen die wütend sein! Das kann ich mir lebhaft vorstellen.«

Und klingelten die alten Meisenbugs an ihrer Tür, würde sie Malwida sowieso ausliefern.

Dabei hatte die Sache sich so gut angelassen, gestern. Die Großmutter hatte den Verdacht geäußert, dass der Fliederdieb garantiert jenseits der Gartenmauer zu suchen sei. Dort wohnte der eine Nachbar, mit dem die alten Meisenbugs nur ein knappes Kopfnicken wechselten, wenn sie ihn sahen. Bisher hatten sie ihn all die Jahre noch nie auf frischer Tat ertappt; weder bei den Erdbeeren noch bei den Süßkirschen oder bei den Walnüssen.

Malwida hatte zu dem Verdacht geschwiegen. Wer Kirschen und Nüsse klaute, *hätte* ja theoretisch auch Flieder geklaut haben *können*. Oder etwa nicht?

Und durch den Besuch im Puschkin-Haus hatte sie an die leidige Angelegenheit überhaupt nicht mehr gedacht. Wie konnte jemand, der Lulu Wesendonk kennen gelernt hatte und den man beinahe zum Rezitieren dort behalten hätte, noch einen Gedanken an Fräulein von Carolsfeld verschwenden!

Sie hatte sich schon so darauf gefreut, nach dem Abendessen im Nachthemd zur Großmutter in den Lehnstuhl zu krabbeln und ihr haarklein und ausführlich von Lulu Wesendonk, wie sie heute war, zu berichten. In ungefähr einer halben Stunde müssten sie außerdem anfangen, die Daumen zu halten, damit auch ja alles gut ging mit Mendelssohn und dem Zaren Saltan.

Dass die Erwachsenen aber auch nie etwas so hinnehmen konnten, wie es war. Wieso mussten die beiden so kurz vorm Abendbrot solch spitzfindige Schlussfolgerungen ziehen und Fräulein von Carolsfelds Flieder mit dem fehlenden Flieder im Meisenbug-Garten in Verbindung bringen? Als trauten sie der Schneiderin nicht zu, sich ihre Blumen selber zu beschaffen.

Da diesmal alle beide, Memmi *und* Babbel, wütend auf Malwida waren, war nicht darauf zu rechnen, dass jemand begütigen würde. Niemand würde irgendwann sagen: Na, nu gib mal Frieden; das reicht. Jetzt weiß sie ja, was sie falsch gemacht hat.

Malwida hasste Strafen, die sich über einen längeren Zeitraum hinzogen. Zum Beispiel, wenn die Mutter das Buch einkassierte, das Malwida gerade las. Da es sich ausnahmslos um geliehene Bücher handelte, bedeutete das, dass man sie unausgelesen zurückgeben musste, sobald sie eingefordert wurden.

Malwida trauerte noch immer um *Sieben kleine Heimatlose*, wo sie von einhundertsiebenundfünfzig Seiten gerade erst achtundvierzig geschafft hatte.

Dass seltenes Essen und Trinken, auf das man sich schon lange vorher freute, plötzlich gestrichen wurde, war auch eine hässliche Strafe. Keinen Apfelsaft zum Sonntagsessen kriegen. Weihnachten nicht an die Albertkekse dürfen. Oder schon im Voraus wissen, dass man nichts vom Vanillepudding abbekam, falls es mal wieder welchen gab.

Oder ob sie zur Strafe die neuen Kleider beschlagnahmen würden? Ph! Dann ging sie eben, wenn es heiß wurde, im Unterhemd und band die Klammerschürze darüber. Ihr war das Wurst. Aber Memmi und Babbel schämten sich dann vor den Leuten. Nein, das kam als Strafe wohl nicht in Betracht. Außerdem hatten sie mit dem Auftrennen der Matratze zu viel Arbeit gehabt, um die Sachen dann im Schrank hängen zu lassen.

Verglich man die möglichen Strafen miteinander, war der Teppichausklopfer eigentlich noch das Beste. Nach dem letzten Hieb war man wieder in Gnade aufgenommen und hatte es hinter sich. Es war ein netter Zug von den alten Meisenbugs, dass sie nach der Dresche (zu der sie sich nur in Ausnahmefällen entschlossen) Malwida sofort wieder als liebes

Kind behandelten und ihr nicht die Untat noch ewig unter die Nase schmierten. Wer gebüßt hatte, dem war verziehen.

Jedenfalls fand Malwida, dass das ein netter Zug war, wenn sie sich mit den Mädchen aus ihrer Klasse über die Strafgewohnheiten von Müttern unterhielt. Irene Gimpel, auch die Läuse-Gimpeln genannt, wurde zwar nie gehauen, wenn sie was ausgefressen hatte. Aber dafür bekam sie tagelang zu hören: Mit dir rede ich kein Wort mehr, du verdorbenes Stück!

»Malwida, bist du da drin?«, rief Frau Meisenbug jetzt. »Komm auf der Stelle her!«

Malwida kam.

»Stimmt das? Hast du unseren sämtlichen Flieder abgerissen und ihn Fräulein von Carolsfeld gebracht? Antworte!«

»Ja«, sagte Malwida demütig. Gern hätte sie dazugesetzt: Na und? Wir haben immer noch genug, wenn die anderen Dolden aufblühen.

»Kannst du mir mal sagen, was das bedeuten sollte? Raus mit der Sprache!«

Sowohl Memmi wie Babbel hatten zornrote Gesichter und zusammengezurrte Augenbrauen.

Malwida sagte leise: »Ich wollte ihr eine Freude machen.« Sie konnte ja nicht gut sagen: Weil ich ihr die beiden Postkarten gemaust hab, wollte ich sie entschädigen.

»Und deswegen zerstörst du unseren Garten? Du hast sie wohl nicht mehr alle.«

Schnell, ehe das Heulen losging, haspelte Malwida herunter: »Sie hat mir erzählt, wie das war, dass sie Corinna totmachen lassen musste. Weil sie doch den ganzen Tag an der Nähmaschine sitzt, ist immer alles alle gewesen, wenn sie sich irgendwo angestellt hat. Und das bisschen, was sie erwischt hat, hat sie immer mit Corinna geteilt. Weil das zu wenig war, ist sie einmal ohnmächtig geworden. Und Corinna hat neben ihr gesessen und gewinselt. Wenn Hunde winseln, dann weinen sie. Und Corinna ist schon gar nicht mehr die Treppen alleine runtergekommen vor Schwäche.«

»Das weiß ich doch alles«, unterbrach ihre Mutter sie ungehalten. »Das hat sie mir auch erzählt. Aber ist das ein Grund, deswegen unseren Garten auszuplündern? Hätte ein normaler Strauß nicht genügt?«

Jetzt weinte Malwida. Sie hätte sich am liebsten auf ihrem zu kleinen Kinderstuhl zusammengekauert. Wenn es doch endlich vorbei wäre!

»Dafür hast du eine Tracht mit dem Teppichklopfer verdient«, entschied Frau Meisenbug. »Aber eine gehörige Tracht, an die du noch lange denkst. Zieh dir mal schon immer die Hosen runter und leg dich über die Sofalehne.«

Die Großmutter sagte keinen Ton. Keinen zustimmenden und keinen dagegen.

Schluchzend, aber insgeheim erleichtert, hob Malwida ihren Faltenrock ohne Falten hoch und zog die Schlüpfer bis zu den Kniekehlen herunter. Ergeben legte sie sich über die Sofalehne. Wenn man furchtbar laut brüllte und kreischte, konnte man manchmal die Prozedur etwas abkürzen. Aber dafür brauchte man eine Menge Kraft. Malwida spürte, dass sie die heute nicht hatte.

Ihre Mutter kam mit dem Teppichausklopfer aus der Küche; mit dem kleinen für die Bettvorleger. Malwida presste das Gesicht ins Sofakissen und krallte die Hände an den Kissenzipfeln fest.

Es ziepte gemein auf dem nackten Hintern. Achtmal holte Frau Meisenbug aus.

»So, lass dir das eine Lehre sein«, bemerkte sie schließlich. Ihre Wut war verraucht, Malwida hörte es an ihrer Stimme. Sie ging sich das Gesicht am Ausguss kalt abspülen. Am Tisch probierte sie verschiedene Arten aus, sich zu setzen, ohne bestimmte Stellen allzu sehr zu belasten. Schließlich schlug sie das linke Bein unter und saß halb auf ihrer Fußsohle wie auf einem Fahrradsattel. Das verlagerte Gewicht balancierte sie mit einem auf den Tisch gelümmelten Ellenbogen aus. Es wurde heute Abend stillschweigend geduldet. Alle drei waren sie nun müde und erschöpft, wollten nur noch Frieden und Verzeihung.

Dann aßen sie Bratkartoffeln, in Lebertran gebraten. Solange die Kartoffeln reichten, gab es abends nie was anderes als Bratkartoffeln. Brot musste fürs Frühstück geschont werden und für die Schulschnitten.

Wenn Malwidas Mutter gewusst hätte, dass Malwida das kostbare Schulbrot für Tauschgeschäfte missbraucht hatte!

Zu Ende des Winters hatte Rosel Wagenitz, eins der Umsiedlerkinder, Malwida ein Angebot gemacht: ihr Andersen-Märchenbuch gegen Malwidas Klappschnitte. Eine Woche lang. Bedingung: weder Leberwurstersatz-Aufstrich noch

Margarine. Nur Marmelade oder Kunsthonig durfte drauf sein. Und gleich in der erste Pause hergeben, damit es keine Gelegenheit hatte einzutrocknen.

Zwar hatte das Buch keinen Rücken mehr. Außerdem enthielt es kaum Bilder, noch dazu bloß schwarzweiße. Aber Buch war Buch und zu kaufen gab es keine. Malwida hatte das Buch eine Hofpause lang geprüft und war einverstanden gewesen.

Die kleine Seejungfrau hatte sie seitdem so oft gelesen, dass sie die ersten Sätze auswendig konnte.

Weitere Bücher hatte Rosel Wagenitz nicht aus Schlesien gerettet, nur das eine. Nach einer Woche aß Malwida deshalb ihr Brot wieder selber.

»Wollen wir eine Runde Quartett spielen?«, fragte Malwidas Mutter versöhnlich. *»Habe die Ehre, heiß Heidelbeere, bin immer vergnüglich und schmecke vorzüglich?* Oder lieber *Der Januar, wie jeder weiß, beginnt das Jahr mit Schnee und Eis?«*

Eigentlich studierte sie abends sonst immer die Zeitung, von vorne bis hinten.

»Nein, erst soll sie mal erzählen«, sagte die Großmutter. »Wie war es denn in diesem Putjatin-Haus? Hast du Lulu Wesendonk angetroffen?«

»Puschkin-Haus«, verbesserte Malwida.

»Was – dort bist du gewesen? Am anderen Ende der Stadt?« Frau Meisenbug staunte. »O ja, erzähl mal. Warte einen Moment, fang noch nicht an, ich hol mir erst noch einen

Stopfpilz. So kann ich das Angenehme mit dem Nützlichen verbinden.«

»Komm, setz dich zu mir in den Sessel und wärme mir die Seite.« Einladend klopfte die Großmutter auf das Sitzpolster. Sie brauchte kein zweites Mal zu klopfen. Unter vorsichtigen Verrenkungen drückte Malwida sich in ihre Kuschelecke hinein und lehnte den Kopf an die knochige Babbel-Schulter. Die schwarzen Gewitterwolken mit Strafgericht und Teppichklopfer waren abgezogen. Nur die Haut der Pobacken spannte noch immer. Aber morgen würde auch das vorüber sein.

Bessere Zuhörer als die alten Meisenbugs konnte Malwida sich nicht wünschen. Alles wollten sie wissen, einfach alles. Ab und zu stellten sie Zwischenfragen, erkundigten sich nach Einzelheiten.

»Ach Gottchen, das arme Ding – so verwahrlost«, sagte die Großmutter mitleidig, als Malwida den Zustand von Lulu Wesendonks Kleidung beschrieb. »Sie hat sich doch nie im Leben um so was kümmern müssen. Waschen, Reinigen, Stopfen, Annähen – das haben immer andere für sie gemacht. Und Kochen erst recht. Aber wieso ist sie so in die Höhe geschossen? Das erscheint mir so unglaubwürdig. Als ich bei ihr war, deutete nichts darauf hin.«

»Sie war ganze sieben Jahre alt, als du von da weg bist«, warf Malwidas Mutter ein. »Inzwischen sind fünfzig Jahre vergangen. Überhaupt: Wenn sie Friedrichs Patin gewesen ist, musst du sie doch als Erwachsenen gekannt haben.«

»Sie war damals nicht persönlich dabei«, sagte die Großmutter. »Sie befand sich gerade auf der anderen Hälfte der Erdkugel, in Buenos Aires. Wir hatten alles schriftlich geregelt.«

Der Streit mit dem Genossen Knebel, den Malwida beinah wortwörtlich wiedergab, fand die starke Anteilnahme der alten Meisenbugs.

»Das ist meine Lulu, wie sie leibt und lebt.« Die Großmutter strahlte. »An Courage hat es ihr nie gefehlt, so nobel sie auch erzogen war. Einmal, es muss so an die zehn Jahre her sein, schrieb sie mir so komische Andeutungen: Sie sei unliebsam aufgefallen und es sei besser für mich, wenn ich keine Verbindung mehr zu ihr unterhielte. Natürlich hab ich mich nicht daran gehalten. Aber Opa hab ich nichts davon gesagt; der war immer so ängstlich wegen der Firma.«

Malwidas Mutter interessierte sich für den grusinischen Tee.

»War der nicht recht bitter?« Bei Meisenbugs, es wurde schon erwähnt, kannte man nur Kamillentee und Salbeitee.

»Och, mit der Warennje ließ er sich trinken«, sagte Malwida. Sie kam sich ziemlich welterfahren vor. Dann schmetterte sie den großen Tusch heraus, das Täterätää ihrer Abenteuer im Puschkin-Haus: »Lulu Wesendonk hat mir versprochen, dass sie nach Postkarten suchen will, für meine Sammlung. Wenn sie welche findet, schickt sie sie hierher.«

»Ach, das wollte ich dir überhaupt noch sagen«, fiel ihre Mutter ein. »Ich hab der Edith geschrieben, sie soll sich auch mal für dich umtun. Ihre Kolleginnen fragen und so. Wenn sie kommt, bringt sie dir bestimmt einen Packen mit.«

»Juhu!«, Malwida stieß einen Jubelschrei aus.

Tante Edith war Malwidas Lieblingstante. Sie war außerdem die einzige und Lieblingsschwester von Frau Meisenbug. Und das angeheiratete Lieblings-Familienmitglied der Großmutter. Jedes Jahr im Sommer kam sie für vierzehn Tage auf Besuch. Zu Weihnachten kam sie natürlich auch. Aber dann musste sie oft schon vor Neujahr wieder fort. Sie lebte in einer weit entfernten Stadt an der Ostsee. In der englischen Zone; nicht bei den Russen. Sie war an einer Klinik angestellt und durchleuchtete dort mit dem Röntgenapparat die kranken Lungen und die anderen kranken Teile der Patienten.

Auf Tante Edith war Verlass. Sie hatte auch Geschmack. Sie würde bestimmt keine schwarzen Plischke-Karten oder Gedichte in Sütterlinschrift mit *Willkommen schöner Jüngling, du Wanne der Natur* aussuchen.

11. Kapitel

Alle Erdbeerpflanzen blühten. Die Ableger blühten genauso überfleißig wie ihre Mutterpflanzen. Aus jeder Blüte würde eine Erdbeere Marke »Mieze Schindler« werden.

Die Meisenbugs waren verliebt in ihre drei Erdbeerbeete. Sie pflegten und verwöhnten sie. Und wenn die Erdbeerpflanzen die Schnäbel aufgesperrt hätten wie hungrige Vögel, hätten sie sie mit Begeisterung auch noch gemästet.

Auch die Kartoffeln blühten. Nicht so zart und schneeweiß wie die Erdbeeren; mehr magermilchblau. Trotzdem wäre es den Meisenbugs im Traum nicht eingefallen, um den Kartoffelacker, für den sie die Hälfte ihres Rasens geopfert hatten, irgendein Getue zu veranstalten. Vielleicht lag der Grund darin, dass man die Kartoffeln zum Leben brauchte. Dass sie eine Notwendigkeit waren. Die Erdbeeren aber waren das große Extra. Ein Feuerwerk, das der Garten nur einmal im Jahr steigen ließ. Eine Zungen-Jubelfeier.

Malwida und die Großmutter wechselten sich ab, Miere und Melde und allerkleinste Brennesseln aus den Erdbeerbeeten zu zupfen. Und abends, sobald sie von der Arbeit gekommen war, nahm Malwidas Mutter die Gießkanne und ließ es für die Erdbeeren regnen. Erst danach begoss sie auch die anderen Gewächse.

Malwida machte ihre Schularbeiten nur noch auf der

Veranda. Der Wind musste schon sehr ungestüm in ihren Heften blättern oder der Regen ihr die Tinte verwischen, ehe sie sich bequemte hineinzugehen. Sie saß mit ihrem neuen Trägerrock auf dem Kissen der Verandabank. Man sah kaum, wo der Rock aufhörte und wo das Kissen anfing, weil beide aus demselben orangegeblümten Stoff waren. Sozusagen Verwandte. Manchmal stellte Malwida sich vor, das Kissen und sie seien zusammengewachsen und es würde für immer an ihr kleben, wohin sie auch ging. Der Rock würde zur Haut und ließe sich nicht mehr ausziehen.

War Malwida so weit gelangt mit ihren Spinnereien, kniff sie sich schnell in den Arm oder in den Schenkel. Um sich zu vergewissern, dass sie noch sie selber war: Fleisch und Bein. Nacktes, zerkratztes Bein, das in grünweißroten Ringelsöckchen endete und in Holzsandalen. Sie waren kein bisschen mehr schön, die Ostersöckchen aus dem kleinsten Pappei. Ihre Strumpfsohlen waren von Sand und Straßenstaub und Regen und Lehm und Gras braun verfärbt und nicht mehr sauber zu kriegen. Trotzdem zog Malwida sie tagtäglich an. Außer den Ostersöckchen hatte sie nur noch zwei Paar alte Kniestrümpfe vom letzten Jahr.

Na, bald konnte sie barfuß gehen. Man musste warten, bis die roten Spinnen den Frost aus dem Boden weggetragen hatten. An dieser Regel hielten die alten Meisenbugs jedes Jahr eisern fest. Bevor sich nicht die roten Spinnen im Garten zeigten, durfte Malwida nicht mit bloßen Füßen auf die Erde. Sie waren nicht größer als ein Buntstiftpünktchen, diese Spinnen, aber man bemerkte sie dennoch, ihrer leuchtend korallenroten Farbe wegen.

Drei Tage zuvor war Malwida Herrn Holtei begegnet. Sie hatte ihm freudig zugewinkt und er hatte ebenso freudig seinen Hut gelüftet. Ihr Gewissen hatte sich geregt, weil sie ihm das vereinbarte Zeichen noch immer nicht hatte geben können. Aber war es ihre Schuld, dass die Großmutter ausgerechnet dann in die Gärtnerei zu gehen pflegte, wenn Malwida in der Schule saß?

Leider stand auch das Treffen vorm Gemischtwarenladen unter einem ungünstigen Stern. Noch nicht mal zu einer kurzen Aussprache war es gekommen. Herr Holtei hatte sich gerade ans Ende der Schlange gestellt, noch weit von der Ladentür entfernt. Malwida aber, als sie aus dem Laden trat, schleppte nicht nur ein volles Netz (drei Flaschen Malzbier, eine Pfundtüte Maisgrieß, drei Stangen Stinkadores, ein Würfel Margarine), sondern sie hatte soeben im Laden einen wichtigen Kontakt geknüpft. Den musste sie sich warm halten. Trophäen lockten!

So war es beim Winken geblieben und einem verschwörerischen Tuscheln im Vorbeihasten: »Ich muss dringend zu der Frau gehen.«

Malwida deutete mit dem Zeigefinger auf den Rücken einer älteren Frau mit grauem Dauerwellengekrüssel und Strickjacke überm Schürzenkittel, die vor ihr den Laden verlassen hatte.

Die Frau hatte während des Anstehens inmitten der anderen Frauen das große Wort geführt. Drei ihrer Freundinnen und die Hälfte ihrer Bekannten seien ihr im Laufe des vergangenen Winters weggestorben. Und im Frühjahr erst recht! Wie die Fliegen würden sie alle sterben, so hatte sie gejammert. Sie besaß, wie sich herausstellte, einen ziemlich umfangreichen Bekanntenkreis, denn sie war von Beruf Waschfrau. Sie ging in die Häuser, um bei der großen Wäsche zu helfen.

»Nicht etwa bloß die Alten oder die aus meiner Generation sterben weg. Auch viele junge Leute, noch keine dreißig, manche noch halbe Kinder!«

Sämtliche im Laden versammelten Frauen hatten sich lebhaft an dem Gespräch beteiligt. Jede kannte Todesfälle, in der Nachbarschaft oder sogar innerhalb der eigenen Verwandschaft. Die meisten Todesursachen, lernte Malwida beim Zuhören, hießen Tuberkulose und Typhus, Lungenentzündung, spinale Kinderlähmung und Zuckerkrankheit.

»Da will man natürlich sein tief empfundenes Beileid ausdrücken«, übertönte die Waschfrau alle anderen Stimmen. »Man geht also ins Schreibwarengeschäft. Und was ist? Man kommt mit leeren Händen wieder raus. Keine einzige Trauerkarte zu kriegen. Ich muss auf Rechenkästchen kondolieren! Richtig schämen tut man sich vor den Hinterbliebenen. Die müssen ja denken, ich hätte keine Ahnung, was sich gehört. Nee, nee ... Für ein paar anständige Beileidskarten würde ich sonst was geben.«

An der Stelle hatte Malwida versucht, sich an die Waschfrau heranzudrängeln.

»Ich könnte Ihnen welche besorgen. Sieben Stück.«

»Meinst du das im Ernst, Kleine? Oder willst du mich auf den Arm nehmen?«

Die Waschfrau hatte amüsiert gegrinst. Mit eigenartig blutleeren Lippen, viel blasser als das übrige Gesicht, das rotgesprenkelt war. Malwida fühlte sich von diesem Gesicht abgestoßen. Doch ihr Sammlerinstinkt arbeitete auf Hochtouren; er stieß sie wie mit Hörnern, wie ein toll gewordener Ziegenbock.

Ehrlich bekannte sie, dass sie von den ursprünglichen Trauerkarten, die zum Aufklappen gewesen seien, die Hälfte abgeschnitten hatte.

»Weil da schon was drauf stand. Verstehen Sie?«

Die Waschfrau verstand. Das sei ihr egal, meinte sie. Hauptsache, die Hälfte mit dem gedruckten Beileidswunsch sei noch tiptop.

»Und was willst du dafür haben? In Friedenszeiten hätte ich dir 'ne Tüte Waffelbruch dafür geschenkt. Aber im Frieden hatte man es nicht nötig, die Trauerkarten doppelt zu verwenden.«

Sie sah sich Beifall heischend im Kreis der anderen Frauen um. Einige lachten denn auch ein bisschen und nickten. Zwar hatte man wieder Frieden, aber »wie im Frieden«, war es deshalb noch lange nicht.

Malwida druckste erst und platzte dann heraus: »Wenn Sie vielleicht ein paar hübsche Postkarten hätten?« Schnell setzte sie hinzu: »Ich meine natürlich gebrauchte, das heißt hinten vollgeschrieben.«

Mit Bestimmtheit konnte die Waschfrau das nicht sagen.

Sie verblieben so, dass Malwida, gleich nachdem sie ihre Einkäufe zu Hause abgeliefert hatte, mit den Trauerkarten zu ihr käme. Schanzstraße 27.

»Kannst du dir das merken?«

Auf so eine blöde Frage gab Malwida keine Antwort. Jedenfalls hatte sie es ungemein eilig, die Schanzstraße 27 aufzusuchen. Und deshalb wurde Herr Holtei mit einem Winken und einem getuschelten Satz abgefertigt.

»Ach ... du bist das«, sagte die Waschfrau, als sie Malwida vor sich auf dem Treppenabsatz stehen sah. Es klang überrascht. Als habe sie nicht damit gerechnet, dass Malwida die Abmachung einhalten werde.

»Na, dann zeig mal her.« Sie streckte die Hand aus.

Malwida wickelte die halbierten Trauerkarten aus dem Zeitungspapier und reichte sie ihr zögernd. Wollte die Frau den Tausch etwa hier draußen auf dem Hausflur abmachen? Zwischen Tür und Angel?

Begierig kontrollierte die Waschfrau das Mitgebrachte: *Mit aufrichtiger Anteilnahme ... Herzliches Beileid ... Es kondolieren zum Heimgang* ... Sie schien zufrieden.

Ohne Malwida anzugucken, sagte sie schnell und fast ärgerlich: »Ja, also, die Postkarten, die du wolltest, hab ich nicht. Allenfalls 'n paar Ansichtskarten, aber die geb ich nicht her. Das sind Andenken.«

Sie schob Malwidas Karten da hinein, wo die beiden Vorderteile ihrer Wickelschürze sich überkreuzten.

»Am besten, du kommst mal nach Weihnachten wieder.

Da gibt's eher was zu erben für dich. Ich muss jetzt wieder rein, sonst kocht meine Suppe zu lange. Wiedersehen, Kleine.«

Klapp, wurde die Wohnungstür zugemacht.

Fassungslos starrte Malwida das braun gestrichene Holz an, das sie so plötzlich vor der Nase hatte. Weihnachten – das war ja noch über ein halbes Jahr hin! Und wenn sie dann nachfragte, stritt die Frau bestimmt alles ab. Das war der zuzutrauen.

Sie setzte sich auf die Treppe und heulte.

Oben im Haus ging eine Tür; eine Kleinkinderstimme plapperte, eine Mutter antwortete, dann setzte ein Geräusch ein, als würde ein Kinderwagen Stufe für Stufe abwärts befördert.

Hinter Malwidas Rücken musste die Waschfrau lautlos die Tür geöffnet haben, denn sie hörte sie gereizt zischeln: »Was plärrst du denn hier rum? Wieso gehst du nicht nach Hause? Die Leute müssen ja sonst was denken, wenn sie dich hier hocken sehen. Na, los – komm rein. Hörst du nicht? Ich hab gesagt, du sollst reinkommen.«

Malwida musste sich erst zusammenkrümmen. Nur so konnte sie mit der Nase bis an den Saum des Unterrocks reichen und kräftig hineinschnauben, ehe sie aufstand.

In Gedanken hatte sie die Waschfrau zur Hexe ernannt. Und als sie ihr in die Wohnung folgte, war sie auf das Schlimmste gefasst. Dass sie gerupft und gebraten wurde. Oder lebenslang eingesperrt. In der »Bruchbude« gab es solche Türchen für den Schornsteinfeger: Aufmachen, reinschubsen, verriegeln – und schon saß man für ewig in der rußigen Esse gefangen.

Aber sie wollte ihre Trauerkarten wiederhaben. Oder einen entsprechenden Tauschwert.

Die Waschfrau scheuchte Malwida durch die Diele und hinein in die Küche. An die riesenhohen Zimmerdecken der »Bruchbude« gewöhnt, zog Malwida unwillkürlich den Kopf ein, so niedrig waren die Räume.

»Setz dich und sei schön artig.«,

In der Küche hing der Geruch gekochter Rotzfädelsuppe – Suppe aus rohen, geriebenen Kartoffeln. Die Waschfrau schöpfte sich einen Teller voll, stellte ihn auf das Wachstuch und begann schlürfend zu löffeln, ohne sich weiter um Malwida zu kümmern.

Die sah fasziniert zu. Ihr würden die alten Meisenbugs gewaltig den Marsch geblasen haben, wenn sie auf diese Art gegessen hätte. Man hebt den Löffel zum Mund, war ihr gepredigt worden. Nur die Tiere gehen mit der Schnauze runter zum Trog.

Eine Serviette benutzte die Waschfrau auch nicht. Im Haushalt Meisenbug hatte jeder für seine Serviette einen eigenen Serviettenring. Malwidas Mutter einen aus schwarz lackiertem Holz mit eingeschnitzten Alpenblumen, die Großmutter einen aus Perlmutter. Malwidas Ring war aus buntem Stroh geflochten und ließ sich zuknöpfen.

»Musst du mir jeden Bissen in den Mund reinzählen? Weißt du nicht, dass sich das nicht gehört?«, tadelte die Waschfrau.

Sie war mittlerweile beim zweiten Teller. Ihr Kinn war voll gespritzt mit den schlierigen Rotzfädeln der Kartoffel-Wasser-Suppe.

Malwida wurde rot und guckte beleidigt woandershin. Bissen in den Mund reinzählen war eine Spezialität von Hildchen und Hermi Hahn-Hahn. Wenn jemand in deren Gegenwart etwas aß, auch wenn es bloß eine Nuss oder eine Möhre oder eine Kohlrabischeibe war, verfolgten ihre Blicke den Weg eines jeden Bissens von der Hand in den Mund. Bis auch der letzte Krümel vertilgt war. Manchmal kauten sie sogar mit und schluckten mit. Wenn Malwida im Herbst einen Apfel oder eine Birne aus dem Garten aß, bettelte Hildchen ihr immer die Kriepse ab.

»Wem gehörst du eigentlich?«, erkundigte sich die Waschfrau jetzt. Sie putzte sich die Suppenspritzer ab, schleckte mit der Zunge rund um den Mund und fuhr sich mit dem Handrücken übers Kinn.

Gehören? War sie ein verlaufener Hund? Wie meinte die Frau das?

»Ich hab dich gefragt, wem du gehörst! Hat dir niemand beigebracht, dass Kinder anständig antworten sollen, wenn Erwachsene sie was fragen? Wie du heißt, will ich wissen. Bist wohl nicht gerade die Hellste, was das hier oben angeht, was?« Und die Waschfrau pochte mit dem Zeigefinger an ihre Stirn.

Zutiefst gekränkt sagte Malwida ihren Namen. Wenn Blicke töten könnten, hatte die Waschfrau keine Zeit mehr gehabt, ihre Rotzfädelsuppe zu verdauen.

»Meisenbug, so, so. Nicht meine Kunden; das wüsste ich. Ihr bestellt vermutlich die Konkurrenz, wenn Waschtag ist. Stimmt's?«

»Ja, wir haben immer Frau Wendisch«, sagte Malwida. Sie sagte es fast triumphierend.

»Meisenbug ... Meisenbug ...« Die Waschfrau schien in ihrem Gedächtnis zu kramen. »Wohnt ihr etwa oben in der Gasse, in dem alten Gemäuer? Dieser sogenannten ›Schloss-Villa‹? Ja? Dann muss deine Mutter die Meisenbug sein, die den ulkigen Verein mit ins Leben gerufen hat – wie heißt er doch gleich ... Die bei den Einwohnern Möbel und Betten abstauben, um sie an die Umsiedler zu verteilen. Irgendwas mit Volks... Volks...«

»Volkssolidarität«, sagte Malwida überdeutlich. Ein Teil von ihr, der manchmal seine eigenen Sprüche machte, fügte in ihrem Kopf hinzu: Sie sind auch nicht gerade die Hellste, was das hier oben angeht. Und im Geist pochte sie dazu mit dem Zeigefinger an ihre Stirn.

»Deine Mutter ist also eine von den neuen Roten«, sagte die Waschfrau. Ihr Ton hatte sich geändert. Er klang vorsichtig. Scheißfreundlich. Beinah kriecherisch. »Genossin, was?«

»Ist sie nicht.«, Malwida schüttelte den Kopf. Memmi hatte mal gesagt: Ich war vorm Krieg in keiner Partei und geh auch nach'm Krieg in keine rein, basta.

»Ich werde meiner Mutter erzählen, dass Sie mir nichts für die Trauerkarten geben wollen«, trumpfte Malwida auf. (Sie würde sich hüten, Memmi da hineinzuziehen.)

»Durftest du die denn abschneiden?«, trumpfte die

Waschfrau zurück. »Das hast du doch sicher auf eigene Faust gemacht, du Früchtchen. Tut mir Leid, aber ich hab wirklich keine Postkarten für dich. Und was sonst von meinen armseligen sieben Zwetschgen könnte dich schon reizen?«

Mit den gedunsenen Händen wies sie rundherum, auf ihre Kücheneinrichtung. Malwida auch die anderen Zimmer zu zeigen, machte sie wohlweislich keine Anstalten.

»Die Tasse da.«

Malwida deutete zum Büffet, wo hinter Glas verschiedenartige Geschirrteile standen, die nicht zueinander passten.

»Nee, nee, die ist ein Andenken an meine beste Kundin, Frau Gewerbeschullehrer Rossbach. Kommt nicht in die Tüte.«

Malwida hätte nicht erklären können, weshalb sie gerade diese Tasse haben wollte. Vielleicht weil sie haargenau aussah wie die Tasse, die Herrn Holteis Bruder Oberon als Heiligtum verehrte. Die Tasse, in der er dem großen Thoralf Atterbom immer den Kaffee serviert hatte. Mit rosa Rosen war sie bemalt, Rosen so dick wie Kohlköpfe. Auch auf der Untertasse reihten sich wohlgenährte rosa Rosen zum Kranz. Und der Henkel war vergoldet.

Stumm blieb Malwida auf dem Küchenstuhl sitzen und wartete ab.

»Nee, nee, mein schönstes Stück Porzellan für lumpige sieben Beileidskarten, das kannst du doch mit einer armen Frau nicht machen.«

Die Waschfrau verstellte ihre Stimme; sie tat, als müsste sie weinen.

Als Malwida sich nicht muckste, wurde die Stimme ganz plötzlich wieder normal. »Du bist wirklich verdammt ausgekocht. Ein ganz raffiniertes kleines Aas bist du.«

Sie wickelte die Rosentasse samt Untertasse in die Zeitung, in der die Trauerkarten gewesen waren. Offensichtlich bedeuteten diese ihr sehr viel.

»Und jetzt mach, dass du fortkommst, ehe ich meine guten Manieren vergesse!«

Nun stand die Tasse seit drei Tagen in Malwidas Regal im Stübel. Auf dem obersten Brett, zwischen den Büchern und der Zigarrenkiste mit der Postkartensammlung. Bräche ein Feuer aus in der »Bruchbude«, würde Malwida allein das oberste Brett retten.

Auf dem zweiten waren ihre Schulsachen untergebracht. Auf dem dritten Würfelspiele und Quartette. Ganz unten Ball, Murmelsäckchen, Kreisel sowie drei Baukästen. Und die Dörfer – ein Schuhkarton voller bunter Häuschen, Kirchen, Hobelspanbäume, Stadttore, Zäune und winziger Holzfigürchen.

Bisher hatten die alten Meisenbugs von der Existenz der Rosentasse nichts mitbekommen. Malwida achtete darauf, dass der Vorhang, der die Fächer verdeckte, immer zugezogen blieb.

Ring-ring!

Jemand drehte an der Wohnungsklingel, die bei den Meisenbugs nur der »Zuckerdosendeckel« hieß. Malwida hörte auf, die Rapspflanze aus dem Lexikon abzupausen.

Sie nahmen bei Frau Schleiermacher gerade die Kreuzblütler durch.

Ring-ring!

Schon wieder. Wieso ging Babbel nicht an die Tür? Jemand Fremdes konnte es nicht sein, denn die zogen unten im Hof an der Ziehklingel und deren Glocke läutete dann im Abort. Dort konnte man sie am besten hören. Elektrische Klingeln gab es in der »Bruchbude« keine.

Malwida stand auf und schrie aus voller Lunge von der Verandatür in die Wohnung hinein: »Babbel! Es hat geklingelt!«

Keine Reaktion. Es blieb mäuschenstill. War sie ausgegangen, ohne Bescheid zu geben?

Doch dann vernahm Malwida im Korridor eine bekannte Stimme. Aufgeregt und beschwingt. Fröhlich. Beinah singend.

»Malwida!«, rief Herr Holtei. »Da bin ich! Hallo? Ach, ist das hübsch. Wunder-wunderhübsch!«

12. Kapitel

Herr Holtei stand vor der Küchentür und spielte mit der baumelnden messinggoldenen Klinke. Er hob sie an, wie um ihr Gewicht zu prüfen, und ließ sie fallen. Er fuhr mit zwei Fingern in das Oval und drehte es, bis die Metallzunge des Schlosses sich zeigte. Als er sich Malwida zuwandte, wirkte er ganz verklärt.

»Wenn du wüsstest, wie ich auf diesen Augenblick gewartet habe. Danke, Malwida, danke, dass du es möglich machen konntest. Ach, ich bin vollkommen aus dem Häuschen ... Entschuldige, dass ich so einfach hereinspaziert bin, aber eure Wohnungstür war nicht abgeschlossen.«

»Die ist nie abgeschlossen«, sagte Malwida. Sie sagte es mechanisch, denn sie war leicht verwirrt. Sie wusste hundertprozentig, dass sie ihm das verabredete Zeichen nicht gegeben hatte.

»Wir schließen bloß die Haustür zu, aber auch nur für die Nacht.«

»Und das ist wohl das ›Zwergenhämmerchen‹, von dem du seinerzeit berichtet hast?«

Herr Holtei machte eine Kehrtwendung auf dem Absatz. Genau hinter ihm befand sich die Tür zum Gang, durch den man auf die Veranda gelangte. »Reinstes Biedermeier, wie ich vermutet hatte.«

»Ich bin gleich wieder da«, sagte Malwida.

Mit drei Sprüngen war sie durch die Küche. Spurtete durch das anschließende Wohnzimmer ihrer Eltern (ein kalter und finsterer Raum, in dem nicht mehr gewohnt wurde, seit Herr Meisenbug zum Krieg geholt worden war). Riss die Tür zum Schlafzimmer ihrer Mutter auf. Das war das alleräußerste Zimmer. Das einzige, dessen Fenster Herr Holtei von seinem Dachboden aus sehen konnte.

Tatsächlich: Einer der beiden schweren grünen Holzläden war angelehnt. Nicht nur angelehnt – der Haken war am Fensterkreuz eingehakt. Was mochte die Mutter damit bezweckt haben? Vergessen, ihn zu öffnen, wegen zu großer Eile am Morgen? Nein; dann hätte sie alle beide Läden vergessen. Wenn Memmi kopflos herumschoss, dachte sie an nichts als dass sie die Straßenbahn noch erwischte.

Ärgerlich, weil sie der Sache nicht auf den Grund kam, stupste Malwida den Haken los und stieß den Fensterladen auf.

Statt sich knarrend und gemächlich zu öffnen, statt sich der Hauswand zu nähern und dort stehen zu bleiben – wie sein Zwilling auf der linken Seite –, machte der Laden Anstalten, sich auf die Gasse hinunterzustürzen. Er hing nur noch an einer Angel.

Entsetzt beugte Malwida sich aus dem Fenster und bereute ihre Voreiligkeit. Jetzt war klar, warum ihre Mutter den Laden zugelassen hatte. Nie würden sie das schwere Trumm an seine alte Stelle zurückheben können. Und wenn er auf die Straße krachte, würde er zersplittern, morsch wie er war.

Herr Holtei arbeitete sich inzwischen auf eigene Faust durch die Meisenbug-Wohnung. Im Moment war er bei der Schlafzimmerklinke der Großmutter angelangt. Schwarze Spindelform mit goldener Schwanzspitze und kleiner goldener Kralle an der Klinkenwurzel. Entzückensrufe sprudelten aus ihm heraus, egal, ob jemand bei ihm war oder drei Räume weit entfernt.

Um das Maß vollzumachen, ließ sich plötzlich die Stimme der Großmutter vernehmen, die Herrn Holtei anschnauzte.

»Was machen Sie denn da? Wie sind Sie überhaupt hier hereingekommen? Das ist Hausfriedensbruch, ist Ihnen das bewusst?«

»Malwida ...«, rief Herr Holtei hilfesuchend. Er war so jählings aus seinen Himmeln gerissen worden, dass er keine Worte der Erklärung fand. Er brachte nur ein Stottern heraus.

»Herr Holtei ist ein berühmter Sammler von Türklinken. Ich hab ihm versprochen, dass er sich unsere mal ansehen darf«, verteidigte Malwida hitzig ihren alten Freund. »Er wohnt auch in der Gasse, du weißt doch – in dem gelben Haus oben in der Kurve.« Etwas ungeschickt setzte sie hinzu: »Ich hab gedacht, du bist weggegangen. Weil du das Klingeln nicht gehört hast.«

»Unsinn, ich sage immer Bescheid, wenn ich fortgehe. Ich war hinten im Garten und hab die Tomaten angepflockt. Ist das eine neue Angewohnheit von dir, dass du Krethi und Plethi in die Wohnung lässt, sobald du denkst, du hättest sie für dich alleine? Du hast ja noch nicht mal aufgepasst, was er macht. Der hätte uns glatt die ganze Wohnung ausräumen können!«

Am Boden zerstört vor Scham, richtete Malwida flehentliche Blicke der Entschuldigung auf Herrn Holtei. Sie meint es nicht so, wollten die Blicke mitteilen; heute Abend tut es ihr garantiert Leid, das weiß ich.

Herr Holtei zeigte, dass er alles verstand. Und dass er nicht aufhören würde, ihr Freund zu sein. Er lächelte ein kleines Lächeln, ein wenig traurig zwar, aber auch aufmunternd. Er wagte sogar, vor der empörten Großmutter, Malwida den Arm um die Schultern zu legen.

»Die beiden Gescholtenen sind zutiefst zerknirscht. Liebe, verehrte Frau Meisenbug, wenn sie denn unbedingt einen Schuldigen brauchen, nehmen Sie mich. Sehen Sie, ein Sammler ist ein ständig Suchender, ein Sehnender, fast könnte man ihn einen Liebenden nennen. *Und Liebe wagt, was irgend Liebe kann,* wie es bei Shakespeare so zutreffend heißt. Wenn Ihnen jemand erzählte, drei Häuser weiter gäbe es im zweiten Stock eine heimliche Konditorei, in der wären Platten mit Torten ausgestellt – Apfelsinencremetorten und Mohrenköpfe, Windbeutel und Schwarzwälder Kirschtorten, Schweizerkäsebrötchen, richtige weiße Brötchen mit Butter, alles wie im Frieden – mal ehrlich: Hätten Sie nicht einen Vorwand gefunden, um in jenes Haus hineinzugelangen? Nur um einen Blick auf das Ziel Ihrer Sehnsucht zu werfen?«

Die Großmutter hielt die Augen ungläubig auf den Schilderer dieser Träume und Schäume gerichtet. Sie wiegte den

Kopf, als staune sie über sich selbst. Dann kicherte sie ein bisschen und Malwida wusste, er hatte sie friedlich geredet.

»Sie sind mir vielleicht einer«, war alles, was sie dazu sagte.

»Sie gab Herrn Holtei freiwillig die Hand, als er sich verabschiedete. Und Herr Holtei hielt ihre Hand wie ein kostbares Pfand, während er sagte: »Sie würden mich zum glücklichsten Menschen machen, liebe Frau Meisenbug, wenn ich noch einmal wiederkommen dürfte. Darf ich? Es sind einem so wenig Freuden übrig geblieben in diesen kargen Zeiten. Und Ihre originellen Türklinken zu bewundern wäre eine große und seltene Freude für mich. Wenn Sie jemals in Erwägung ziehen, eine von ihnen zu veräußern, wäre ich bereit, Ihnen zum Tausch dafür alles in meiner Macht Stehende zu besorgen. Alles.«

Er dämpfte die Stimme und neigte sich näher zu der Großmutter.

»Ich hab so allerlei munkeln hören. Es soll in den nächsten Wochen zu einer Währungsreform kommen. Auf jeden Fall in der amerikanischen Zone. Die anderen ziehen sicher nach. Mein Cousin in Würzburg machte mir unlängst briefliche Andeutungen. Sprechen Sie doch mal mit Ihrer Frau Schwiegertochter darüber. Mein Angebot steht. Und jetzt darf ich mich empfehlen.«

Mit schwungvoller Geste hob er seinen Hut und schritt den Korridor entlang zur Wohnungstür.

Als sei ihr zum ersten Mal aufgefallen, dass sich Klinken an den Türen befanden, musterte die Großmutter eine nach der anderen auf das Eingehendste. Sie schlurfte in ihren niedergetretenen Pantoffeln durch alle Räume. Klinkte auf und wieder zu. Wackelte mit dem Kopf in höchstem Erstaunen. Malwida hörte, wie sie brummelte: »Aber das sind doch alles uralte Dinger. Wer sollte denn für die was geben wollen?«

Malwidas Mutter, als sie wenig später eingeweiht wurde, dachte ähnlich. Und sie sagte es auch unverblümt.

»Einen schönen Floh hat der dir ins Ohr gesetzt«, spöttelte sie.

»Aber versteht ihr denn nicht?«, mischte Malwida sich ein. »Gerade *weil* sie alt sind, möchte er sie gern für seine Sammlung haben. Er hat schon Kirchenklinken aus dem Mittelalter und von einem Patrizierhaus. Es gefällt ihm eben, dass jede von unseren Klinken anders ist als die von der Tür daneben.«

»Bloß mal aus Spaß«, fing ihre Mutter an, die Idee auszuspinnen, »bloß mal aus Spaß: Gesetzt den Fall, wir bekämen für jeden dieser laweden alten Griffe Mangelwaren besorgt – sollen wir dann Säcke vor die Türen hängen oder was? Das ist doch alles Mumpitz, wenn ihr mich fragt.«

Die Großmutter zuckte die Achseln und blieb nachdenklich.

Malwida war sowieso auf Herrn Holteis Seite. Nur die Klotürklinke sollte unbedingt dranbleiben, fand sie.

Als sie bei den Bratkartoffeln saßen, gab es einen ohrenbetäubenden Krach.

»Jesses, es ist soweit.« Die Großmutter schlug die Hand aufs Herz. »Jetzt stürzt uns die Bude überm Kopf zusammen.«

Als sich herausstellte, dass bloß der Fensterladen auf der Gasse zerschellt war, lachten die alten Meisenbugs vor Erleichterung. Da hatte man ja noch mal Schwein gehabt!

Malwida und ihre Mutter schleppten die Einzelteile über den Hof und die Treppe hoch in die Wohnung.

»Wenn wir die liegen lassen, sind sie morgen früh weg. Das gibt prima trockenes Feuerholz. Wären wir ja dumm, wenn wir das verschenken würden.«

Wie malte man einen blühenden Apfelbaum? Wie sollte man diese Millionen Blüten auf ein Blatt Papier kriegen?

Malwida bereute, dass sie sich nicht für den Nussbaum entschieden hatte, als es mit dem Projekt *Beobachtung eines Baumes* losgegangen war. Vorige Woche waren die ersten Apfelblüten aufgebrochen. Sie hatte eine gepflückt, sie abgezeichnet und obendrein mit Wasserfarbe ausgetuscht: goldgelbe Staubgefäße, braune Knospenhülle und die rosa Ränder der Blättchen. Eigentlich genügte das. Für heute konnte sie sich mit einer schriftlichen Notiz begnügen:

30. Mai:

Jetzt sind alle Blüten aufgeblüht. Ein prächtiger Anblick. Die zwei anderen Apfelbäume haben ihre Blüten schon fast wieder verloren. Das kommt daher, weil sie andere Sorten tragen, die viel eher reif sind, nämlich Goldparmänen und Renetten. Die kann man schon im September essen. Mein beobachteter Baum gehört zu einer Winterapfelsorte. Das bedeutet, die Äpfel bleiben quietschsauer, auch wenn sie reif sind. Sie taugen bloß für Apfelsaft.

Doch ihr Ehrgeiz trieb Malwida dazu, Frau Schleiermacher mit einem Bild des »prächtigen Anblicks« zu beeindrucken. Außerdem hatte Memmi ihr drei alte Rechnungsformulare spendiert, das musste gefeiert werden. Aus den Leitzordnern von Großvater Meisenbugs einstiger Geschäftskorrespondenz herausgetrennt. Nun juckte es Malwida in den Fingern, die unbeschriebenen Rückseiten mit drei Versuchen »Apfelbaum in Blüte«, zu bemalen. Der Gelungenste kam in die Baum-Beobachtungs-Mappe. Die anderen würde sie verschenken. Einen an Tante Edith. Den anderen vielleicht an Lulu Wesendonk, mal sehen.

Voriges Jahr hatte Malwida einen Zeichenblock besessen. Darauf zu malen war die reinste Wonne gewesen. An keiner Stelle war die Farbe ausgelaufen, wie es auf den Rechnungsrückseiten immer passierte. Leider waren Zeichenblöcke seitdem wie vom Erdboden verschluckt.

Sie nahm ihr Malzeug mit in den Garten, um den Baum vor Augen zu haben. Hinten im Garten gab es nur den Korbtisch unter den Fliederbäumen. Der Korbtisch war an sich zu nichts zu gebrauchen. Alles, was höher als eine Untertasse war, kippte auf seiner wackligen Oberfläche um. Malwida hatte deshalb das Wasserglas lieber auf die Erde gestellt. Bei jedem Pinselanfeuchten musste sie sich bücken wie ein Storch beim Fröschesuchen.

Eifrig mischte sie vom Karminrot in das fast aufgebrauchte Näpfchen mit dem Weiß hinein und rührte mit dem Pinsel, bis sich die richtige rosa Apfelblütenfarbe ergab.

»Was für ein Duft!« Die Großmutter schlappte den Gartenweg entlang. Hingerissen hielt sie ihr Gesicht dem Apfelbaum entgegen. »So dick und voll hat er lange nicht mehr geblüht. Man riecht ihn fast bis zur Veranda hin.«

Sie zog ein Päckchen aus der Schürzentasche und wedelte damit in der Luft herum.

»Ich hab heute früh Post von Lulu Wesendonk bekommen. Das war für dich dabei.«

»Karten?«, kreischte Malwida in höchsten Tönen.

Lächelnd nickte die Großmutter.

»Etwas sehr Seltenes und Feines. Und noch wie neu. Das darf man nur mit sauberen Fingern anfassen. Wasch dir erst mal deine Farbkleckspfoten.«

Malwida rannte los. Allerdings nur bis zur Regentonne, in der sie ihre Hände oberflächlich schwenkte.

»Nicht an den guten neuen Rock wischen!«, schrie die Großmutter entgeistert.

An was man alles denken musste! Das war der Nachteil neuer Kleider. Überdreht vor Jubelgefühl fiel Malwida über die Großmutter her und rubbelte die nassen Hände an deren Rücken trocken.

»Jetzt gib aber her, Babbel. Ich kann's schon gar nicht mehr aushalten.«

Lulu Wesendonks Geschenk war ein Mäppchen aus dünnem Karton, das man zusammenstecken konnte. *Deutscher Sang und Klang* stand darauf, umrahmt vom Geschnörkel goldener Bänder. Und unten: *Herausgegeben von der Liedertafel Harmonia, Bienert Verlag 1910.*

Das Mäppchen enthielt zwölf Postkarten. Auf jeder sah

man ein Bild, von den gleichen goldenen Schnörkelbändern umwunden wie der Umschlag. Unter dem Bild war jeweils eine Zeile Noten auf Notenlinien. Und unter der Notenzeile stand die Strophe eines Liedes.

»O Babbel, komm, das musst du dir mit angucken. O Mensch, ich werd verrückt, so freu ich mich!«

Sie ließen sich in den beiden Korbstühlen nieder und gaben sich die Karten gegenseitig in die Hand. Erst betrachtete sie jede für sich. Dann zeigten sie einander, was ihnen besonders gefiel.

Malwida liebte am meisten das Bild von *Es freit ein wilder Wassermann in der Burg wohl über dem See.* Wie die schöne junge Lilofee im Schilf saß, ihr Kind auf dem Schoß, und so jammervoll ans andere Ufer hinüberschaute, zum Schloss von Vater und Mutter, wohin sie nun nie mehr durfte.

Gleich danach kam *Als wir jüngst in Regensburg waren,* wo der grässliche Nix das stolze Fräulein Kunigund vom Kahn heruntergrapschte und in die Wellen der Donau zog.

»Nein, kuck doch mal das hier, ist das nicht gediegen?«, schwärmte die Großmutter und streckte *Der Kuckuck und der Esel, die hatten einen Streit* weit von sich weg. Sie hatte ihre Brille drinnen gelassen.

Der Esel war mit einem altmodischen lila Frack herausgeputzt und trug einen zerbeulten Zylinder auf den Schädel gestülpt. Der Kuckuck war eine Dame und hatte ein Hütchen mit Blumen auf. Unter seinem Flügel klemmte ein Pompadour-Beutel.

»Wollen doch mal sehen, welche wir kennen«, sagte die

Großmutter und räusperte sich die Kehle frei. Sie begann mit *Schäfer, sag, wo willst du weiden?* Danach sangen sie *Auf du junger Wandersmann* und *Der Winter ist vergangen, ich seh des Maien Schein.*

Sie fläzten sich bequem in den Korbstühlen und sangen sich durch Lulu Wesendonks Karten. Nur die Abendlieder ließen sie weg.

»Bis auf zwei kenne ich alle«, stellte Malwida fest. »Die musst du mir bei Gelegenheit mal beibringen.«

Babbel kannte alle Lieder, die es gab. Was Malwida an Liedern kannte, hatte sie von ihr gelernt. Und zwar ausschließlich in den Winterwochen, wenn in der »Bruchbude« der Ostwind durch die Fensterritzen pfiff und stehen gelassenes Wasser sich über Nacht mit einer Eisschicht bedeckte. Dann wohnten alle drei Meisenbugs in Malwidas Stübel, weil es das kleinste Zimmer mit Ofen war.

Jeden Winter wurde Malwida krank und musste im Bett liegen. In den schlimmsten Fieberstunden, zwischen Nachmittag und Abend, saß Babbel auf Malwidas Bettrand und sang. Manchmal sang sie zwei Stunden hintereinander. Und war Malwida wieder auf dem Weg der Besserung, steckten Texte und Melodien fix und fertig in ihrem Kopf.

»Ich hab mir's überlegt«, sagte Malwida, als sie Schluss machten. »Lulu Wesendonk kriegt das beste Apfelbaum-Bild. Mist, jetzt ist mir das Rosa eingetrocknet. Und Tante Edith kriegt auch eins. Du hast doch noch Kuverts, Babbel?«

»Nur solche mit Fenster«, sagte die Großmutter. »Die Restbestände aus Opas Firma. Wenn die eines Tages alle sind, müssen wir wahrscheinlich die Briefe in Zeitungspapier einpacken und mit Siegellack zukleben. Wie im vorigen Jahrhundert. – Auf wie viel Stück beläuft sich deine Sammlung denn inzwischen?«

Malwida rechnete.

»Mit denen von Lulu Wesendonk sind es neunundzwanzig.«

Anerkennend schnalzte die Großmutter mit der Zunge.

»Die Edith bringt sicher auch noch einen Haufen mit, wenn sie im August kommt. Wie ich sie kenne, fragt sie Hinz und Kunz. Die löchert womöglich gar die Patienten beim Röntgen, ob sie nicht ein paar hübsche Postkarten für ihre Lieblingsnichte übrig haben.«

Malwida schmunzelte. Ja, das konnte sie sich auch vorstellen. Das war Tante Edith durchaus zuzutrauen.

13. Kapitel

Als die Großmutter den Drahtkäfig auf der Innenseite der Haustür ankippte, um die Zeitung herauszuholen, fiel ein kleines Kärtchen auf den Boden. Es steckte in keinem Umschlag und trug keine Anschrift. Wer es durch den Briefkastenschlitz geworfen hatte, musste selbst vorbeigekommen sein.

»Das ist eine Visitenkarte.« Die Großmutter wusste Bescheid. »Früher, bei Wesendonks, wurden die in einer silbernen Schale aufgehoben. Man gab seine Visitenkarte ab, wenn man wo Besuch machen wollte. Sozusagen als Voranmeldung.«

»Nobel, nobel«, sagte Malwidas Mutter beeindruckt, als das Ereignis ihr am Abend mitgeteilt wurde. Sie las das in einer zarten Schreibschrift Gedruckte laut vor, mit Betonung:

Oberon Holtei
Garderobier der Städtischen Bühnen
Hilfenburgstraße 31

(Hilfenburgstraße lautete der eigentliche Name der Gasse. Doch die Anwohner nannten sie nie anders als »die Gasse«)

»Haben offenbar auch mal bessere Tage gesehen, die beiden alten Hagestolze.«

Jemand hatte »Oberon« mit grüner Tinte durchgestrichen und »Titus« darüber gesetzt. Er hatte auch einen grünen Tintensatz dazugeschrieben: »Erlaube mir, Sie am Sbd. gg. 4^{oo} aufzusuchen. T.H.«

»Was sind Hagestolze?«, fragte Malwida.

»Männer, die keine Lust hatten zu heiraten«, war die Antwort.

»Was meinst du, ob er mit uns Kaffee trinkt?« Die Großmutter war gern vorbereitet. »Irgendwie ist er doch ein Gast, auch wenn er bloß kommt, um sich die Klinken anzugucken. Es ist zwar nur Muckefuck, aber eine Tasse Kaffee anzubieten ist eine nette Geste.«

»Viel zu viel Tamtam«, fand Malwidas Mutter. »Stell einfach eine Tasse mehr auf die Veranda, dann werden wir schon sehen, ob er will.«

Ring-ring!

Pünktlich um vier Uhr am Sonnabendnachmittag wurde am Zuckerdosendeckel gedreht.

Hutlüften, Händeschütteln und ergebene Verbeugungen. Das heißt, es verbeugte sich nur Herr Holtei.

»Darf ich Ihnen den Hut abnehmen?«, fragte die Großmutter.

Malwida merkte sich das. So ging man also mit Gästen um. Das hatte sie nicht gewusst. Woher auch? Tante Edith, der einzige Gast, den sie kannte, kam im Sommer ohne Hut und zu Weihnachten in ihrer Skimütze.

Kaffeetrinken? O ja, das wollte Herr Holtei gerne. Aber vorher feierte er erst zärtliches Wiedersehen mit den Klinken der Meisenbug-Türen.

»Wenn Sie hören könnten, wie mein Sammlerherz hüpft«, verriet er Malwidas Mutter. »Nehmen Sie diese Form hier – ist sie nicht einzigartig? Sie besitzen da wahre Schätze, meine liebe Frau Meisenbug.«

»Ach was?« Malwidas Mutter ließ sich nicht überzeugen. Malwida konnte spüren, dass sie Herrn Holtei für ein bisschen hepp-hepp hielt.

Kaum hatte Herr Holtei sich am Verandatisch niedergelassen, erhob er sich noch einmal, um in seiner Rocktasche zu graben.

»Mein Bruder Oberon, der herzlich grüßen lässt, hat mir eine kleine Aufmerksamkeit für Sie mitgegeben ... selbst angefertigt. Ah, da ist es ja.«

Die alten Meisenbugs lächelten entzückt und bedankten sich überschwänglich, obwohl sie doch noch gar nicht wussten, was in dem Seidenpapier war. Auch das wollte Malwida sich merken. Sie selbst hätte erst mal ausgewickelt. Wie konnte man sonst feststellen, ob es was zum Entzücken war?

Herrn Holteis Bruder hatte aus lauter Stoffschnipseln einen drolligen Phantasievogel zusammengenäht, nicht größer als ein Daumen. Wo die Füße hätten sein sollen, war ein Gummibändchen befestigt. Die alten Meisenbugs erkannten ohne Mühe, dass das ein Tropfenfänger sein sollte. Man streifte das Gummi über die Ausgusstülle der Kanne und dann wurde der Kaffee, der beim Eingießen danebenlief, von dem Vogelkleid aufgefangen.

Ob er das selbst erfunden hatte? Beim nächsten Besuch auf dem Dachboden wollte Malwida ihn unbedingt fragen.

Das Tischgespräch drehte sich um die Währungsreform, die vor etlichen Tagen stattgefunden hatte. Zuerst in den drei westlichen Besatzungszonen, dann auch hier, bei den Russen.

Memmi beklagte sich bitter. Sie wurde immer lauter, bis Babbel ihr die Hand auf den Arm legte.

»Na ja, ist doch wahr!«

Da hatte Malwidas Vater seinen ganzen Sold aus dem Krieg nach Hause geschickt, treu und brav. Und Malwidas Mutter hatte das Geld ebenso treu und brav auf ein Sparbuch eingezahlt.

Ach, was hatte der Ärmste nicht alles für Pläne geschmiedet, was sie dafür kaufen wollten, wenn er endlich wieder zu Hause wäre, für immer!

»Zum Beispiel wollte er sich ein Grammophon anschaffen. Das beste, das zu haben wäre. Denn als er den Winter 41 in Mariupol festsaß, hatte er angefangen, sich Schallplatten zuzulegen, russische Volkslieder und Romanzen. Die gefielen ihm so sehr; ganz närrisch war er damit. Er ist immer auf dem Basar herumgestrichen, obwohl das für die Soldaten streng verboten war, fragt mich nicht warum. Dort hatte er einen bestimmten Händler, der ihm die Platten besorgte. Zweimal ist er von der Militärstreife ertappt worden und bekam Bau aufgebrummt. Wer all diese Platten nun wohl jetzt hat?

Und einen Lapislazuli-Ring wollte er haben. Er hat im Brief aufgemalt, wie er ihn sich vorstellte. Lapislazuli – dieser dunkelblaue Stein mit Goldpünktchen; kennen Sie sicher. Ach und ein Motorrad mit Beiwagen stand auch auf der Wunschliste …«

Memmis Stimme wurde so eigentümlich und abgehackt. Als wollte sie Tränen hinunterschlucken. Sie sagte: »Der Beiwagen war für mich gedacht.«

Aber das ging vorbei und sie giftete in alter Lautstärke weiter. »Über zweitausend Mark hatten wir schon zusammen. Als die Nachricht kam, dass er gefallen war, hab ich das Sparbuch nicht angerührt. Das sollte mal Malwida zugute kommen. Für ein Studium. Oder für die Aussteuer, wenn sie mal heiratet. Und was ist davon übrig geblieben nach der Geldabwertung? Zweihundert Mark und ein paar Kröten. Lächerlich ist das.«

Erschöpft vom Schimpfen, trank sie ihre Tasse in einem Zug aus.

Malwida hatte vor Zuhören beinah vergessen, Atem zu holen. Bisher hatte ihr Vater seinen festen Platz innegehabt. Er existierte als Herr der Fliederbäume hinten im Garten. Nun, auf einmal, war er aus dieser vertrauten und geliebten Stellung herausgetreten. Ein fremder Mann war aus ihm geworden mit Plänen und Wünschen, die unerfüllt herumgeisterten, während er selbst längst tot war. Daran musste sie sich erst gewöhnen.

Herr Holtei und sein Bruder hatten, so berichtete der Gast, ebenfalls eingebüßt.

»Wie wohl jeder Einzelne der Bevölkerung. Aber man kann sagen, dass wir Glück im Unglück hatten. Kurz vorm Krieg hatten wir unserem Cousin in Würzburg mit dreitausend Mark unter die Arme gegriffen. Damals benötigten wir das Geld nicht dringend. Und im Krieg schon gar nicht. Nunmehr hat die Währungsreform daraus ein Guthaben von sage und schreibe dreihundert Mark gemacht. Aber« – Herr Holtei hob den Finger wie Lehrer Lämpel in *Max und Moritz* – »aber immerhin in harter Währung. In Würzburg jederzeit für uns verfügbar. Ich brauchte mich nur in den Interzonenzug zu setzen und nach Würzburg zu fahren. Mein Cousin würde mir auszahlen, so viel ich davon haben wollte. In vernünftigen Grenzen selbstverständlich.«

Die alten Meisenbugs begriffen nicht, was das für einen Unterschied machen sollte. Waren in den anderen Zonen die Läden nicht genauso leer? Höchstens auf dem Schwarzen Markt konnte man damit was anfangen.

»Ein Viertelpfund Bohnenkaffee – und schon ist es futsch, Ihr Würzburger Vermögen«, meinte Malwidas Mutter.

»Vorgestern erreichte mich ein Brief meines Cousins«, sagte Herr Holtei. »Wissen Sie, was er schreibt?«

Bevor er weitersprach, legte er eine Pause ein. Sein Gesicht hatte denselben Ausdruck wie damals am Ostersonntagnachmittag, kurz bevor er Malwida die Postkarten auf den Tisch legte. Die buschigen Augenbrauen hüpften vielversprechend auf und ab. Sein Blick hatte etwas Feuriges. Seine Mundwinkel kräuselten sich in innigem Vergnügen.

»Er schreibt, dass in den westlichen Besatzungszonen die

Rationierung so gut wie aufgehoben ist. Was sagen sie dazu?! Einen Tag nach der Geldentwertung, quasi über Nacht, waren die Geschäfte wieder proppenvoll! Alles, was man jahrelang entbehren musste, liegt seitdem wieder frei verkäuflich in den Schaufenstern. Zu haben gegen das neue Geld. Schokolade! Frisches Obst und Gemüse! Butter und Eier! Knöpfe und Zwirn! Briefpapier! Tee und Bohnenkaffee! Toilettenseife und Hausrat! Kakao und weißes Mehl!«

Memmi und Babbel, so fand Malwida, guckten Herrn Holtei an wie Kinder, denen ein besonders schönes Märchen vorgelesen wird. Etwas, dessen Wahrheit nicht zur Debatte steht, an dem man sich aber dennoch nicht satt hören kann.

»Natürlich bleibt dies und das vorläufig noch rationiert«, schränkte Herr Holtei die Wundermeldung ein. »Mein Cousin hat es erwähnt, aber es ist mir im Einzelnen nicht mehr so geläufig. Ich glaube, es handelte sich dabei um Heizmaterial, Tabak, Glühbirnen und ähnliche Dinge.«

Zufrieden beobachtete er die Mienen seiner Gastgeberinnen. Sie blieben merkwürdig schweigsam, die alten Meisenbugs. Schauten nur so vor sich hin.

Malwida wunderte sich, weshalb sie gar keine Meinung dazu äußerten. Sonst hielten sie mit ihren Ansichten doch auch nicht hinterm Berg. Herr Holtei jedoch schien zu wissen, was hinter ihren Stirnen vorging.

»Wenn die Damen gestatten, verabschiede ich mich«, sagte er. »Überlegen Sie sich mein Angebot in aller Ruhe. Ich bin bereit, die Strapaze einer Interzonenreise auf mich zu nehmen, um Ihnen das Schlaraffenland ins Haus zu bringen.

Vorausgesetzt, Sie könnten sich entschließen, mir einige Ihrer Klinken abzutreten.«

Malwida zog Herrn Holtei noch ins Stübel. Sie musste ihm unbedingt Lulu Wesendonks Karten zeigen.

»O ja, das ist eine wahrhaftige Trophäe«, bestätigte er, während er das Mäppchen begutachtete. »Eins a erhalten und nicht ohne künstlerischen Wert.« Zu den beiden Carolsfeld-Stücken meinte er nur, sie seien allerliebst«.

»Besuch uns bald mal wieder«, bat Herr Holtei, als er im Korridor seinen Hut aufsetzte. »Es würde Oberon gut tun. Mit mir über Thoralf Atterbom zu reden hat seinen Reiz für ihn verloren. Er hat mir jede Anekdote schon mindestens zehnmal erzählt. Es macht mit Sorge, dass er sich so gänzlich von der Welt zurückgezogen hat. Er lebt völlig gegen seine Natur. Nichts liebte er früher so sehr wie Bühnentrubel und Bühnenluft und Bühnenklatsch. Er konnte so witzig sein. Je mehr Leute er um sich hatte, desto mehr blühte er auf. Und seit drei Jahren – nur mich. Und Atterboms Stimme.«

Malwida fragte: »Dieser Tropfenfänger, das Vögelchen – hat er sich das selber ausgedacht?«

»Was glaubst du denn«, sagte Herr Holtei, fast entrüstet. »Oberon würde niemals Plagiate herstellen. Einige seiner kleinen Produkte liegen sogar im Dürerhaus zum Verkauf. Jawohl!«

Malwida kannte das Dürerhaus. So hieß ein bekannter Kunstgewerbeladen. Alles, was man dort kaufen konnte, war mit der Hand gefertigt und ein Einzelstück.

Sie versprach Herrn Holtei, in den nächsten Tagen einen Besuch auf dem Dachboden zu machen.

An diesem Abend ernteten sie die ersten Erdbeeren. Beim ersten Mal waren sie immer vollzählig anwesend.

Malwida zeigte ihrer Mutter, wo schon eine rote oder wenigstens halbrote war. Die Mutter pflückte sie ab oder sagte: »Nein, die ist noch zu bleichsüchtig, die braucht noch ein paar Tage Sonne.« Die Großmutter stand auf dem Gartenweg und hielt die Glasschüssel bereit.

Dreizehn Erdbeeren Marke »Mieze Schindler«, ergab der erste Erntetag. Jeder schnitt seine vier Erdbeeren in kleine Stücke, damit es nach mehr aussah. (Die dreizehnte, noch ein Erdbeerkind, hatte Malwida sich ehrlich erknobelt.) Gesüßt wurde mit dem braunen, grobkörnigen Zeug, das die alten Meienbugs »Pferdezucker« nannten.

Die alten Meisenbugs hatten ihr Stummsein längst überwunden und schnatterten drauflos, als müssten sie den Moment der Nachdenklichkeit wieder wettmachen.

»Wenn man jetzt Schlagsahne dazu hätte! Schlagsahne, wie in Friedenszeiten.« (Zungenschnalzen)

»Und vorher ordentlich Zucker über die Beeren. Aber richtiger weißer. Nicht so was hier.« (Schmatzgeräusch)

»Oder mal wieder Omelett surprise machen. Wie wär das denn? He? Und als surprise innen drin unsere feinen Erdbeeren.«

»Dazu brauchst du aber Eier. Mit Eipulver geht das nicht.«

»Eben, eben. Echte Hühnereier mit Dotter und Eiklar. Wir könnten uns welche mitbringen lassen.«

Pause.

»In 'nem festen Behälter.«

Längere Pause. Sie klirrten mit den Löffelchen auf den leeren Kompottschalen herum.

»Weißt du, worauf ich schon ewig Lust hab? Auf Sahnequark.«

»Isses wahr? Ich wär mehr für Weintrauben. Das letzte Mal hab ich welche gegessen, als ich wegen der Zyste im Krankenhaus lag. Wie viele Jahre ist das her? Zehn? Oder elf?«

»Mal wieder gute Butter wär auch nicht schlecht.«

»Gute Butter, o ja, du! Auf 'nem Stück Weißbrot. Und eine Scheibe gekochten Schinken dazu. Den würde ich gleich so verputzen, aus'm Papier.«

Sie quatschten und quatschten und fanden kein Ende. Malwida ließ den Blick von Memmi zu Babbel und von Babbel zu Memmi pendeln. Sie schienen vollkommen vergessen zu haben, dass noch jemand mit am Tisch saß. Sie teilten das Schlaraffenland unter sich auf. Ein Schlaraffenland, das nur sie kannten, Malwida aber nicht.

Ohne sie aus den Augen zu lassen, hob Malwida ihr Glasschüsselchen zum Kinn und schlappte mit der Zunge den Rest Erdbeersaft und Pferdezucker auf.

Nichts geschah. Normalerweise hätte Malwida postwendend eine »hinter die Kumtleisten« bekommen, das hieß: eine Tachtel mit der flachen Hand hinters Ohr.

Die alten Meisenbugs waren weit weg. Sie hatten nicht mal bemerkt, dass ein roter süßer Tropfen auf Malwidas neuem Trägerrock gelandet war.

14. Kapitel

Von jetzt an hatten die alten Meisenbugs ein neues Gesellschaftsspiel. Es hieß: »Wie kommen wir bei vierzehn Türen mit höchstens sieben Klinkenpaaren aus?« Abends spielten sie es gemeinsam, tagsüber spielte es jeder für sich.

Die Großmutter überlegte und tüftelte während der Vormittagsstunden, wie man die Türen nach Entfernung der Klinken halbwegs ordentlich zumachen konnte.

Auch Malwidas Mutter überlegte und tüftelte während ihrer Arbeitszeit in der »Gummibude«. Sie nahm die zerlöcherten Schuhe der Kunden entgegen und die mitgebrachten Stücke Autoreifen und schrieb Abholzettel aus. Ihre Gedanken allerdings waren anderweitig beschäftigt. Die Klinken der Meisenbugs-Wohnung wurden von ihr eingeteilt in entbehrliche und unentbehrliche. Denn die besonderen Stücke, auf die Herr Holtei ein Auge geworfen hatte, gehörten dummerweise fast alle zu Türen, an denen Klinken unentbehrlich waren.

Ab und zu schaffte Malwidas Mutter einen Arm voll kaputter Schuhe hinüber in die Vulkanisierwerkstatt zum Meister, ihrem Chef. Der sortierte die Eingänge in »Leichtverletzte«, »Schwerverletzte« und »Todgeweihte«. (Im letzteren Fall hieß das, eine Reparatur war nicht mehr möglich.) Auf dem Rückweg belud sie sich mit bereits reparierten Schuhen, die mit nagelneuen Autoreifensohlen ausgestattet waren.

Beim Einschichten ins Abholregal kam ihr ein rettender Einfall. Eventuell konnte man die weniger originellen Klinken, die Herr Holtei nicht haben wollte, ja abmontieren und an solche Türen überführen, an denen Klinken unbedingt notwendig waren. Warum sollte das nicht gehen?

Abends, nach dem Gartenwässern und nachdem die Molkensuppe (oder die Graupensuppe oder die Maisgrießsuppe) ausgelöffelt war, die in der kartoffellosen Zeit die Bratkartoffeln ersetzten, saßen die Meisenbugs bis zum Finsterwerden auf der Veranda. Sie tauschten die Ergebnisse ihrer Tagestüftelei aus. Obwohl noch nichts endgültig entschieden war und Herr Holtei nach wie vor auf Antwort wartete, knieten sie sich in ihr Spiel hinein und fanden beständig neue Varianten. Die meisten waren undurchführbar und wurden mit lautem Gelächter fallen gelassen. Andere wieder wurden bis in alle Einzelheiten durchgesprochen.

»Du könntest beispielsweise die Tür zwischen deinem Schlafzimmer und dem Gartenkorridor abschließen«, schlug Malwidas Mutter der Großmutter vor. »Gehst du eben durchs Wohnzimmer, was soll's. Die frei gewordene Klinke schrauben wir an die Klotür. Denn die Abortklinke käme mit in die Konkursmasse; auf die ist er ganz besonders versessen.« (Das war diejenige, die sich als kleines goldenes Zepter benutzen ließ, wenn man König spielen wollte.)

Die Großmutter hatte ebenfalls nachgedacht. »Die beiden Türen von Malwidas Stübel dürfen keinesfalls ohne Klinken bleiben. Denk an den Winter, wenn sich das Wohnzimmer nicht mehr heizen lässt. Einen Raum *müssen* wir haben, wo wir uns im Warmen aufhalten können. Und ohne Klinke ist das bisschen Wärme im Nu zum Teufel.«

Malwidas Mutter nickte, die Stirn düster gerunzelt. »Wo du Recht hast, hast du Recht. Moment mal – brauchen wir eigentlich an der Tür zum Zwischenstock eine Klinke? Da geht's doch nur zu den Kohlen und zum Eingemachten. Und auf die Klinke zwischen der Küche und meinem Wohnzimmer können wir gut und gerne auch verzichten. Was meinst du?«

Die Großmutter überdachte das gründlich. Achselzuckend erklärte sie sich einverstanden; es war wirklich der einzige Ausweg.

Jetzt aber rückte sie mit ihrem ganz privaten Einfall heraus, der ihr während der Grübelei am Vormittag gekommen war. Vor dem Krieg, noch zu Lebzeiten von Großvater Meisenbug, war sie mit ihm mal im Riesengebirge gewesen, drei Wochen lang, zur Sommerfrische. Sie hatten bei Bauersleuten gewohnt.

»Hinten im Hof stand das Klohäusel«, erzählte die Großmutter. »Ein Dreisitzer: eine Gästelatrine, eine für die Familie und eine ganz niedrige; die war für die Kinder. Verschlossen wurden die drei Türen nicht etwa mit hölzernen Riegeln oder irgendwelchen Haken, sondern da hatte sich jemand was ganz Pfiffiges einfallen lassen. Passt auf, ich mach's mal vor.«

Und die Großmutter gestikulierte und demonstrierte an

der Küchentür mit vorgestellten Nägeln und Stricken und Klötzchen.

»Es ist so einfach, dass es schon wieder genial ist. An der Tür wird ein Bindfaden befestigt, am Ende beschwert mit einem Stückchen Holz. Zur Not kann man eine Wäscheklammer nehmen. Und in den fest stehenden Türflügel oder den Türrahmen ist ein Nagel eingeschlagen. Das ist schon alles. Habt ihr's begriffen?«

Malwida, die neugierig dabeistand, rief begeistert: »Ich weiß, ich weiß, wie das geht. Man hängt den Bindfaden mit dem Gewicht unten dran über den Nagel.«

»Du hast es erfasst«, sagte die Großmutter.

Malwidas Mutter zweifelte noch. »Wie ich das sehe, ist da ein Haken bei der Sache. Was macht einer, der von außen in die Küche will, wenn innen der Strick vor ist? Denn diese geniale Vorrichtung müsste ja auf beiden Seiten einer Tür angebracht werden.«

»Gott, bist du schwer von Kapee«, wunderte sich die Großmutter. »Da klopft man eben an. Und wer drinnen ist, nimmt dann den Bindfaden vom Nagel. Auf die Art weiß man außerdem gleich, ob jemand in dem betreffenden Zimmer ist oder nicht.«

»Wenn ich aber die Küche gerade durch die andere Tür verlassen habe und hinten in meinem Schlafzimmer das Bett mache? Wie soll ich da hören, dass einer klopft?«

»Och, dann macht derjenige eben einen Umweg.« Für Malwida war die Sache glasklar. Sie würde sich zu helfen wissen. »Dann gehen wir durchs Wohnzimmer, durchs Stübel und durch dein Wohnzimmer – und schon sind wir in der Küche.«

»Das Ei des Kolumbus«, bestätigte die Großmutter. »Morgen gucke ich mal nach, was wir so an Bindfäden und Nägel besitzen.«

»Soll ich morgen zu Herrn Holtei gehen und ihm Bescheid geben?«, bot sich Malwida an. »Damit er gleich seinen Koffer packt. Und übermorgen fährt er dann in die Ami-Zone, zu seinem Cousin nach Würzburg, und kauft jede Menge tolle Sachen für uns.«

»Untersteh dich!«

Die beiden alten Meisenbugs protestierten einstimmig.

»Wir wissen bis jetzt noch gar nicht, ob wir das wirklich machen wollen. Außerdem müssen wir erst mal gründlich überlegen, was wir überhaupt dafür verlangen können. Das muss noch mit Herrn Holtei abgesprochen werden, und zwar Posten für Posten. Er muss schließlich einverstanden sein.«

»Man möchte ja nicht als unverschämt hingestellt werden«, fügte die Großmutter hinzu.

Der Gedanke, jemand könnte sie für unverschämt halten, war den alten Meisenbugs unangenehm. Nicht mal aus Versehen wollten sie den Anschein erwecken, sie seien darauf aus, Leute zu übertölpeln. Sie beanspruchten nur, was ihnen zukam.

Wurden sie selber übervorteilt oder gar betrogen und beklaut, gerieten sie in fassungslosen Zorn. Manchmal weinten sie sogar. Das kam vor, wenn die Bauern Malwidas Mutter viel zu wenig für die damastenen Tischtücher und die Besteckkästen und die Zeiss-Ikon-Kamera geben wollten und ihr vorschlugen, sie könnte ja alles wieder mit heimnehmen; sie hätten übergenug von dem Zeug. Oder wenn der bewusste Nachbar, dem die Meisenbugs nicht über den Weg trauten, dies und das aus dem Garten stibitzt hatte. Über Nacht. Bei solchen Gelegenheiten tobten die alten Meisenbugs wie Rumpelstilzchen persönlich.

»Na ja, ich hab schon mal eine Wunschliste angelegt«, gestand Malwidas Mutter und kicherte verlegen. »Natürlich nur so aus Spaß.«

»Was denn – du auch?« Die Großmutter kicherte noch verlegener. »Jede Nacht, wenn ich nicht schlafen kann, streiche ich was durch und schreibe was Neues hin. Wir dürfen aber nicht außer Acht lassen, dass es nicht zu schwer wird – insgesamt. Herr Holtei ist ein alter Mann, kein Herkules.«

»Darf ich mir auch was wünschen?«, bettelte Malwida. »Ja, Memmi? Ja, Babbel? Darf ich schon anfangen, mir was auszudenken? Ihr macht doch jetzt keinen Rückzieher mehr, oder? Nein, das würde Herr Holtei nicht überleben, wo er sich so auf unsere Klinken freut.«

Nachdem die alten Meisenbugs ihr Spiel Abend für Abend abgezogen hatten, bis in den Juli hinein, war irgendwann der Punkt erreicht, wo es totgespielt war. Verdutzt stellten sie fest, dass sie keinen Spaß mehr daran hatten.

»Wir müssen mal zu einer Entscheidung kommen«, fasste Malwidas Mutter die abgeflaute Stimmung zusammen. Sie seufzte. »So geht das nicht weiter. Entweder wir schlagen uns das Ganze aus dem Kopf und reden nicht mehr darüber oder ... Oder wir machen endlich Ernst damit.«

»Ja, genau, das wird auch langsam Zeit«, ereiferte sich Malwida. »Wenn ihr noch länger wartet, sind die Mangelwaren in der Ami-Zone am Ende ausverkauft. Dann ärgert ihr euch grün und blau. Komm, Babbel, mach Ernst! Babbeline ... Babbeleia ...«

Die Großmutter, von zwei Paar Augen angestarrt, rettete sich in ein hilfloses Lächeln. »O Gott, was sind wir leichtsinnig.« Sie stöhnte. Sie flocht die Fransen vom Tischtuch zu Zöpfen. Dann reckte sie den Kopf hoch und sagte entschlossen: »Meinetwegen. Was nützt das schlechte Leben.«

Das war ihr Lieblingsspruch. Sie wendete ihn jedesmal an, wenn auf dem Meisenbugschen Tisch etwas Besonderes gelandet war. Etwas, das man mit gewissen Opfern hatte erkaufen müssen.

Wie erstaunt über die eigene Kühnheit, brummelte sie hinterher: »Wenn das der Opa wüsste! Der würde sich im Grabe umdrehen. Türen ohne Klinken! Erzählt das bloß keinem Menschen, sonst denken die, wir sind verrückt geworden.«

Gleichzeitig gab sie dem Tisch einen kleinen, trotzigen Faustschlag und sagte noch einmal: »Was nützt das schlechte Leben.«

»Was nützt das schlechte Leben!«, wiederholte Malwidas Mutter. Frohgemut rief sie es, als sei das die Parole der nächsten Tage und Wochen. »Eine Woche lang mal wieder essen wie Gott in Frankreich. Das ist es wert.«

Plötzlich konnte es nicht schnell genug gehen. Plitz, platz wurde ein weiteres Treffen mit Herrn Holtei vereinbart.

Es wurmte Malwida gewaltig, dass diese wichtige Zusammenkunft ausgerechnet an dem Tag stattfinden sollte, an dem ihre Klasse Wandertag hatte. Frau Schleiermacher wollte mit ihnen bis zur Babisnauer Pappel wandern, einem berühmten Baum, der in diesem Jahr seinen 140. Geburtstag feierte. Bei klarer Sicht konnte man ihn von der Terrasse aus sehen – ein winziges krauses Fleckchen weit hinten am Horizont.

Sie würden zuerst mit der Fähre über die Elbe setzen, dann mit einer Straßenbahn bis zur Endhaltestelle fahren und von da zu Fuß durch die Felder. Bis sie am Horizont angelangt waren.

»Sagt zu Hause, dass es Abend werden kann, ehe wir zurück sind«, hatte Frau Schleiermacher vorsorglich angeordnet. Dass die alten Meisenbugs Tag und Stunde dieser Unterredung ausgemacht hatten, ohne sich mit ihr abzusprechen, empfand Malwida als schwere persönliche Beleidigung. Sie lief mit Gewittermiene herum und gab keine Antwort, wenn Memmi oder Babbel sich mit ihr über den Proviant des Wandertages verständigen wollten. Ihre falsche Schöntuerei konnten sie sich ruhig schenken. Durch wen hatten sie Herrn Holtei denn überhaupt kennen gelernt? Eine Spur von Rücksicht auf sie, die Vermittlerin der Bekanntschaft, wäre wohl das Mindeste gewesen, das sie ihr schuldeten.

»Jetzt hör auf zu tückschen«, sagte die Großmutter. Es

war am Abend vor dem bewussten Tag und sie füllte kalten Muckefuck in eine ausgespülte Malzbierflasche. Die Flasche sollte Mawida auf die Wanderung mitnehmen. Achtundzwanzig Grad waren für morgen angesagt.

»Kein Mensch wollte dir was auswischen oder was immer du denkst. Heute Abend konnten wir ihn nicht herbitten, weil deine Mutter heute zur Versammlung der Volkssolidarität musste. Und gestern ging es genauso schlecht, weil doch die Büchersammelaktion für die Gemeindebibliothek stattfand. Da konnte sie nicht wegbleiben, denn es war schließlich ihr Idee.«

Malwida öffnete den Mund. Gerade nur so weit, dass eine genuschelte Bemerkung sich durchquetschen konnte. »Ihr hättet auch bis übermorgen warten können.«

»Eben nicht«, sagte die Großmutter geduldig. »Dann wäre das Wochenende dazwischengekommen. Da gehen noch weniger Züge als an den Werktagen. Der arme Mann wird auch so schon Tag und Nacht unterwegs sein. Vierundzwanzig Stunden mindestens, das hat uns die Edith letzte Weihnachten anschaulich genug geschildert. Ich darf gar nicht an das Räuber-und-Gendarm-Spiel denken, wenn er sich an der Grenze durchs Niemandsland schleichen muss. In seinem Alter. Und zurück noch mit vollem Rucksack!«

Mit schreckgeweiteten Augen malte Malwida sich die Szene aus.

»Und wenn es nun finster ist? Und er fällt hin und verknackst sich was? Wenn er sich verirrt und sie schnappen ihn?«

»Tja ...«, sagte die Großmutter. »Des Menschen Wille ist sein Himmelreich, wie's so schön heißt. Niemand zwingt ihn dazu. Wahrscheinlich kann nur ein Sammler einen anderen Sammler so richtig begreifen.«

Wollte Babbel damit ausdrücken, dass Malwida ihr neuerdings fremd geworden war? Dass sie Malwida auch für leicht hepp-hepp hielt? Dass einer, der der großen Gemeinschaft der Sammler beigetreten war, das Verständnis seiner Nächsten und Liebsten verloren hatte? Ein kaltes Gefühl kroch in Malwida hoch. Ein Waisenkind-Gefühl.

»Ich bin auch ein Sammler«, bemerkte sie mit dünner Stimme.

Die Großmutter lauerte geduckt vor der schwachen Gasflamme. Wie die Katze vorm Mauseloch. Etwas konnte jeden Augenblick überkochen. Im richtigen Moment packte sie mit dem Topflappen den Henkel des Aluminiumtöpfchens, riss es vom Brenner herunter und sagte, ohne sich umzudrehen: »Postkartensammler bilden natürlich eine rühmliche Ausnahme. Die zu verstehen ist keine Kunst. In deren Köpfe und Herzen guckt man wie durch eine Schaufensterscheibe. – So, jetzt gib mir mal das leere Schraubglas rüber. Danke.«

Sie stelle ein Löffelchen hinein, damit es nicht zersprang, und kippte aus dem Topf etwas Dampfendes, Hellgelbes in das Glas. Eine dampfende, hellgelbe dickflüssige Masse.

Inzwischen hatte der warme Geruch Malwidas Nase erreicht. Ein sehr seltener Geruch. Ein heißgeliebter Geruch. Ein Alle-Jubeljahre-Geruch, den sie trotzdem sofort wieder erkannte. Und eine Ahnung ... aber nein! Oder etwa doch?

Sie wollte nicht zu direkt vorgehen. Womöglich war es ja ein Irrtum. Deshalb flüsterte Malwida, als sie sich erkundigte: »Wieso füllst du den Pudding nicht in den Fisch?«

Ebenso flüsternd antwortete die Großmutter: »Weil sich der Fisch schlecht im Rucksäckel transportieren lässt – darum.«

»Wenn ich den Pudding zum Wandern mitnehmen darf, bleibt ja für euch gar nichts übrig.«

Malwida sagte es reuevoll und glücklich. Glücklich darüber, dass Memmi und Babbel sie so sehr liebten. Und sie hatte zwei Tage und zwei Nächte damit verplempert, ihnen böse zu sein. Beinahe hatte sie sie sogar gehasst.

»Och, das ergibt noch eine Tasse voll«, meinte die Großmutter und kratzte den Rest aus dem Topf. »Von Rechts wegen gehört in einen zünftigen Wander-Rucksack nicht nur ein Glas Pudding, sondern auch ein Glas mit Kartoffelsalat. So war es jedenfalls früher. Ich gebe dir zwei Doppelschnitten Brot mit, aber bei der Hitze wird die Margarine im Handumdrehen eingetrocknet sein. Hier hast du noch fünfzig Pfennig für Brause, für den Fall, dass Frau Schleiermacher euch erlaubt, in eine Wirtschaft zu gehen.«

Die fünf Groschen erinnerten Malwida wieder an das andere Ereignis, bei dem es auch um »Werte« ging. Morgen sollte also mit Herrn Holtei beraten werden und vorläufig hatten weder Memmi noch Babbel sie nach einem speziellen Wunsch gefragt. Bis in die Nacht hatten sie nur über ihren eigenen Besorgungslisten gebrütet.

Als sie die Mutter von der Versammlung heimkommen hörte, stand Malwida noch einmal aus dem Bett auf. Vor Aufregung konnte sie sowieso nicht schlafen. Erschöpft und verschwitzt saß die Mutter an einer Ecke des Wohnzimmertisches und ließ sich den Puddingrest schmecken.

Die Großmutter hatte die Brille aufgesetzt und fuhr mit dem Finger zum achthundertsiebenundsechzigsten Male die Posten der Wunschliste entlang. Hinter jedem Posten stand in Klammern ein Reservewunsch. Sie murmelte für sich.

»Also für die Küchentürklinken … ein Stück gute Butter müsste eigentlich rausspringen. Und ein Dutzend frische Eier kriegen wir vielleicht für meine Schlafzimmerklinken. Mal sehen, war er dazu meint. Aber ob die da drüben stabile Eierkartons haben? Das Zylinderfutteral wäre ideal …«

»Du solltest schon längst an der Matratze horchen«, sagte Malwidas Mutter, als Malwida im Nachthemd aufkreuzte. »Ihr lauft morgen den ganzen Tag in der sengenden Hitze draußen rum, das wird anstrengend.«

»Memmi …«, begann Malwida. Dann machte sie es wie bei Lulu Wesendonk: Sie ließ flehende Blicke zwischen der Liste auf dem Tisch und ihrer Mutter hin und her wandern. Sehr auffällige und sehr flehende Blicke.

»Keine Angst«, sagte ihre Mutter. »Alles, was wir für die Klinken erhalten, ist auch für unser Küken gedacht. Wart's nur ab – einige Sachen hast du bis jetzt noch nie kennen gelernt. Wir werden alle drei herrlich und in Freuden leben. Na, wenigstens für kurze Zeit.«

»Ich wünsche mir aber was ganz Bestimmtes«, sagte Malwida sehnsüchtig.

»So? Und das wäre?«

»Eine Rolle Drops. Nämlich damals, als ich mit Hildchen zum Puschkin-Haus gefahren bin, hat uns eine Schaffnerin welche abgegeben. Weißt du, Drops schmecken zugleich süß und sauer. Und man kann ganz lange daran lutschen. Hermi Hahn-Hahn hat gesagt, auf dem Schwarzen Markt kosten die mindestens acht Mark.«

»Wenn das reicht«, sagte Malwidas Mutter. »Wundert mich nur, woher sie das weiß. Na, damit ist es Gott sei Dank bald aus; insofern hat die Geldentwertung doch was Gutes. Aber jetzt husch, ab ins Nest! Bring mit ein Blatt mit, von der Babisnauer Pappel.«

Dann verschränkte sie die Arme hinterm Kopf und gähnte, ohne die Hand vorzuhalten: »Rawau, rawau, oh waia-waia.«

Malwida drückte sich nach wie vor im Türrahmen herum. Sie schabte mit der Fußsohle an der Wade entlang.

»Ich hatte gesagt husch, ab! Was ist denn nun noch?«

»Ich will erst sehen, wie du es auf die Liste schreibst. Eine Rolle Drops. Mit verschiedenen Geschmäckern.«

Die Mutter nahm der Großmutter den Tintenstift aus der Hand und notierte etwas.

»So: eine Rolle Drops. Zufrieden?«

Malwida sagte nichts mehr. Aber ihr Mund reichte von einem Ohr zum anderen. Im Bett dachte sie an lauter herrliche Sachen, die ihr für die allernächste Zeit bevorstanden. Es waren nicht weniger als sechs:

Erstens: der Wandertag mit einem Glas Vanillepudding im Rucksack

Zweitens: der alleinige Besitz einer ganzen Rolle Drops

Drittens: Bald waren große Ferien.

Viertens: Nur noch zwei Wochen bis zum August. Und im August kam Tante Edith zu Besuch. Tante Edith allein war schon eine Wucht und müsste eigentlich drei Punkte zählen.

Fünftens: Tante Edith hatte sicherlich eine Menge Postkarten für die Sammlung ihrer Lieblingsnichte organisiert.

Sechstens: Nach dem August kam der September; da fing die Schule wieder an, aber andererseits hatte Malwida auch im September Geburtstag.

Zehn Jahre war sie dann. Schon furchtbar alt. Sie hätte nichts dagegen gehabt, immer so zu bleiben wie jetzt. Das heißt, die Geburtstagsfeiern könnten beibehalten werden, aber man dürfte nicht älter werden.

15. Kapitel

Der Wandertag zur Babisnauer Pappel war mittlerweile Erinnerung. Eine Erinnerung, die in einer Fleißaufgabe festgehalten werden sollte, mit Zeichnungen und gepressten Pappelblättern und aufgeschriebenen Beobachtungen. So wollte Frau Schleiermacher es gern haben. Aber das hatte Zeit bis Sonntag, entschied Malwida.

Viel wichtiger war im Moment das Abmontieren der Türklinken. Malwidas Mutter und die Großmutter wollten die Tauschgegenstände bereitliegen haben für den großen Augenblick, wenn Herr Holtei glücklich wieder in Poyritz wäre und beladen mit Herrlichkeiten bei ihnen klingelte. Am Tag seiner Abreise und auch am folgenden hatte es bei den Meisenbugs kein anderes Thema gegeben als: »Was er wohl jetzt gerade macht?« oder »Ob er schon über die Grenze ist?« oder »Hoffentlich verträgt er die Hitze gut.«

Das Entfernen der Klinken war schwieriger, als sie es sich gedacht hatten. Zuerst hatten die drei Meisenbugs ihr Glück allein versucht. Fremde Hilfe in Anspruch zu nehmen bedeutete, dumme Fragen beantworten zu müssen. Abwechselnd hatten sie an den Schräubchen der Türklinken herumgepopelt und waren ihnen mit viel zu großen, völlig ungeeigneten Schraubenziehern zu Leibe gerückt.

Immer und immer wieder rutschte die grobe Kante des

Werkzeugs von den kaum sichtbaren Kerben der Schrauben ab. Wer nicht gerade dran war, stand daneben und gab gute Ratschläge. Kam die Reihe an einen selbst, nutzten einem die eigenen Ratschläge einen feuchten Kehricht.

Sie waren nur mit dem Allernötigsten bekleidet. Malwida hatte ihren Luftanzug vom Vorjahr an, der so knalleng saß wie eine Wurstpelle. Die alten Meisenbugs trugen ärmellose Kittelschürzen.

Das Stöhnen, Jammern und Fluchen nahm kein Ende. Das heißt, die Großmutter fluchte natürlich nicht. Und Malwida begnügte sich mit dem Wort »Mensch«, das man sowohl wütend zischen konnte (Mennschsch!) als auch herausbrüllen (Mennesch!!). Malwidas Mutter hingegen, die schon kaputt von ihrer Arbeit und der Hitze zu Hause ankam, fluchte, so drückte die Großmutter es aus, »wie ein Bierwagenfahrer«.

Kleinlaut und verzweifelt gaben sie Freitagabend auf.

Als Malwida am Sonnabend aus der Schule kam, hatte Herr Laube, der Schlosser, das Regiment übernommen. Die sieben Sammlerstücke, die außer Haus gehen sollten, lagen bereits säuberlich nebeneinander auf dem großen Esstisch im Wohnzimmer. Die Klinke von der Tür zum Zwischenstock prangte nunmehr an der Klotür.

»Bäumchen, Bäumchen, wechsle dich«, brummte Herr Laube, während er weitere Austauschaktionen vornahm. Malwida fragte sich, was ihm Memmi und Babbel wohl als Grund dafür angegeben hatten.

»Soll die hier auch ab?« Er rüttelte an der Verbindungstür

zwischen dem Schlafzimmer der Großmutter und dem Gartenvorsaal.

»Ja, freilich«, rief die Großmutter. »Wohin war die noch gedacht, Käthchen?«

»Wir können ja würfeln«, sagte Herr Laube sarkastisch. Seiner Miene war abzulesen, dass er am Verstand der Damen Meisenbug zweifelte.

»Die kommt an die zweite Tür vom Stübel.« Malwidas Mutter zog es vor, sich nicht mit Herrn Laube anzulegen.

»Ganz nach Belieben. Wie's verlangt wird. Von mir aus schraube ich Ihnen das Ding auch ans Nachtschränkchen. Sie müssen's nur sagen.«

»So ein unverschämter Patron«, schimpfte die Großmutter leise in der Küche. »Der kommt mir nie wieder ins Haus.«

»Lass ihn doch quatschen«, begütigte Malwida. »Denk dran, was wir für die Klinken alles kriegen. Ihr habt es ihm doch nicht etwa erzählt?«

»Gott behüte«, sagte die Großmutter.

Am Sonntag wurde genagelt. Damit wenigstens wurden sie selbst fertig. Malwida knüttelte die Wäscheklammern an die Bindfäden. Leider hatten sie nicht ausreichend lange Nägel zur Verfügung. Und von den Vorhandenen war die Hälfte schon mal benutzt gewesen und daher krumm. Malwida wurde mit der Kneifzange auf den Boden geschickt, um dort auszukundschaften, ob nicht irgendwo der eine oder andere Nagel herausragte.

»Auch wenn's ein rostiger ist – zieh ihn raus und bring ihn her!«

So emsig waren sie bei der Sache, dass die alten Meisenbugs noch nicht mal daran dachten, sich die »Friedenszeiten« ins Gedächtnis zu rufen, in denen man einfach in den Laden ging und Nägel verlangte. Und sie auch bekam.

Bis zum Abend waren sieben Türen der Wohnung mit Böhmischen Klohäusel-Verschlüssen ausgestattet.

»In außergewöhnlichen Zeiten muss man eben zu außergewöhnlichen Maßnahmen greifen«, fasste Malwidas Mutter die Familienmeinung zusammen.

Nach drei Tagen der Gewöhnung ging ihnen das »Bindfaden-über-den-Nagel-Hängen« und das »Bindfaden-vom-Nagel-Runternehmen« schon ganz flott von der Hand. Meistens allerdings ließen sie die betreffenden Türen lieber offen stehen.

»Bei der Affenhitze kann man ein bisschen Durchzug ganz gut gebrauchen.«

Mittwoch gegen sechs Uhr abends, die Sonne stand noch immer hoch am Himmel, schlenderte Malwida vom Baden nach Hause. Sie war mit Hildchen und Hermi Hahn-Hahn an der Elbe gewesen. Sie hatten nagelneue Luftkissen, von den jeweiligen Müttern aus Lumpen genäht. Die waren heute mit Glanz und Gloria eingeweiht worden.

Dass keine von ihnen einen Badeanzug besaß, war nicht so wichtig. Es gehörte zum guten Ton, dass man in Schlüpfern ins Wasser ging. Die wenigen Mädchen, die richtige Badeanzüge von ihren älteren Schwestern geerbt hatten, schämten sich dieser auffälligen bunten Hanswurst-Trikots und gingen auch lieber in Schlüpfern.

Hermi und Hildchen waren schon vor Malwida heimgegangen. Hildchen war auf einmal ganz weiß im Gesicht gewesen. Schlecht war ihr auch. Sie wies sogar die Bierflasche mit dem kalten Essigwasser zurück, als Malwida sie ihr anbot. Wenn Hildchen Hahn-Hahn etwas ablehnte, was man essen oder trinken konnte, musste es ihr wirklich mies gehen.

»Die hat 'n Sonnenstich«, prophezeite eine Frau auf der Nachbardecke.

Obwohl ihr das käseweiße, zitternde Hildchen ehrlich Leid tat, fand Malwida, dass die Sache auch ihre gute Seite hatte. Denn jetzt, wo Hermi Hahn-Hahn nicht mehr dauernd hinter ihr her war, um sie mit dem Kopf unter Wasser zu tunken, war es in der lauwarmen Brühe wie im Paradies.

Hermis Spezialität war, wenn sie ihr Luftkissen mal an Hildchen abgetreten hatte, sich mit ihrem ganzen Gewicht auf die friedlich paddelnde Malwida zu schmeißen. Worauf sie beide untergingen und Wasser schluckten und husteten. Hermi Hahn-Hahn war ein Ekel, eine Landplage, ein ganz heimtückisches Aas. Zu schade, dass Hildchen nicht ein Einzelkind war wie Malwida.

Kurz vorm Heimgehen war Malwida noch einmal im Wasser gewesen. Dann hatte sie den Luftanzug über die nassen Schlüpfer gezogen. Die Zöpfe, struppig wie nasse Katzenschwänze, kühlten ihren rot verbrannten Rücken. Unterm Arm trug sie eine alte Decke, ein altes Handtuch und das um die Wasserflasche gewickelte Luftkissen. Ab und zu schnüffelte sie an ihren Armen oder an einem der Zöpfe. Alles roch nach Elbe. Schlammig und brackig. Sie würde mit diesem Geruch ins Bett gehen. Nur die Füße musste sie sich waschen, da war Babbel sehr dahinterher. Durch das wochenlange Barfußgehen hatte sich auf den Fußsohlen eine dicke Hornhaut gebildet.

Als Malwida an der Telefonzelle vorbeikam, machte sie kurz die Tür auf und steckte den Kopf ins Innere. Hu! Ha! Wie der Backofen der Hexe Kaukau.

Das Eintauchen in den kalten Schatten der Gasse war ein Sondergenuss. Malwida suchte absichtlich die allerkältesten Pflastersteine, um ihre Füße daraufzusetzen. Das waren diejenigen, die am Fuße der Hausmauern lagen. Auf die fiel niemals je ein Sonnenstrahl.

Von der grellen Sonne so plötzlich in den Schatten gelangt, konnte Malwida zuerst gar nichts richtig wahrnehmen, nur farbige Flecken. Sie ging sehr langsam, dicht an den moosfeuchten Steinwänden entlang, um die Kühle auszukosten. Ebenso langsam schlich jemand die Gasse abwärts, Malwida entgegen. Als sie beide auf gleicher Höhe waren, ging ihr auf, wer das war. Bisher hatte sie ihn nie anders gesehen als in dem brokatenen Hausmantel von verblasstem Rot. Heute Abend aber war er mit einem weißen Anzug fein in Schale und hatte einen hellen Panama-Strohhut auf.

»Guten Tag, Herr Holtei!«

Herrn Holteis Bruder scheute wie ein Pferd. Er drehte

sich um und blickte verwirrt in ihre Richtung. Als begreife er nicht, woher jemand seinen Namen wusste. Als habe er sich für unsichtbar gehalten. Noch viel weniger schien er zu verstehen, wieso da ein Kind in einer Art rosa Hemdhose zu ihm hinrannte und ihm mit breitem Lächeln die Hand hinhielt. Er brauchte ein paar Sekunden, bis bei ihm der Groschen fiel.

»Oh, Malwida … unsere kleine Freundin! Sei mir nicht bös, dass ich dich nicht gleich erkannt habe. Das liegt wohl an deinem ungewohnt luftigen Kostüm. Dass du dich bei der mörderischen Hitze auf die Straße wagst! Solltest du nicht ein Hütchen oder so etwas aufhaben?«

Er griff nach ihrer Hand wie nach einem rettenden Strohhalm und ließ sie nicht mehr los. Da seine Hand schön kalt war, richtig eiskalt, hatte Malwida nichts dagegen.

Was mochte ihn dazu gebracht haben, nach drei Jahren auf einmal seine »Höhle« unterm Dach im Stich zu lassen und draußen herumzutapern? Bei dreißig Grad im Schatten? Babbel hatte den ganzen Tag die Fensterläden zugelassen und jeden für verrückt erklärt, der ohne zwingenden Grund den Schutz seiner vier Wände aufgab. (Hoffentlich erfuhr sie nichts von Hildchens Sonnenstich, sonst durfte Malwida bestimmt auch nicht mehr an die Elbe.)

Da fiel ihr ein, dass Herrn Holteis Bruder ja seit einigen Tagen allein war. Vielleicht waren dem Ärmsten die Lebensmittel ausgegangen? Aber er hatte nichts in der Hand, weder ein Einkaufsnetz noch eine Tasche.

Als habe er den Mut verloren weiterzugehen, starrte

Oberon Holtei dahin, wo der angenehme Schatten der Gasse endete und das Blendende, Grelle, schrecklich Heiße ihn überfallen würde. Es schien seine Kräfte zu übersteigen, den Weg allein fortzusetzen. Und nun, wo er eine vertraute Person getroffen hatte, klammerte er sich an ihr fest. Das heißt: an Malwidas schwitziger Pfote mit den kleinen Wellen an den Fingerspitzen, die vom stundenlangen Aufenthalt in der Elbe herrührten.

»Wollten Sie was einkaufen?«, fragte Malwida teilnehmend. »Es ist aber schon sechs durch. Hat alles zu. Was brauchen Sie denn?«

»Wie? Nein, nein ... etwas Derartiges hatte ich nicht vor. Ich wollte zum Bahnhof. Titus hat gesagt, er käme am Mittwochabend zurück. Heute ist doch Mittwoch, nicht?«

Malwida bestätigte es und gleich wirkte er viel ruhiger.

»Er wusste nicht genau, mit welchem Zug er eintreffen würde. Außerdem sollen die Züge jetzt immer mehrere Stunden Verspätung haben. Kein Verlass auf den Fahrplan. Jemand muss ihn abholen, sagte ich mir. Der arme Titus – wer weiß, in welcher Verfassung er sich befindet. Ich bin in schrecklicher Sorge. Das schwere Gepäck und diese Grenzgängerei ... Wälder und Unterholz ... Hoffentlich hat er keinen Hitzschlag erlitten. Ich habe mich also aufgemacht, um ihn abzuholen. Um ihm Beistand zu leisten, so gut ich kann.«

Die ganze Zeit standen sie mitten auf der Gasse. Keine Seele kam vorbei; jeder vernünftige Mensch hielt sich im Hause auf. Nur die Vögel hatten überall in den Gärten wieder angefangen zu flöten und zu zwitschern, nachdem sie am Tag in irgendwelchen Schlupfwinkeln gedöst hatten.

Die Vögel des Meisenbug-Gartens würden als Erstes über den Süßkirschbaum herfallen, ging es Malwida durch den Sinn. Sie würden kontrollieren, wie viele Kirschen seit gestern reif geworden waren. Das war eigentlich auch Malwidas Absicht gewesen. Leicht ungeduldig ruckelte sie an ihrer Hand, um sie aus der nach wie vor eiskalten Hand von Herrn Holteis Bruder freizubekommen.

»Ich muss gestehen, ich habe nicht die leiseste Ahnung, mit welchen Straßenbahnen ich zum Hauptbahnhof gelangen kann. Weißt du es? Es sind doch jetzt sicher andere als vor dem … als vor drei Jahren.«

Hilfe suchend blickte Oberon Holtei auf Malwida herunter. Konnte es sein, dass er Angst hatte, allein in die Stadt zu fahren?

Bereitwillig sagte Malwida ihm alles, was er wissen musste: Wo man von der Linie Achtzehn in eine andere Linie umzusteigen hatte und in welche. Sie kannte den Hauptbahnhof auch nur vom Abholen. Zweimal im Jahr, im August und am Heiligabend, fand das große Ereignis statt. Zappelig vor lauter Vorfreude saßen Malwidas Mutter und Malwida dann im Wartesaal, klapperten alle Viertelstunden den Bahnsteig ab und begaben sich in den Wartesaal zurück.

Letzte Weihnachten allerdings waren sie nach fünf Stunden Ausharren wieder heimgefahren, mit Eisklumpen an den Füßen und vor Frost stechenden Fingerspitzen. Schneeverwehungen, hatte es geheißen. Erst am Spätnachmittag war

Tante Edith dann abgekämpft in der »Bruchbude« eingetroffen.

Ein seltsames Gefühl machte Malwida zu schaffen. Einerseits lockte der Süßkirschbaum. Es lockte die Wahrscheinlichkeit, trotz Babbels Wachsamkeit ein paar bereits rote Kirschen stibitzen zu können. Andererseits spürte sie die Gegenwart eines unsichtbaren Herrn Holtei, der sagte: »Kümmere dich ein bisschen um Oberon, wenn ich nicht da bin.«

»Ich muss jetzt rein«, sagte Malwida und zerrte an ihrer Hand, bis sie losgelassen wurde.

»Ja gewiss, natürlich. Ich halte dich auf. Das war nicht beabsichtigt.«

Herrn Holteis Bruder wollte ihr zulächeln, brachte aber bloß eine angstverzerrte Grimasse zustande. Er hatte genau solche Augen wie das Äffchen von dem Leierkastenmann, der im Frühling vor den Haustüren gespielt hatte.

»Nun, dann – auf in den Kampf, Torero!« Er lüftete den Panamahut und setzte sich mit forschen Schritten in Bewegung, hinaus in die Hitze, die Sonne, zur Straßenbahnhaltestelle. Hinaus in die seit drei Jahren gemiedene Welt.

Am Hoftor drehte Malwida sich noch einmal um. Sobald er glaubte, sie könne ihn nicht mehr beobachten, war Oberon Holtei in sein zaghaftes Schlurfen und Schleichen zurückgefallen.

Jemand musste sich um ihn kümmern, das war klar. Es würde zwar unheimlichen Ärger geben, aber es ging nicht anders.

Malwida versteckte ihr Deckenbündel in der finstersten

Ecke des finsteren Hausflurs; dort wo vor ein paar Monaten die tote Ratte gelegen hatte. Dort war es sicher; auch vor den neugierigsten Blicken.

Mit voller Kraft sauste sie hinter Herrn Holteis Bruder her. Bei der Schmiede holte sie ihn ein. Höchste Eisenbahn, denn im Leitungsmast glühte das rote Lämpchen, das immer anging, wenn die Straßenbahn die vorherige Haltestelle verließ.

»Ich geh mit.«

»Du bist ein gutes Kind.« Er nahm sie an der Hand, als wäre sie erst fünf Jahre alt, und wirkte auf einmal ganz aufgeräumt. »Heil sei dem Tag, an welchem du bei uns erschienen; dideldum, dideldum, dideldum. Willst du dir nicht lieber ein Röckchen oder so was überziehen? Und ein paar Sandalen?«

»Geht nicht.« Malwida schüttelte entschieden den Kopf. »Dann sehen sie mich und lassen mich nicht mehr weg. Es ist nur dumm, dass sie jetzt vielleicht denken, ich wäre in der Elbe abgesoffen.«

»Nein, das kann ich unmöglich verantworten!« Entsetzt machte ihr Begleiter Halt.

»Die Bahn, die Bahn!«, rief Malwida. »Können Sie rennen? Ich hab aber keine Monatskarte dabei, Sie müssen für mich bezahlen.«

Ausnahmsweise setzte sie sich diesmal ins Wageninnere. Sie wollte ihren Schützling nicht alleine lassen. Außerdem drückte sie etwas an der Fußsohle. Sie drehte den Fuß zum Licht und untersuchte seine hornige dreckschwarze Unterseite. Befriedigt polkte sie den Übeltäter heraus.

»Eine Reißzwecke!« Herrn Holteis Bruder konnte es nicht fassen. »Du bist ja schon ein halber Fakir. Das sind indische Bußfanatiker, die sich nie waschen und ständig auf Nägel sitzen, ohne Schmerz zu verspüren.«

Ansonsten war er nicht sehr gesprächig. Er schaute nur aus dem Fenster, wendete den Kopf bald nach rechts, bald nach links.

Nach einer Viertelstunde mussten sie umsteigen. Nun reihte sich entlang der Strecke Ruine an Ruine, Schuttberg an Schuttberg. Stehen gebliebene Hausfronten, hinter denen nichts war. Ab und zu ein bewohntes Untergeschoss. Wild grünende Villengrundstücke, deren Villen verschwunden waren.

Oberon Holtei atmete qualvoll. Bei jedem neuen Schock quetschte er Malwidas Hand, als müsste er einen Schmerz aushalten. Manchmal flüsterte er: »Wo ist das? Was war das für eine Straße?«, und versuchte sich selbst die Antwort zu geben.

Bei der Bahnhofsauskunft erfuhren sie, dass der Zug, mit dem Herr Holtei möglicherweise ankommen könnte, frühestens in zwei Stunden zu erwarten sei, wahrscheinlich jedoch erst in vier Stunden einträfe.

»Steht ja ab der Grenze meistens nur ein Gleis zur Verfügung. Das zweite haben die sowjetischen Brüder abmontiert.«

Malwida zeigte Herrn Holteis Bruder, wo der Wartesaal war, aber dort hielt er es nicht lange aus. Sie fing spöttelnde Bemerkungen auf, die seinem weißen Anzug galten. Niemand trug so etwas. Und keiner der anwesenden Männer hatte einen Panamahut auf. Dazu kam: Die Luft im Wartesaal brodelte vor Hitze und Gestank.

»Komm, setzen wir uns draußen auf eine Bank«, drängte Malwidas Begleiter. Malwida war überzeugt, dass sie keine finden würden, denn Bänke waren meist aus Holz. Die waren längst verheizt worden. Sie behielt Recht.

Dafür gab es im Umkreis des Bahnhofs ordentlich aus Trümmersteinen geschichtete Haufen in großer Anzahl. Sie wählten einen, von dem sie die Bahnhofsuhr im Blickfeld hatten. Herrn Holteis Bruder breitete sein Taschentuch unter die weiße Hose. Dann hing er seinen Gedanken nach.

Malwida probierte die zwischen den Trümmern sprießenden Grashalme aus, ob man auf ihnen fietschen konnte. Es funktionierte nicht. Sie waren zu schmal. Als ihr das Schweigen unbehaglich wurde, suchte sie nach einem netten Gesprächsstoff.

»Haben Sie Ihrem Bruder auch eine Wunschliste mitgegeben?«

»Eine was?«

»Na, einen Zettel, auf dem geschrieben steht, was er aus Würzburg mitbringen soll«, erläuterte Malwida.

»Ach so. Nein. Titus weiß selber am besten, was wir nötig haben. Hoffentlich hat er die Reise gut überstanden. Lass uns lieber wieder auf den Bahnsteig gehen. Frierst du nicht, so halb nackt, wie du bist?«

Dass er so was fragen konnte, wo bestimmt noch immer fünfundzwanzig Grad waren. Ob sie Hunger hätte oder eine

Brause wollte, fragte er nicht. Memmi und Babbel hatten nun ohne sie Abendbrot gegessen.

Schüchtern erkundigte sich Malwida: »Sie haben nicht zufällig Ihre Lebensmittelkarten dabei? Im Wartesaal gab es Bockwurst.«

Herrn Holteis Bruder bedauerte. »Weißt du, unsere Karten verwaltet der gute Titus. Ich könnte dir noch nicht mal sagen, wo er sie aufbewahrt. Wo kriegen wir nur etwas zu essen für dich? Eventuell kann ich die Bedienung im Wartesaal dazu verführen, uns ein Würstchen ohne Marken abzulassen. Komm mit.«

»Vielleicht erst mal eine Brause?«, schlug Malwida vor. Alles musste man ihm sagen; von den einfachsten Dingen hatte er keine Ahnung. Vorhin, als sie den Bahnhof umrundeten, hatte er zum Beispiel etwas gesucht, das er »Taxi-Stand«, nannte. Autos zum Mieten sollten das sein, so jedenfalls erklärte er es. Und als Malwida ihn gutmütig auslachte – Autos zum Mieten, also wirklich! –, schwor Herrn Holteis Bruder hoch und heilig, schon unzählige Male in einem solchen »Taxi« gefahren zu sein.

Die unwirsche Abfuhr, die die Büffet-Frau im Wartesaal ihm erteilte: »Bockwurst ohne Marken? Schön wär's. Sie leben wohl auf dem Mond?«, machte ihn noch verstörter, als er es ohnehin schon war. Malwida hatte ihre liebe Not, ihn halbwegs wieder aufzuheitern. Sie rülpste, als ihr die Brause aufstieß, worüber sonst immer alle lachten. Sie gähnte und erzählte ihm von »Galla-galla« und »Rawau, rawau, oh waia-waia«. Sie sagte ihm das Bruchstück des

Märchens vom Zaren Saltan auswendig her. Mitten in der Beschreibung von Lulu Wesendonks Postkarten wurde die Ankunft des Interzonenzuges gemeldet. Noch nicht mal drei Stunden Verspätung.

Die Türen der Waggons platzten auf wie von einem unerhörten Druck befreit. Im Handumdrehen war der Bahnsteig ein einziges Gewimmel. Gepäckstücke und Kinder wurden aus den Fenstern gereicht und in dem Getöse aus Rufen und Kreischen, aus Lokomotivenpfiffen und Lautsprecherdurchsagen verstand man das eigene Wort nicht mehr.

Oberon Holtei und Malwida fanden sich eingekeilt in Mauern aus Menschenleibern und Bastionen aus Koffern und Rucksäcken und sperrigen Gegenständen. Herrn Holteis Bruder vollführte Drehungen wie ein Balletttänzer. Er wippte auf den Zehenspitzen, um über die Köpfe der Menge hinwegzuspähen.

»Titus!«, versuchte er den Lärm zu überschreien. »Titus, hierher!«

Malwida riss ihn am Ärmel; er schien es gar nicht zu bemerken. Immer häufiger wurden sie angerempelt, weil sie als Einzige unbeweglich stehen blieben und ein Hindernis bildeten. Zweimal schon war jemand Malwida auf die nackten Zehen getreten.

»Wollen wir nicht lieber am Ausgang auf ihn warten?«, brüllte sie.

Er reagierte nicht. Ab jetzt lag die Verantwortung bei ihr. Sie musste seine Hand packen und er ließ es geschehen, dass sie vom Strudel der Ausgestiegenen mitgerissen wurden, dem Ende des Bahnsteigs zu. Malwida sah, dass ihrem Schützling Tränen übers Gesicht liefen. Er zitterte am ganzen Körper.

»Er ist nicht im Zug gewesen. Ihm ist etwas passiert, ich spüre es.«

Sie postierten sich an der Sperre. Mit angespanntem Blick überflog Malwida die Vorbeiströmenden auf Ähnlichkeiten mit Herrn Titus Holtei. Alle wirkten alt und grau und erschöpft und allen hingen schweißverklebte Haarsträhnen in die Stirnen. Kleine Kinder, die im Zug geschlafen hatten, stolperten zu dieser späten Stunde über die eigenen Beine und greinten vor sich hin.

Es dauerte lange, bis der Bahnsteig geleert war. Malwida hatte nun doch kalte Füße bekommen. Sie war auf einmal schrecklich müde und fröstelte in ihrem dünnen Luftanzug. Sie bibberte geradezu. Das machte die viele Sonne, die sie an der Elbe abbekommen hatte.

»Herr Holtei«, mahnte sie schließlich, »wir müssen wieder nach Hause fahren, Herr Holtei. Diese Nacht kommt kein Zug aus der Ami-Zone mehr an.«

»Lass uns ein Taxi nehmen«, sagte Oberon Holtei mit erloschener Stimme.

Malwida äußerte sich nicht dazu. Sie führte ihn zur Straßenbahnhaltestelle. Aus dem Bahnhof hinaus führte sie ihn, in das warme Dunkel des Juliabends, das erfüllt war vom Braunkohlenrauch der Lokomotiven.

Eine einzige kümmerliche Laterne warf einen schwachen Lichtkreis auf den Vorplatz. Um so deutlicher sah man die erleuchteten Wagen einer Straßenbahn, vor deren Einstiegen sich die Reisenden stießen und prügelten, um noch hineinzukommen, obwohl sie längst überfüllt war.

16. Kapitel

Einer von denen, die zurückgedrängt wurden, geriet durch einen besonders groben Puff ins Taumeln. Sein schwerer Rucksack gewann das Übergewicht und hätten zwei Frauen nicht zugegriffen, wäre er unweigerlich zu Boden gestürzt.

Die Schaffnerin blies in ihre Trillerpfeife. Die Bahn fuhr an, während auf den Trittbrettern der offenen Einstiege Trauben von Tollkühnen sich an die Haltegriffe klammerten. Die Schaffnerin gehörte zu ihnen. Es blieb ihr nichts anderes übrig, wollte sie nicht an der Haltestelle stehen bleiben.

Malwida wurde mulmig zumute. Wie sollten sie unter solchen Bedingungen nach Hause kommen? Sich selbst noch mit hineinzuquetschen, traute sie sich zur Not zu; aber mit Oberon Holtei im Schlepptau? Die Straßenbahnen fuhren nur bis halb eins in der Nacht; das hatte sie mal irgendwo aufgeschnappt. Dann trat eine Pause ein bis früh um fünf.

Auf der Bahnhofsuhr war es zehn Minuten vor Mitternacht. Selbst wenn sie in der nächsten Straßenbahn einen Platz ergatterten, war es fraglich, ob sie an der Umsteigehaltestelle die letzte Linie Achtzehn noch erwischten. Und selbst wenn sie sie erwischten – Punkt acht schloss Memmi die Haustür ab.

Sie würde an der Ziehklingel schellen müssen. Oben, im

Abort, würde dann die Glocke läuten: Bemm-bellebemm-bellebemm! Mitten in der Nacht. Das ganze Haus würde aufwachen und sie im Luftanzug unterm Vordach des Haupteingangs stehen sehen.

»Ist das nicht die Malwida von Meisenbugs? Wo kommt sie denn jetzt her? Dass die nicht besser auf ihr Kind aufpassen. Schöne Sitten sind das.«

Es würde furchtbar sein. Und noch furchtbarer werden, wenn sie Memmi und Babbel erst Auge in Auge gegenüberstand.

Mit der Unterstützung von Herrn Holteis Bruder rechnete sie besser nicht. Es würde auch wenig nützen, wie sie die alten Meisenbugs kannte. Bedrückt schaute sie an dem weißen Anzug hoch, der neben ihr stand: herabhängende Arme, gesenkter Kopf. Kümmere dich um Oberon ... Das hatte sie nun davon.

Urplötzlich straffte sich die zusammengesunkene Gestalt und Herrn Holteis Bruder begann zu schniefen. Er schniefte immer heftiger. Weinte er etwa wieder?

Was war ihm denn jetzt eingefallen? Wie von der Tarantel gestochen boxte er sich zwischen den Leuten an der Haltestelle durch, bis er an der Bordsteinkante angelangt war. Er scherte sich nicht um das empörte He, he! und die wenig freundlichen Bezeichnungen. Wie von Sinnen hob er die Arme und stürzte sich auf jenen Mann, der vorhin so brutal vom Trittbrett heruntergeschubst worden war. Der mit dem schweren Rucksack.

»Titus! Titus! Du bist also doch mitgekommen!«

Der Mann mit dem schweren Rucksack schwankte unter der Umarmung. Er begriff nicht gleich, was ihm da widerfuhr. Er machte einen restlos erledigten und klapprigen Eindruck. Aber schon im nächsten Augenblick warf auch er seine Arme um den vermeintlichen Angreifer.

»Oberon! Wo kommst du denn auf einmal her? Dass du mich abholst … Nein, dass du mich abholst …«

Ein Stein, ach was, ein ganzes Elbsandsteingebirge rumpelte Malwida von der Seele. Vielleicht wurde jetzt ja noch alles gut. Oder wenigstens nicht gar so schlimm. Sie schlängelte sich zwischen den Wartenden hindurch, bis sie bei den Brüdern war.

Es dauerte ein Weilchen, ehe Herr Holtei auch sie bemerkte. Noch immer ganz gerührt, weil man ihn abgeholt hatte, streichelte er Malwidas Gesicht.

»Sieh an, Malwida. Warst du Oberons Schutzengel? Braves Mädchen, braves Mädchen.«

Er staunte nicht ein bisschen, dass sie sich um Mitternacht auf dem Hauptbahnhof herumdrückte. Er schien es für ganz natürlich zu halten. Sein Kinn und die Wangenfalten waren mit weißen Bartstoppeln übersät.

Wie mit neuem Leben erfüllt, sah Oberon Holtei sich um. Seine Augen funkelten putzmunter.

»Das ist ja selbstmörderisch, diese Kämpfe um einen Stehplatz in der Straßenbahn. Schlimmer können sie sich auf der Titanic auch nicht um die Rettungsboote gekloppt haben. Ich werde uns ein Taxi besorgen. Rührt euch nicht von der Stelle.«

Malwida tauschte einen Vater-und-Mutter-Blick mit Herrn Holtei. Sie schnitt eine entschuldigende Grimasse.

»Warte Oberon«, sagte Herr Holtei mit der gütigsten Stimme, die Malwida je gehört hatte. »Warte, mein Lieber. Weißt du, vorübergehend sind alle Taxis eingezogen. Kein Benzin.«

»Ach, deshalb«, sagte sein Bruder. »Ich hatte vorhin schon danach gesucht und mich gewundert, dass ich kein einziges entdecken konnte. Na, dann werden wir eben die nächste Bahn entern. Mit Haken und Beilen und dem Messer zwischen den Zähnen. Haltet euch nur immer schön hinter mir.«

Da er im Gegensatz zu den Leuten aus dem Zug von keinerlei Gepäckstück behindert wurde, brachte er tatsächlich das Kunststück fertig. Er setzte seine Ellenbogen ein wie Streitäxte und stieß mit den Knien wie ein Schuljunge. Für eine halbe Minute gelang es ihm, sich im erbitterten Handgemenge zu behaupten. Er verhakte den einen Arm am Haltegriff und zerrte mit der freien Hand an der ausgestreckten Hand seines Bruders, bis ihm die Schläfenadern anschwollen. Herr Holtei wiederum hatte eine Hand in Malwidas Luftanzug gekrallt und schrie in einem fort: »Achtung, das Kind, zerdrücken Sie mir nicht das Kind!«

»Mensch, haben wir Schwein gehabt«, keuchte Malwida. Sie balancierte auf einem Bein, um wenigstens die Hälfte ihrer Zehen in Sicherheit zu bringen. Umkippen konnte sie jedenfalls nicht. »Das war die allerletzte Bahn. Sonst hätten wir auf der Bahnhofsmission übernachten müssen.«

Viertel nach eins kamen sie bei der »Bruchbude« an.

In der schwarzen Fassade war oben links ein Fenster erleuchtet. Die Küche.

»O weia«, flüsterte Malwida, »o weia.«

Herr Holtei legte ihr beruhigend die Hand auf den Nacken.

»Natürlich erklären wir alles. Wie es dazu gekommen ist. Denkst du, wir lassen eine Freundin wie dich im Stich? Hoffen wir auf Verständnis. Der Inhalt des Rucksacks wird das Seinige tun.«

Dann griff er in die Schlaufe der Ziehklingel und zog kräftig am Draht. Bemm-bellebemm-bellebemm!

Als habe oben jemand die ganze Zeit Wache gestanden, wurde noch während des Läutens eins der dunklen Korridorfenster aufgestoßen und eine heisere Stimme krächzte herunter: »Malwida? O Gott, bist du das? Dem Himmel sei Dank.«

Im Korridor wurde es hell. Im Treppenhaus wurde es hell. Lauter goldene Vierecke aus Licht fielen in den Hof. In wilden Sprüngen jagte jemand die Stufen herab, so schnell die Pantoffeln es zuließen. Der hundeknochengroße Hausschlüssel wurde ins Schloss gerammelt und Malwidas Mutter fuhr wie ein Stoßvogel aus der Tür. Sie hatte ganz zugeschwollene Augen.

Nachdem sie sah, dass ihr Kind auf seinen eigenen Beinen stand und offensichtlich heil und gesund war, schlug die ausgestandene Angst in Wut um. Malwida wurde bei den Schultern gepackt und gerüttelt, dass ihr die Zähne aufeinander krachten. Vorsichtshalber winkelte sie den rechten Arm an und hielt ihn schützend vors Gesicht. Gegen Memmis Tobsuchtsanfälle konnte man nichts unternehmen, das wusste Malwida aus Erfahrung. Und diesmal lag ein wirklich ernster Grund vor. Etwas sehr viel Schwerwiegenderes als der verschenkte Flieder.

»Wie konntest du uns das antun! Weißt du, wie verzweifelt wir waren? Niemand wusste was von dir, kein Mensch hatte dich gesehen. Man musste ja das Schlimmste annehmen! Vor drei Stunden hab ich dich bei der Polizei als abgängig gemeldet.«

Malwidas Begleiter räusperten sich verlegen. Sie waren nicht sehr erfahren im Umgang mit wütenden Frauen.

»Wer sind Sie denn?«, schnauzte Malwidas Mutter. »Haben Sie was mit ihr gemacht? Oder haben Sie sie bloß aufgelesen?«

»Weder noch, liebe Frau Meisenbug«, sagte Herr Holtei würdig. »Ich bin zwar etwas mitgenommen von den Strapazen der Bahnfahrt, aber da wir uns erst vor wenigen Tagen gegenübergesessen haben, darf ich vielleicht hoffen, Sie erkennen mich wieder. Holtei ist mein Name. Und dies hier ist mein Bruder Oberon, unter dessen Schutz Malwida die ganze Zeit gestanden hat. Sie ist in keiner Minute in irgendeiner Gefahr gewesen.«

Oberon Holtei besann sich auf die glättende Wirkung guter Manieren. Nun, da er Titus wohlbehalten an seiner Seite wusste, war er imstande, in die Situation einzugreifen.

Er sagte: »Guten Abend, gnädige Frau«, und lüftete mit

anmutigem Schwung seinen Panamahut. »Ich bin erfreut, endlich auch einmal Ihre Bekanntschaft machen zu dürfen.«

Verblüfft schaute Malwidas Mutter auf die Erscheinung im weißen Anzug, mit der blauseidenen Fliege am weißen Hemd und dem Kavalierstaschentuch, ebenfalls blauseiden, das aus der Brusttasche zipfelte.

»Guten Abend«, sagte sie unwillkürlich, obwohl man eigentlich bereits Guten Morgen hätte sagen müssen.

»Sehen Sie, liebe Frau Meisenbug, die Schuld liegt ganz allein auf meiner Seite. Für meine Gedankenlosigkeit, unsere kleine Freundin Malwida zum Abholen mit auf den Bahnhof geschleppt zu haben, gibt es keine mildernden Umstände. Ich hätte wissen müssen, dass der Zug drei Stunden später eintreffen würde. Ich kann nur sagen: Bitte vergeben Sie mir. Reichen Sie mir die Hand.«

Und Malwidas Mutter reichte ihm die Hand. Ihr hatte es die Sprache verschlagen.

»Ich war völlig überrumpelt«, beschrieb sie es später der Großmutter. »Ich kam mir vor wie in der Oper. Er hat mir doch tatsächlich die Hand geküsst!«

»Liebe Frau Meisenbug«, mischte sich nun Herr Holtei wieder ein, »wenn ich nicht bald den Inhalt meines Rucksackes ausleeren darf, breche ich zusammen, hier wo ich stehe. Ich wollte Sie morgen Vormittag aufsuchen, aber da Sie ohnehin noch wach sind, haben Sie wohl nichts dagegen …«

Malwida bemerkte mit Genugtuung, dass nach Herrn Holteis Worten ein Irrlichtern in Memmis Augen erwachte.

Wer weiß – am Ende kam sie doch noch um den Teppichklopfer herum.

Ohne sich an seinen schwachen Protest zu kehren, nahm Malwidas Mutter Herrn Holtei den Rucksack von den Schultern und buckelte ihn sich selber auf.

»Nein, nein, Sie haben ihn jetzt lange genug getragen.«

»Käthchen, ist alles in Ordnung mit Malwida?«, rief die Großmutter von oben. »Soll ich runterkommen? Brauchst du Hilfe?«

Die arme Babbel – wie ein Häufchen Unglück stützte sie sich auf das Geländer der Galerie. Malwida stürmte, immer zwei Stufen auf einmal, zu ihr hinauf und wurde gleich befühlt und betastet.

»Du bist ja eiskalt«, war alles, was die Großmutter herausbrachte. Ihr Kinn bebte und wackelte.

Keiner dachte in dieser Stunde daran, die Glühbirnen zu schonen. Hausflur, Korridor, Küche und nun auch das Wohnzimmer – bei den alten Meisenbugs herrschte Festbeleuchtung. Und das um halb zwei in der Nacht. Falls einer der Hausbewohner von dem Läuten zufällig wach geworden war (etwa die alte Hahn-Hahn) und, von Neugier getrieben, ans Fenster trat, mochte er herumrätseln, was das wohl zu bedeuten hatte. Normalerweise waren solche außerordentlichen Illuminationen nur bei Unglücksfällen üblich.

Als erstes schrubbte Herr Holtei sich am Küchenausguss die Hände mit der grauen Schwimmseife. Dann schnürte er feierlich den Rucksack auf und stellte das Zylinderfutteral von Großvater Meisenbug auf den Wohnzimmertisch.

»Darin sind die Eier. Ich kann nur beten, dass keins kaputtgegangen ist. Das da ist ein Pfund Sahnequark. In der Igelitdose ist die Butter. Eine Büchsenmilch … ein Pfund Bohnenkaffee … ein Paar Kinderschnürstiefel Größe 36 …«

Malidas Mutter schnappte sie sofort vom Tisch.

»Guck weg, die kriegst du erst zum Geburtstag. Das ist was für den Winter.«

»… ein Päckchen Kakao … drei weiße Semmeln, etwas altbacken inzwischen … ein Kilo Weißzucker … ein Kilo weißes Mehl. Weintrauben waren leider keine aufzutreiben, die sind noch nicht reif. Ich habe mir erlaubt, sie durch ein Bündel Bananen zu ersetzen. Ach, und hier, im Pergamentpapier, das ist ein Stück geräucherter Schinken. Gekochter wäre bei der Hitze zu riskant gewesen. So, ich glaube, das war alles. Der Rest ist für Oberon und mich. Ein ordentlicher Vorrat an echtem Darjeeling, Socken und so weiter.«

Malwidas Gesicht war immer länger geworden. Sie konnte ihre Enttäuschung nicht zurückhalten.

»Und meine Rolle Drops? Ich denke, du hattest sie extra aufgeschrieben, Memmi?«

»Sei nicht so unverschämt«, zischte ihre Mutter.

Doch Herr Holtei war schon bis über den Kopf im Rucksack verschwunden. Er wühlte darin herum, er grub und bohrte mit den Fingern in allen Falten.

»Ich weiß genau, dass ich … an diesem kleinen Kiosk, da waren sie billiger … Na, wer sagt's denn? Da ist sie.«

Malwida bedankte sich. Sie machte sogar einen Knicks.

Die Großmutter war gegen Ende der Bescherung hinausgegangen und kam mit einem alten Paketkarton wieder.

»Hier, bitte schön. Sieben Paar Türklinken, wie ausgemacht.«

Die alten Meisenbugs standen nebeneinander. Angesichts der Dinge auf dem Wohnzimmertisch kam ihnen das, was sie dafür zu geben hatten, mit einem Mal schäbig vor. Und sie genierten sich wegen dieser Schäbigkeit vor Herrn Holtei und seinem Bruder.

Doch keiner von beiden schien zu finden, dass man sie übervorteilt hätte. Der Karton wurde in den Rucksack gestopft.

»Sie müssen mich entschuldigen, ich will nur noch ins Bett«, sagte Herr Holtei mit matter Stimme, während sein Bruder den Rucksackriemen über eine Schulter schwang. »Es war alles reichlich anstrengend für so einen alten Knaben wie mich.«

Die Festbeleuchtung wurde ausgeknipst und die »Bruchbude« war nun so finster wie alle anderen Häuser der Gasse. Nur im Wohnzimmer brannte das Licht auch weiterhin. Aber die Wohnzimmerfenster gingen nicht auf die Straße hinaus.

Obwohl es mittlerweile nach zwei Uhr war und sie schon die Nachthemden anhatten, konnten die alten Meisenbugs sich nicht vom Anblick der Hühnereier, der guten Butter, des Schinkens und des Bohnenkaffees trennen. Eigentlich hätte das meiste in den Zwischenstock hinuntergeschafft werden müssen, wo die Temperatur nie über fünfzehn Grad stieg und wo auch der Fliegenschrank stand.

Malwidas Mutter kam mit drei Tellern aus der Küche, hatte auch Bestecke nicht vergessen.

»Was nützt das schlechte Leben? Ich sterbe, wenn ich den Sahnequark nicht auf der Stelle probieren darf.«

»Die schönen weißen Semmeln sind morgen früh noch altbackener«, sagte die Großmutter. Sie schnitt eine davon auf und strich sich gute Butter auf jede Hälfte. Anfangs sparsam und bescheiden, dann immer dicker.

»Mal wieder so richtig pflastern.« Sie lachte verschämt. Dann säbelte sie zwei hauchdünne Scheiben von dem Schinken ab und belegte die Brötchenhälften auch noch damit.

»Was nützt das schlechte Leben! Jetzt noch eine Tasse Bohne dazu – das wäre der Gipfel der Völlerei.«

»Wasser ist schon aufgesetzt«, verkündete Malwidas Mutter mit vollem Mund. Sie hatte eine der Bananen in ein Schüsselchen Sahnequark geschnippelt und stach mit der Gabel gierig hinein.

Die alten Meisenbugs brachen in Gelächter aus und hätten sich beinah verschluckt.

»Malwida, bist du mal so lieb und holst die Kaffeemühle her?«

Es war wie ein Fest. Nein, nicht wie. Es *war* ein Fest. Malwida hatte noch nie in ihrem Leben so lange aufbleiben dürfen. Dass sie alle drei zu solch verrückter Stunde im Nachthemd am Tisch saßen und Schlaraffenland spielten – nie würde sie das vergessen.

Sie hatte in jeder Backe einen Drops und wälzte den süßen Speichel im Mund herum. Zwar hatte sie ziemlichen Hunger

– ihr ganzes Abendbrot hatte in einem Glas Brause bestanden –, aber ehrlich gesagt, wäre ihr jetzt ein Teller Bratkartoffeln lieber gewesen. Ihretwegen auch Kürbissuppe oder Rotzfädelsuppe. Dieses Zeug – Schinken, Bananen, Sahnequark – wer weiß, wie das schmeckte.

Sie zog eine Schnute und schüttelte den Kopf, sooft die alten Meisenbugs ihr auch davon anboten, es ihr regelrecht aufdrängten.

»Was der Bauer nicht kennt, frisst er nicht«, bemerkte Babbel weise. Sie schmierte sich schon die zweite Schinkensemmel und leierte zwischendurch die Kurbel der Kaffeemühle.

»Jetzt koste mal! Oder du gehst ins Bett«, verlangte die Mutter und stellte einen Teller mit Sahnequark, Bananenscheibchen und einer halben Gute-Butter-Schinken-Semmel vor Malwida hin.

Babbel hatte das kleine Schubfach mit dem gemahlenen Kaffee aus der Mühle gezogen und konnte nicht satt werden, daran zu riechen. Sie schnupperte und schnupperte.

»Dagegen kommt kein Parfüm der Welt an, da kannst du sagen, was du willst, Käthchen.«

»Sag ich denn was?«, erwiderte Malwidas Mutter. »Kuck doch! Kuck bloß, wie unser Küken schnabuliert. Jetzt ist sie auch auf den Trichter gekommen, was gut schmeckt. Ratet mal, was es gleich noch gibt.«

In jodelndem Ton sang sie: »Rühreier!«

Sie aßen und aßen. Und die alten Meisenbugs tranken jede drei Tassen Bohnenkaffee und kippten Dosenmilch hinein und Löffel voll mit weißem, ganz feinkörnigem Zucker.

Irgendwann, es wurde schon hell hinter den Fensterscheiben, kroch Malwida in den Lehnsessel und schlief ein. Von einer Sekunde zur anderen. Ihre ungewaschenen pechschwarzen Füße hatte sie auf den Sitz gezogen.

17. Kapitel

Wenn es Schwestern zum Aussuchen gäbe, hätte Malwida liebend gern eine gehabt, mit der sie sich so verstand wie Memmi mit Tante Edith. Da man aber auch Pech haben konnte wie zum Beispiel Hildchen Hahn-Hahn mit Hermi, war es schon besser, das einzige Kind zu sein.

Tante Edith hatte zwei Wochen Urlaub pro Jahr. Die nahm sie regelmäßig im August und besuchte ihre Schwester Käthchen, ihre Nichte Malwida und die Schwiegermutter ihrer Schwester.

»Im August ist der Garten am schönsten«, sagte sie und stellte den Liegestuhl mitten auf den Rasen. Oder hinten auf die Aussichtsterrasse. Mal in die pralle Sonne, mal in den Schatten. Im Halbkreis um den Liegestuhl waren Bücher mit Lesezeichen, ein Aschenbecher, das Zigarettenetui, das Feuerzeug, ein kleines Lacktablett mit einem rosa Gläschen und eine Flasche mit Schnaps oder Likör angeordnet. Oder besser: verstreut.

»Fast wie in Gardone; bloß dass die Palmen fehlen.«

Früher, vor der Zeit, an die Malwida sich erinnern konnte, war Tante Edith im Urlaub jedes Jahr anderswohin gereist. Die Namen dieser Orte hatten einen Sonderplatz in Malwidas Gedächtnis. Außer Gardone gab es noch Misdroy und die Marmolada, das Hefelekar und Reval, Belaggio, das Kleine Walsertal und die große Nordmeer-Kreuzfahrt.

Dass sie nun seit Jahren lieber zu ihnen kam, in die »Bruchbude«, dafür konnte Malwida dem Schicksal nicht dankbar genug sein.

Damit sie auch für Weihnachten noch ein paar Tage rausschinden konnte, sammelte Tante Edith fleißig Überstunden in ihrer Klinik. Weihnachten ohne Edith – das hätten sich alle drei Meisenbugs nicht vorstellen können.

Sobald Tante Edith eine Fuß in die »Bruchbude« setzte, wehte dort ein frischer Wind. Dass Malwidas Mutter ihren Urlaub zur gleichen Zeit nahm, war selbstverständlich. Sie und Tante Edith redeten sich nur mit den Necknamen aus ihrer Kinderzeit an. Sie lachten viel und laut, sangen Schlager und gebärdeten sich überhaupt so albern und spaßig, dass Malwida ihnen nicht von der Seite wich, um ja nichts zu verpassen.

Malwidas Mutter Käthchen war für die Dauer des Besuchs nur mehr »Kotchen-Katchen«. Und Tante Edith, die als Kind mal Geigenstunden gehabt hatte, war »Fiedel-Adschith«. Für Malwida gab es sogar einen ganzen Spruch: »Malwida, Malwida, was nützt das mala vita.« Nur Babbel blieb Babbel.

Tante Edith hatte immer originelle Mitbringsel dabei und die Meisenbugs freuten sich über alles wie die Schneekönige. Letzte Weihnachten hatte sie einen Hasen mitgebracht, den sie Babbel mit den Worten übergab: »Knall das Viech um Himmels Willen schleunigst in die Pfanne. Es war schon drei

Tage tot, als ich es gekriegt hab, und dann noch dreißig Stunden Rucksackwärme im Zug.«

Ein andermal war aus dem Rucksack eine nagelneue Strickjacke zum Vorschein gekommen; zartlila, was Tante Edith *heliotrop* nannte. Eine ihrer Kolleginnen hatte angefangen Stricken zu lernen und das war das Ergebnis ihres ersten Versuchs: der Rücken zu eng, die Ärmel zu kurz, dafür im Ganzen eher ein Mantel als eine Jacke, was die Länge betraf. Und Knopflöcher waren praktisch nicht vorhanden, wenn man von einer millimetergroßen Öffnung in Taillenhöhe absah.

»Du bist doch so ein schmales Handtuch, Kotchen-Katchen, und hast schon immer zu kurze Arme gehabt. Die muss dir passen wie angegossen.«

Fester Bestandteil der Geschenke war eine Holsteiner Speckseite vom Bauern, eingewickelt in rotes Pergamentpapier, das Malwida glatt strich und aufhob für Weihnachtssterne und Transparente.

Aber die Hauptsache war eben doch Tante Edith selber. Ihre Gegenwart überwog alle Hasenbraten und zu engen Strickjacken der Welt. Der Rauch ihrer dreißig täglichen Zigaretten störte die Meisenbugs komischerweise nicht im Geringsten. Sie fanden im Gegenteil, dass er der Wohnung für zwei Wochen einen charakteristischen Duft verlieh. Etwa wie die Räucherkerzen der Adventszeit.

So lange er in den Räumen hing, hatte man Tante Edith bei sich. Ihr den Aschenbecher hinterherzutragen war Malwidas Vorrecht. Tante Edith brachte sich stets einen dicken

Beutel Tabak mit, Zigarettenpapierchen und eine kleine Zigarettendrehmaschine. Alle paar Abende saß sie am Verandatisch und drehte sich die Ration der nächsten Tage.

Seit sie bei Frau Schleiermacher das Leben der Bienen durchgenommen hatten, kam Tante Edith Malwida ein bisschen wie eine Bienenkönigin vor. Denn war sie nicht auch der absolute Mittelpunkt des Haushalts, um den sich alles drehte? Und genau wie die Arbeitsbienen ihre Königin mit dem Besten vom Besten fütterten, mit dem Weiselfuttersaft, war es den Meisenbugs eine Herzensangelegenheit, herbeizuschaffen, was Tante Edith brauchte, um sich wohl zu fühlen.

Bereits Wochen vor dem Eintreffen des Besuchs machte Malwidas Mutter sich auf die Suche nach Spirituosen. Klarer Schnaps, den Tante Edith bevorzugte, war schon ewig nicht mehr aufzutreiben. Von einem Kunden, der seine autoreifenbesohlten Schuhe abholte, bekam sie einen heißen Tipp. Es gäbe da jemanden, bemerkte der Mann mit gedämpfter Stimme. Jemanden, der aus schwarz gebranntem Kartoffelsprit und Eiern Eierlikör herstellte. Allerdings müsse man die Eier vorher abgeben.

»Und wo soll ich die hernehmen?«

»Das dürfen Sie mich nicht fragen, junge Frau. Ich sag's bloß, wie's ist.«

Malwidas Mutter blieb nichts anderes übrig, als jeden Abend, sobald die Gummibude zumachte, ausgedehnte Straßenbahnfahrten auf sich zu nehmen. Sie fuhr bis in weit entfernte Stadtteile, wo sie heil gebliebene Geschäfte wusste, die theoretisch Spirituosen hätten haben können. Immer näher rückte der Tag, für den Tante Edith sich angesagt hatte. Malwidas Mutter wurde von all den Misserfolgen noch gereizter und nervöser, als sie es sowieso schon war. Sie warf sich auf ihr Bett und weinte und trommelte mit den Fäusten auf die Matratze.

»Freust du dich denn gar nicht mehr, dass sie kommt?«, fragte Malwida unglücklich.

»Natürlich, du Dummchen, das weißt du doch. Und wie ich mich freue! Das ist es ja eben. Sie soll merken, wie sehr wir uns auf sie gefreut haben.«

Das verstand Malwida nicht.

Ganz knapp vor dem Ankunftstag hatte ihre Mutter dann doch noch eine Flasche Kroatzbeer erbeutet. Auf dem Etikett waren Brombeeren abgebildet.

»Das süße Zeug ... ob ihr das schmeckt?«, meinte Babbel zweifelnd. »Na, Prozente hat es immerhin.«

Der silberne Serviettenring von Großvater Meisenbug wurde geputzt; zwei Wochen lang würde er jetzt Tante Ediths Serviette umschließen.

Ein altes Sonnensegel wurde aus einer Kommode des Zwischenstocks ans Licht gezogen und dreimal gewaschen. Malwida und ihre Mutter trugen den Liegestuhl zum Sattler, um den durchhängenden mürben Bezug durch den grünweiß gestreiften Drell ersetzen zu lassen. Tante Edith sollte es auch in diesem Sommer wieder »fast wie in Gardone« finden.

Selbst die Rosen am Verandageländer zeigten sich von ihrer besten Seite. Der August war ihr Monat. Im Juni, ja im Juli noch stellten sie sich an, als wollten sie sich diesen Sommer nicht allzu viel zumuten. Aber man konnte sich immer darauf verlassen, dass sie im August zu Hochform aufliefen. Sozusagen über Nacht entfalteten sie eine märchenhafte Massenblüte, röter als rote Tinte. Als ob auch sie wüssten, worauf es ankam: die Rosen von Gardone auszustechen.

Hundertmal quälte Malwida während all der Vorbereitungen die alten Meisenbugs mit der Frage: »Was glaubt ihr, wie viele Karten sie für mich gesammelt hat?«

»Warte mal ... im Mai hab ich ihr deswegen geschrieben«, rechnete ihre Mutter nach. »Zeit genug hat sie also gehabt. Lass dich doch einfach überraschen.«

»Es kommt nicht auf die Menge an«, sagte die Großmutter. »Nimm die zwölf Stück von Lulu Wesendonk – sind die nicht viel schöner als hundert mittelmäßige Allerweltskarten?«

Tante Edith ließ ihr Leben für Kartoffelsalat mit Würstchen. Deshalb hatte die Großmutter vorsorglich im Winter die makellosesten Kartoffeln geschält und vier Gläser davon eingemacht. Neue gab es ja erst im September wieder. Nun war es so weit, die Gläser zu öffnen und ihren Inhalt zu kochen. Ein paar frische Zwiebelringe und heißes Essigwasser und als Clou zerlassene Speckwürfelchen. Den Speck allerdings konnte man erst in letzter Minute hinzufügen, das heißt, falls Tante Edith nicht vergessen hatte, ihn mitzubringen. Vier Bockwürste auf Fleischmarken lagen unten im Fliegenschrank.

Malwidas Mutter bezog die Kissen der beiden Ehebetthälften in ihrem Schlafzimmer mit Wäsche aus weißem Damast und mit Häkelspitzeneinsatz auf den Kopfkissen.

Malwida hatte sich am Vormittag an die Elbwiesen abgemeldet und war mit einem Arm voller Margeriten, Glockenblumen, Wiesenkümmel, Butterblumen, Flockenblumen, Leimnelken und Skabiosen heimgekehrt.

»Mageriten stinken wie Bock, wenn sie eine Weile stehen. Und Butterblumen fallen am nächsten Tag aus«, kritisierte ihre Mutter. »Das Unkraut auf den Toilettentisch? Kommt nicht in Frage.«

Sie selbst hatte im Garten ein Sträußchen Wicken gepflückt.

Babbel wurde als Schiedsrichter gerufen, welche Blumen Tante Edith beim Aufwachen lieber vor den Augen haben würde.

In so ein kleines Schlafzimmer gehörten überhaupt keine Blumen, entschied sie diplomatisch. Malwidas Wiesenblumen wurden als Tafelschmuck auf den Esstisch im Wohnzimmer gestellt und die Wicken sollten den Verandatisch zieren.

Zum Abholen zogen sie ihre besten Sachen an. Malwidas Mutter ihr neues Buntgeblümtes mit dem Rock bis zur unteren Wade wie in Frankreich (Fräulein von Carolsfeld hatte übrigens Recht behalten: Der Stoff zipfelte wirklich gemein), Malwida ihr blutrotes Matratzendirndl mit der weißen Zackenlitze um Ausschnitt und Rocksaum. Die ans Barfußlaufen gewöhnten Füße in die arg knapp gewordenen Holzsandalen zu zwängen war der einzige Wermutstropfen in Malwidas Glücksbecher. Die Stoffstreifen überm Spann waren an zwei Stellen schon bedenklich eingerissen.

»Wir lassen dir neue draufnageln, aus dem alten Liegestuhlstoff«, überlegte ihre Mutter mit gerunzelter Stirn. »Aber lohnt sich das noch, wo deine Füße vorn und hinten über die Holzsohlen drüberweg gewachsen sind? Du kriegst mal genau solche Riesenfüße wie dein Papa.«

Mit Memmi auf dem Bahnhof herumzulaufen war wesentlich angenehmer als mit Oberon Holtei. In den Wartesaal steckten sie bloß ganz kurz die Nase hinein.

»Nur wenn wir gar nicht mehr stehen können«, entschied Malwidas Mutter. Malwida wäre am liebsten nur gehüpft und gerannt. Memmi sah sehr hübsch aus heute Abend; sie hatte Lippenstift aufgetragen und ihre Haare mit einem schwarzen Hutschleier zurückgebunden. Sie ulkte mit Malwida herum und lachte über ihre Schulgeschichten. Malwida wurde immer übermütiger. Sie tanzte rückwärts vor ihrer Mutter her und verlor eine der weißen Zopfschleifen. Fünf Zentimeter breites Seidenband aus der Vorkriegszeit; nicht zu ersetzen. Sie bemerkten den Verlust erst, als sie sich im Wartesaal eine grün gefärbte Brause teilten. Weil sie aber zu viel Zeit damit vertrödelten, den Fußboden des Wartesaals abzusuchen, mussten sie sich damit abfinden, dass die Schleife futsch war.

Heute hatte der Interzonenzug nur zwei Stunden Verspätung. Vielleicht lag es daran, dass er aus einer anderen Zone kam; nicht vom Süden, sondern vom Norden her.

Tante Edith und Memmi hatten sich noch nie verfehlt; so etwas zu befürchten wäre Malwida nie in den Sinn gekommen. Irgendwas zog die beiden auch im wüstesten Menschengewimmel zueinander hin. Wie Magnet und Eisenfeilspäne.

Tante Edith war größer als die meisten Frauen, man musste daher nur nach einem hellblonden Haarschopf mit Jungenfrisur Ausschau halten. Außerdem fing sie, kaum dass sie ausgestiegen war, mit lauten Juhu-Rufen an.

Wie ein elektrischer Schlag durchfuhr es Malwida und ihre Mutter, sobald dieses Juhu an ihre Ohren drang. Memmi juhute sogleich zurück. Und so juhuten sie aufeinander zu, inmitten der vorwärts rammelnden Leute, wedelten und winkten mit hoch erhobenen Armen.

Malwida musste aus Leibeskräften gegen den Strom ankämpfen, um Memmi auf den Fersen zu bleiben, wollte sie den Augenblick der Begrüßung miterleben. Und das wollte sie unbedingt.

»Na, Kotchen-Katchen?«

»Na, Fiedel-Adschith?«

So wenig die alten Meisenbugs sonst vom Sich-Umarmen und vom Sich-Abküssen hielten – bei Tante Edith machten sie eine Ausnahme. Oder es war Tante Edith, die sich nicht drum scherte und sie einfach überrumpelte. Sie schmatzte ihre Schwester herzhaft auf beide Wangen, drückte und umschlang sie trotz ihrer schweren Rucksacklast. Plötzlich fuhr sie sich mit der Hand an den Mund.

»O Gott, mein Stiftzahn! Kotchen-Katchen, ich hab beim Küssen meinen Stiftzahn verloren. Malwida, Malwida, schnell, bück dich mal und such ihn, ehe einer drauftritt. O Gott, das glaubt mir keiner, wenn ich das erzähle …«

Schon bogen sie sich vor Lachen, sie konnten gar nicht aufhören. So war es immer.

Mit beiden Händen tastete Malwida über den Bahnsteig. Sie hob uralte ausgespuckte Kirschkerne auf und verkrumpelte Heftpflaster. Alles, was entfernt einem Zahn ähnelte, hob sie auf und sammelte es in der Handfläche.

»Ist er hier dabei?«

»Ich werd verrückt, sie hat ihn. Ja, das könnte er sein. Mal sehen, ob er passt. Nee, lieber nicht, der muss erst ins Wasser. Danke, danke, du bist die Retterin meiner Schönheit.«

Tante Edith ließ das helle Bröckchen in die Brusttasche ihrer Hemdbluse gleiten. Dann packte sie Malwida, schwenkte sie herum wie beim Karussell und küsste sie auf die Nase.

»Malwida, Malwida, was nützt das mala vita!«

Auf dem Bahnhofsvorplatz stellte sie den Rucksack auf den Boden, zog die Kostümjacke aus und stand nun mit aufgerollten Hemdsärmeln und ihrer Männerhose da wie ein junger Bursch.

»Muss erst mal eine rauchen. Die letzten zehn Stunden hab ich nur auf dem Gang gestanden. Wie die Heringe, keiner konnte aufs Klo. Wir mussten alles durch die Rippen schwitzen.«

Malwidas Mutter legte sich die Jacke sorgsam über den Arm. Sie und Malwida verfolgten jede Handbewegung Tante Ediths wie Verliebte. Hätte der Besuch sich unter der Achsel gekratzt oder gepupst – alles hätte sie entzückt.

»Kartoffelsalat! Babbel, dass du dir das gemerkt hast!« Juchzen. Der Speck lag ganz oben im Rucksack. Weiter wurde heute Nacht nichts ausgepackt.

Während Babbel den Speck brutzelte, schickte sie »die Mädels« in den finsteren Garten.

»Ich hab schon am Nachmittag Wasser in eine von den Zinkwannen laufen lassen. Das müsste inzwischen lauwarm sein. Du wirst sehen, danach bis du ein neuer Mensch, mein armes Edithel.«

Malwida übernahm die Beleuchtung. Unablässig drückte sie auf die Akkutaschenlampe: Vio-vio, vio-vio. Außerdem war sie der »Handtuchhalter vom Dienst«, wie Tante Edith das bezeichnete. Über ihrer Schulter hing der Bademantel von Herrn Meisenbug. Wenn Malwida hineingewachsen war, würde sie ihn erben, das war ihr versprochen worden. Doch solange Tante Edith zu Besuch war, zog sie ihn an.

»Hach, ist das herrlich.« Unter Gepruste und Gelächter stieg Tante Edith in die Wanne neben dem Kartoffelacker-Rasen. Malwidas Mutter reichte ihr Kernseife und Waschlappen zu.

»Das Bad auf der Tenne!« (zweistimmiges Lachen)

»Wer badet so spät bei Nacht und Wind?« (Lachduett)

Es girrte und gurrte aus ihren Kehlen. Konnte man nach so viel guter Laune überhaupt jemals wieder brummig und ungehalten sein?, überlegte Malwida. Sie lächelte selig und richtete den wackligen Lichtstrahl auf die Wanne. Vio-vio, fiepte die Taschenlampe, vio-vio, vio-vio.

Ein leichtes Nachtlüftchen raschelte in der Linde und im Süßkirschbaum. Von weit her, von jenseits der Elbe, hörte man eine Lokomotive pfeifen.

18. Kapitel

Nach dem Frühstück wurden Tante Edith die Böhmischen Klohäusel-Verschlüsse vorgeführt: Strick mit Wäscheklammer übern Nagel hängen – fertig.

Sie lachte sich schief.

»Das ist ja genial. Wem ist das denn eingefallen? Was – ihr habt die Klinken verscheuert? Gegen Fressalien? Ich mach mich ein!«

»Irgendwann gibt's schon mal wieder welche, dann werden sie ersetzt.«, Malwidas Mutter zuckte leichtsinnig die Achseln. Weil Tante Edith die Angelegenheit von der heiteren Seite nahm, wurde sie auch für die alten Meisenbugs wieder zum Spaß. (Als Herrn Holteis Mangelwaren bis auf ein paar gehütete Reste zusammengeschrumpft waren, hatten ihnen nämlich Gewissensbisse zu schaffen gemacht.)

»Jetzt aber raus an die liebe Sonne«, rief Tante Edith. In ihrem Strandanzug – lachsrosa Shorts und lachsrosa Oberteil –, Zigarette im Mundwinkel, schleifte sie den Rucksack auf die Veranda. Die alten Meisenbugs, in ihren ärmellosen Kittelschürzen, stellen sich vor die Rosen, als sollten sie fotografiert werden.

Malwida hielt den schönsten Aschenbecher des Haushalts bereit: ein Platanenblatt, über dessen aufgerollte Kante ein feixender Faunskopf mit spitzen Öhrchen einer Schnecke auflauerte; alles aus weißem Meißner Porzellan.

»Wo ist der Kroatzbeer?«

Malwida sauste nach der Likörflasche und brachte auch das farbige Gläschen mit.

Tante Edith studierte das Etikett. Sie nippte. Schluckte dann tapfer hinunter, was im Glas war, und sagte: »In der allergrößten Not schmeckt der Schnaps auch ohne Brot. Huääh, brrr! Vor heute Nachmittag geh ich da nicht mehr ran. Apropos Brot …«

Aus einem Bündel ihrer Kleider befreite sie ein Vierpfundbrot. Dann kam eine Blechbüchse, in der war Schweinefett.

Die Großmutter strahlte. »Wunderbar! Das heb ich auf für die Bratkartoffelzeit.«

»Na, ich weiß nicht … Wird das nicht ranzig bis dahin?«

»Und wennschon. Das macht doch nichts. Letzten Winter, als wir kein Fett mehr hatten, haben wir den Tiegel sogar eine Zeitlang mit einer alten Bienenwachskerze ausgerieben.«

Für Memmi wurde ein Stück Seife hervorgezaubert. »Hier, Kotchen-Katchen, wenn du mal zu Balle gehst.«

»Ach, wo komm ich denn hier zum Tanzen«, sagte Malwidas Mutter kläglich. Sie riss ein Eckchen der Umhüllung ab und roch sich an der Seife fest. »Nee, nee, die wird nicht angetastet. An der werde ich jeden Abend im Bett riechen. So wie andere Leute beten, werde ich Mousonseife riechen.«

Zu allem , was noch zum Vorschein kam, lächelte Malwida, bis ihr Lächeln vor Erregung nur mehr ein Krampf in den Mundwinkeln war. Sie lächelte zum Bohnenkaffee. Sie lächelte zum weißen und zum schwarzen Stopfgarn. Sie lächelte zu der runden Pappschachtel voller Schmelzkäseecken. Wirklich erfreut allerdings lächelte sie über einen Kuchen, stramm verpackt in rotes Pergamentpapier.

»Kalter Hund«, erläuterte Tante Edith. »Den haben mir meine Kolleginnen zum Geburtstag gebacken und ich hab ihn aufgehoben. In der Kühlkammer der Klinik. Den essen wir alle zusammen. – Jetzt Malwida, Malwida, was nützt das mala vita. Du kommst dieses Mal am besten weg. Kuck, echte Schokolade. Kennst du noch gar nicht, was?«

Malwida schüttelte den Kopf. Sagen konnte sie kein Wort. Auf das Papier der Schokolade waren fünf große Buchstaben gedruckt: ein B, ein L, ein O, ein C und ein K. BLOCK.

Unter viel Geraschel zerrte Tante Edith nun ein umfangreiches Päckchen aus ihren Schlafanzügen und Blusen hervor. Die Größe des Päckchens entsprach genau der Menge, auf welche die Karten in Malwidas Wunschträumen angewachsen waren. Heiß floss die Freude durch ihren Bauch.

»Täterätää!«, machte Tante Edith durch die Hand wie durch eine Trompete. Das Zeitungspapier wurde abgestreift.

Memmi grapschte danach. »Nicht wegtun, gib her. Das will ich alles noch lesen. Mal was anderes als unser Käseblatt.«

Dann stieß sie einen Juchzer aus.

»Oh, du gute alte Fiedel-Adschith! Schuhe … Weißt du, wie furchtbar Malwidas Füße seit letztem Jahr gewachsen sind? Jetzt bin ich diese Sorge los.«

Ehrfürchtig nahm sie Tante Edith die Schuhe aus der Hand. Probeweise drückte sie mit dem Daumen auf den tiefen Quetschfalten des Oberleders herum. Dann entdeckte sie die fette helle Sohle. Sie hatte Ähnlichkeit mit dem Zeug, aus dem Radiergummis waren, und ließ sich ebenso elastisch biegen wie diese.

»Rubbersohlen. So was hat hier kein Mensch bis jetzt. Die Leute werden Bauklötze staunen.«

Malwida konnte ihr Lächeln noch immer einigermaßen halten. War ja gut möglich, dass die Karten erst noch kamen. Als Krone des Ganzen sozusagen. Für die Erwachsenen waren die Schuhe natürlich das Hauptgeschenk. Schuhe von rötlichem Braun, dem Braun von frisch aus der Schale geplatzten Kastanien. Aus echtem Leder. Wie auch die Schokolade echte Schokolade war und der Kaffee echte »Bohne«. Dass sie Malwida viel zu groß sein würden, konnte ein Blinder sehen. Und es waren eindeutig Jungenschuhe – bis weit über den Spann geschnürt.

»Der Sohn von unserem Doktor Mommsen hat sie zwar schon ein reichliches Jahr ausgetreten, aber nur in der Schule, nicht zum Fußballspielen. Deshalb sind sie noch picobello erhalten.«

Tante Edith setzte sich auf eine Tischkante. Sie steckte sich eine Zigarette an und blies ein paar Tabakkrümel von ihrer Lippe. Sie weidete sich an der Begeisterung der alten Meisenbugs. Wie in dem Vers, den Irene Gimpel, die Läuse-Gimpeln, Malwida ins Poesiealbum geschrieben hatte: »Willst du glücklich sein im Leben, trage bei zu andrer Glück, denn die

Freude, die wir geben, kehrt ins eig'ne Herz zurück.« Und dazu ein Alpenveilchen gemalt.

Nur der Beitrag zu Malwidas Glück ließ noch immer auf sich warten. Malwida musste sich erst räuspern, weil sie plötzlich einen Frosch in der Kehle hatte.

»Und meine ... rrhm ... und meine Karten?«

»Lass das jetzt, das ist doch vollkommen unwichtig«, knurrte ihre Mutter. Sie hatte diesen drohenden Unterton in der Stimme. Er bedeutete, dass Malwida den Mund halten sollte.

»Was für Karten?« Auf Tante Ediths Gesicht zeichnete sich Bestürzung ab. »Kotchen-Katchen, was meint sie denn? Braucht sie eine Landkarte für die Schule? Warum habt ihr mir das nicht rechtzeitig geschrieben?«

Malwidas Mutter schämte sich für Malwida. Das war ihr anzumerken. »Ach, vergiss es. So eine kindische Sammelei, weiter nichts.«

»Sie sammelt Postkarten mit hübschen Bildern drauf«, mischte sich die Großmutter ein. »Käthchen hatte es dir wohl geschrieben, aber das ist schon eine Weile her.«

»Mir geschrieben? Wegen Postkarten? Ich kann mich nicht erinnern«, sagte Tante Edith erschüttert. »Das muss total an mir vorbeigegangen sein. Ach je, ach je. Wo ist'n der Kroatzbeer?«

Sie begoss den Schreck und sagte dann: »Gottchen, nu komm mal her. Komm her zu mir.«

Auf dem Tisch hockend, öffnete sie die Arme und Malwida warf sich hinein. Sie war Tante Edith nicht böse; niemand konnte ihr jemals böse sein. Aber der Schluchz-Apparat in ihrer Brust arbeitete auf Hochtouren.

Tante Edith schaukelte sie hin und her und sang: »Auf Regen folgt Sonne, auf Weinen wird g'lacht, judi-ridi-rallala, wer hätte das gedacht.« Und zu Malwidas Mutter sagte sie: »Ganz neuer Schlager, Kotchen-Katchen. Es gibt wieder eine Menge neuer Schlager. Hört zu, hör zu, Malwida, du wirst dich kugeln.«

Und schon ging es los:

»Im Harem sitzen heulend die Eunuchen,
die Lieblingsfrau des Sultans ist entflo-ho-hoh'n.
Er will sie alle köpfen und skalpieren,
die Lieblingsfrau erwartet einen Sohn.
Der Sultan ist sonst nicht kleinlich,
doch das ist peinlich –
er war ein ganzes Jahr verreist.
Im Harem sitzen heulend die Eunuchen,
die Lieblingsfrau des Sultans ist entfloh'n.

Das bringen nur Kinder fertig«, sagte sie hinterher zu Malwidas Mutter, »schallend lachen, während ihnen noch die Tränen aus den Augen kullern. Malwida, ich schwöre beim seligen Wilhelm Conrad Röntgen, dem Begründer meines Arbeitsplatzes, ich hole alles nach. Gib mir eine Chance, bis Weihnachten.«

»Sing das noch mal«, verlangte Malwida. »Ich will das auch können.«

Mit diesem Schlager würde sie an der Elbe bei den anderen Kindern Eindruck schinden. »Harem«, kannte sie aus den *Geschichten aus Tausendundeiner Nacht* und vom Faschingskostüm »Haremsdame« her.

»Was sind Eunuchen?«

»Na, die Wächter im Harem, die Aufpasser«, sagte ihre Mutter.»Und Tante Edith ergänzte: »Walrösser mit Mäuschen-Piepsstimme.«

»Und warum ist es peinlich, dass der Sultan ein Jahr verreist war?«

Tante Edith warf den Kopf in den Nacken wie eine Lachmöwe.

Malwidas Mutter sagte: »Ach, das ist nur so aus Quatsch, damit es sich auf ›kleinlich‹ reimt. Schlagertexte darf man nicht ernst nehmen.«

Es waren wundervolle Tage, »fast wie in Gardone«.

Tante Edith döste und sonnte sich im Liegestuhl wie jedes Jahr. Sie las immer nur ein paar Seiten, dann legte sie sich das Buch aufgeschlagen auf die Brust. Dort war sie tüchtig verbrannt. Bisweilen stellte Malwidas Mutter einen zweiten Liegestuhl daneben; bei dem schlappte der Bezug bis auf den Boden, wenn jemand sich hineinsetzte.

Kotchen-Katchen und Fiedel-Adschith hielten ihre großen braunen Nasen in die Sonne. Sie unterhielten sich mit schläfrigen Stimmen. Sie »kochten im eigenen Saft«, wie Tante Edith das nannte. Selbst zum Schlagersingen waren sie zu träge. Tante Edith summte höchstens mal und Memmi summte mit, wenn es sich um ihre neuen Lieblingsschlager handelte: *Schau mich bitte nicht so an* und *O mein Papa war eine wunderbare Clown.*

Malwida saß lieber im Schatten, blieb aber in der Nähe, bereit aufzuspringen und etwas zu holen. Sie hätte um keinen Preis zugegeben, dass sie sich langweilte. In den Sommern davor hatte sie sich nie gelangweilt, sondern war vollauf zufrieden gewesen, hinter Tante Ediths Liegestuhl zu hocken. Ab und zu unternahm sie Versuche, Memmi und Tante Edith etwas aufzumöbeln.

»Soll ich euch ein bisschen mit dem Gartenschlauch abspritzen?«

»Mm-mm ... später vielleicht ...«

»Schnell, steht mal auf und guckt euch das an – über der Elbe zittert die Luft. Wie durchsichtiges Gelee.«

»Das kommt von der Hitze«, nuschelte Tante Edith. Keine von beiden machte auch nur die Augen auf.

»Soll ich dir einen Kohlweißling fangen, Tante Edith?«

»Ach, lass ihn doch in Frieden, Malwida. Das hat der bestimmt nicht so gerne ...«

»Hol dir Hildchen und spielt was Nettes«, schlug Malwidas Mutter vor. »Aber was Leises.«

Daran hatte Malwida schon selbst gedacht. Wenn sie nur hätte sichergehen können, dass sie Hildchen erwischte, ohne dass Hermi in Hörweite war. Zwar waren die Erdbeerschwemme und die Kirschenzeit vorbei und die Pflaumen, Äpfel und Birnen noch nicht so weit, aber die Johannisbeersträucher waren voll und die Stachelbeersträucher auch.

Über solche Dinge wusste Hermi Hahn-Hahn genaustens Bescheid.

Sie würde sich aufdrängen. Sie würde mitkommen wollen und ihnen zusetzen, bis sie nachgaben. Dann würde sie bestimmen, was gespielt wurde. Das war immer dasselbe: Hochzeit.

Malwida durfte die Braut sein, schließlich war es ihr Garten. Ein Kranz wurde geflochten, meistens aus Hundeblumen, das ging am schnellsten. Den bekam Malwida aufgestülpt, zusammen mit einer alten Scheibengardine. Hildchen musste Bräutigam sein, mit dem Klappzylinder von Großvater Meisenbug. Alle anderen Rollen gehörten Hermi.

Zuerst ernannte sie sich zur Köchin, die das Festmahl in den Beeten und Sträuchern zusammenräuberte und schon mal gründlich vorkostete. Was übrig blieb, wurde auf der Steinbank unter der Linde angeordnet, mit Malwidas Puppengeschirr. Das Brautpaar wurde von Hermi angewiesen, lange Gänge abzuschreiten: in die Kirche zur Trauung, aus der Kirche nach Hause, dreimal durch den ganzen Garten und sechsmal um die Linde herum. Wenn es dann bei der Hochzeitstafel ankam, hatte Hermi inzwischen die Rollen sämtlicher Gäste übernommen und für zehn gefressen.

»Selber schuld, warum kommt ihr so spät? Wer nicht kommt zur rechten Zeit, der muss nehm', was übrig bleibt.«

Malwida hatte Glück – Hermi war, wie sich herausstellte, Karnickelfutter holen. Hildchen, in Unterhemd und Schlüpfern, half Frau Hahn-Hahn bei der Heimarbeit. Sie faltete die IMI- und die ATA-Kartons, die Frau Hahn-Hahn dann leimte und presste. Einen ganzen Sack voll hatten sie schon fertig. Den würde Frau Hahn-Hahn in zwei Stunden in die Seifenpulver-Fabrik gegenüber schaffen.

»Darf ich mit zu Malwida?« Hildchen sah ihre Mutter flehentlich an.

»Heute nicht«, entschied Frau Hahn-Hahn. »Du gehst nachher mit Hermi Kornäpfel holen.«

»Och, kann die nicht alleine gehen?«

»Einer kann nicht so viel tragen wie zwei. Das müsste dir eigentlich einleuchten, mein Fräulein.«

»*Ich* könnte doch mitgehen. Ich meine mit Hildchen«, bot Malwida an. Sie brannte nach Ausflügen, Weggehen, Betätigung, Unternehmungen. Die alte Hahn-Hahn sah sie abschätzend an.

»Hm, ich weiß nicht. Hermi ist ein ganzes Ende kräftiger als du. Andererseits bist du ein vernünftiges Mädchen. Machst keine Zicken. Meinetwegen. Nehmt den Rucksack und seht zu, wie viele Äpfel ihr wegkriegt. Ihr steigt einmal um, Hildchen weiß wo. Sie weiß auch, wie weit ihr fahren müsst.«

»Mit der Straßenbahn? Dann muss ich mir was anziehen«, sagte Malwida. Sie war angenehm aufgeregt. Als sie wiederkam, hatte sie den Verandakissen-Trägerrock an und die weiße Schrankgardinen-Bluse mit dem rotgelben Hexenstich am Hals und an den Ärmeln. In der Rocktasche hatte sie ihre Monatskarte und ihr kleines dunkelrotes Portmonee mit fünfzig Pfennig »für alle Fälle«.

Frau Hahn-Hahn warf einen raschen Blick auf Malwidas Füße.

»Barfuß? Nanu?«

»Die Holzlatschen sind mir zu eng und zu kurz geworden. Und die neuen Schuhe, die meine Tante Edith mitgebracht hat, sind noch zu groß«, erklärte Malwida.

»Das war nicht zu übersehen, als du neulich damit herumstolziert bist«, sagte Frau Hahn-Hahn. »Mindestens zwei Nummern. Wie Scharlie Schapleng bis du gewatschelt. Was ich fragen wollte – was haben die denn für ulkige Sohlen?«

»Rubbersohlen«, sagte Malwida. »Der allerletzte Schrei, hat Tante Edith gesagt. Die gehen nie kaputt.«

»Du glaubst auch alles.«, Frau Hahn-Hahn lachte geringschätzig. »So, nun aber ab mit euch. Ich rechne mit zwanzig Pfund. Mit weniger braucht ihr euch gar nicht erst blicken zu lassen.«

»Sie haben vergessen, Hildchen Geld zu geben, um die Äpfel zu bezahlen«, mahnte Malwida. Hildchen war schon aus der Tür.

»Nicht nötig. Wir haben eine Privatregelung mit dem Besitzer«, sagte Frau Hahn-Hahn.

19. Kapitel

Nach zwei Stunden Fahrt mit drei verschiedenen Straßenbahnlinien stiegen sie in einer dörflichen Vorstadt aus. Neu-Zschitzschewig. Malwida kannte diesen Stadtteil noch nicht mal dem Namen nach.

»Kommt ihr öfter hierher?«

»Erst einmal«, sagte Hildchen. »Aber meine Mutter hat früher hier gewohnt, ehe sie geheiratet hat.«

Sie wirkte unnatürlich angespannt und knabberte beständig an ihrer Unterlippe herum. Aber den Weg schien sie zu kennen, denn sie führte Malwida zielsicher durch bestimmte Straßen, bis die Häuser weniger wurden und von Zäunen abgelöst wurden. Vor einem hohen Plankenzaun verharrte sie.

»Hier müssen wir rein.«

»Sollen wir etwa drüberklettern?« Malwida hielt das für einen Jux und wollte weitergehen. »Da gibt es doch bestimmt einen richtigen Eingang.«

»Pscht«, machte Hildchen und hielt sie am Rock fest. Sie äugte auf Hahn-Hahn-Manier flink nach rechts und links. Aber die sandige Straße, eher ein Weg, lag wie ausgestorben da. Irgendwo in der Nähe schnatterten Gänse.

Blitzschnell schob Hildchen eine der Planken beiseite und zwängte sich durch die Lücke. »Los, komm, mach fix.«

Sie fanden sich in einem Baumgarten. Nur Kornäpfelbäume in langen Reihen, mit Klebestreifen um die Stämme. Zwischen den Stämmen wucherte weiß blühendes Unkraut, das ihnen bis an die Schenkel hinaufreichte. Es strömte einen starken Geruch aus.

»Du musst jetzt hochklettern und schütteln«, befahl Hildchen, die sich fortwährend ängstlich umblickte. »Das hat Hermi das letzte Mal auch so gemacht. Und ich sammle ein.«

»Heißt das, wir klauen?« Malwida wurde unbehaglich zumute. Hatte Frau Hahn-Hahn denn nicht von einer »Privatregelung« gesprochen?

»Du denkst doch nicht etwa, dass ich mit meinen guten Sachen auf einen Baum klettere? Davon hat deine Mutter kein Wort gesagt. Klettere du doch hoch und ich lese auf.«

»Meine Mutter hat aber gesagt, du sollst keine Zicken machen«, beharrte Hildchen. »Wenn du für Hermi mitgegangen bist, musst du auch machen, was Hermi gemacht hat. So, bäh!«

»Du bist ja hepp-hepp.«, Malwida tippte sich an die Stirn. Sie fing an, die grünen Falläpfel zwischen dem weißen Unkraut aufzuklauben, und warf sie in den Rucksack.

Hildchen jedoch sperrte sich gegen die unvorbereitete Situation. Vorwurfsvoll plärrte sie los: »Das sag ich meiner Mutter, dass du nicht geschüttelt hast. Du bist die Ältere, deshalb musst du auf die Bäume steigen. Nicht ich.«

Bei den Hahn-Hahns wurde ein fest verwurzeltes Ordnungsgefüge eingehalten.

Gääk, gääk, gääk – im Sturmschritt rückte zwischen

Baumstämmen eine Gänseschar heran, fünf oder sechs unheimlich große Exemplare. Sie schlugen mit den Flügeln, um ihr Tempo zu beschleunigen, und reckten schon von weitem die Hälse, zischend, dass man ihre Zungen in den aufgesperrten Schnäbeln sah.

»Die beißen, die beißen!« Hildchen schnappte sich den Rucksack und flüchtete. Es kam ihr zustatten, dass sie so spillerig war. Malwida war einen schrecklichen Augenblick lang überzeugt, nie mehr aus dem Garten herauszukommen. Sie würde im Zaun festsitzen und der Rache der Gänse ausgeliefert sein.

Als sie sich bereits halb auf der Straße und halb noch im Baumgarten befand, kam der Schmerz. Wie wenn man sich den Finger an einer Tür einklemmte. Nur dass es sich hier um die Wade handelte. Dann gleich noch einmal, zur Abwechslung in die Ferse.

»Gänseschwein, elendes, verdammtes.« Malwida betrachtete die blaurot angelaufenen Schmarren. »Mistvieh, Dreckvieh, Scheißvieh.«

Hildchen untersuchte derweil den Rucksack.

»Die paar reichen aber nicht. Das werden höchstens drei Gläser. Wir müssen den Sack voll machen.«

»Denkst du, ich geh da noch mal rein? Du bist ja komplett beheppt.«

Ohne sich auf Hildchens Protest und Vorschläge einzulassen, humpelte Malwida in Richtung Straßenbahnhaltestelle. Was erleben war ganz schön, aber man konnte auch zu viel auf einmal erleben.

Nach einer Viertelstunde Laufen waren sie wieder zwischen Häusern. Ihre Beine waren staubgrau bepudert und die Füße kohlschwarz. Beide hatten sie Schweißperlen auf der Nase.

»Mensch, hab ich einen Durst!«

Eine Frau mit einem Kinderwagen aus weißem Korbgeflecht holte sie ein und fuhr ganz langsam, so dass sie auf gleicher Höhe mit Malwida und Hildchen blieb.

»Ihr seid nicht von hier, was?«

Auf solche blöden Fragen gab man keine Antwort.

Doch die Frau ließ sich nicht abwimmeln.

»Heiß, was? Wollt ihr ein bisschen kalten Muckefuck? Ist nicht weit, gleich die übernächste Straße. Ich hab auch Haferflockenkekse.«

Hildchen Hahn-Hahn wurde schwach. Sie sprach zwar nie mit fremden Leuten, aber sie zog an Malwidas Hand. Immer nachdrücklicher. Immer heftiger. Sie wisperte und tuschelte.

»He, du, was meinste? Kekse, du. Haste's gehört? Ob das stimmt?«

Malwida schielte misstrauisch zu der Frau hinüber. Wie die Hexe Kaukau, die Kinder mit Backwerk anlockte, sah sie nicht gerade aus. Bestimmt war sie nicht älter als Memmi. Sie hatte karottenrotes Haar, das hinten lang in den Nacken hing und an den Seiten mit Kämmchen eingeschlagen war. Sie trug auch nicht etwa eine Kittelschürze, sondern ein Sommerkleid mit dicken Schulterpolstern und richtige Damenschuhe mit Absätzen. Sie war eine Dame.

Als Malwida den Hals reckte, um einen Blick auf das Baby zu werfen, lachte die Dame und sagte: »Nein, nein, mein Kind ist schon groß. Ich komme von der Wäschemangel.«

Unschlüssig und erschöpft zockelten sie neben dem Kinderwagen her, während die Dame freundlich zu ihnen sprach. Dass sie keine Antwort erhielt, schien ihr nichts auszumachen.

Nach der übernächsten Straße bogen sie in eine Seitenstraße ein, dann noch dreimal um irgendwelche Ecken, bis die Dame in einem Hausflur hineinging und den Kinderwagen in einen Verschlag einschloss. Die gestapelten Betttücher, Handtücher und Kopfkissenbezüge übernahmen Malwida und Hildchen. Drei Treppen mussten sie damit steigen. Die Dame nannte sie »tüchtige kleine Helfer« und lobte sie über den grünen Klee. Abermals verhieß sie ihnen kalten Kaffee und Kekse.

Und tatsächlich bekamen sie beides vorgesetzt. Es war kein Schwindel gewesen. In einer Loggia mit Petunienkästen und einem gelben Sonnenschirm. Also gab es edle Menschen doch nicht nur in Büchern.

Mit den krümeligen Haferflockenkeksen beschäftigt, konnten sie hören, wie die Dame im Innern der Wohnung mit jemandem redete. Es war eindeutig eine Kinderstimme, eine Mädchenstimme, unleidlich und schroff, die ihr da zusetzte. Vielleicht hatte sie das Mädchen gebeten, die Gäste zu begrüßen, und sie wollte nicht. Vielleicht hatte sie etwas dagegen, dass ihre Mutter wildfremde Kinder von der Straße auflas und mit kostbaren Haferflockenkeksen bewirtete.

Die Dame kehrte allein zurück. Mit sonnigem Lächeln setzte sie sich zu ihnen auf die Loggia.

»Alles aufgegessen? Fein. Hat geschmeckt, was?« Und zu Malwida gewandt sagte sie: »Ich muss immer dein hübsches Blusl angucken. Was willst du dafür haben?«

Weil sie so herzlich dabei lächelte, war das wohl als Witz gedacht. Malwida schnaubte verlegen und tat amüsiert. Eigentlich konnten sie jetzt wieder gehen. Sie hatten gegessen, sie hatten getrunken und sich ausgeruht. Dass die Tochter der Dame offenbar etwas gegen ihre Anwesenheit hatte, machte ein längeres Sitzenbleiben und Angelächeltwerden irgendwie unbehaglich.

»Es ist mir ernst. Ich möchte dir das Blusl abkaufen. Oder abtauschen, wenn dir das lieber wäre.«

Malwida schaute Hilfe suchend zu Hildchen. Die ist ja hepp-hepp, signalisierte Hildchen mit den Augen.

Die Dame ließ nicht locker. »Sieh mal, dein Rock hat diese modischen breiten Träger, den kannst du auch ohne Bluse tragen.«

»Das darf ich nicht«, sagte Malwida. »Die Bluse ist ziemlich neu. Und ich will sie auch gar nicht verkaufen. Wir müssen jetzt nach Hause. Vielen Dank für die Kekse.«

»So eilig wird es schon nicht sein.« Die Dame streichelte Malwidas Hand. »Nur die Tiere rennen vom Essen weg, wenn sie satt sind. Menschen unterhalten sich. Wie alt bist du denn? Bald zehn? Das ist ja lustig – meine Freya ist genauso alt wie du. Kommt, sagt ihr mal Guten Tag.«

Was daran lustig sein sollte, dass zwei Kinder zufällig gleich alt waren, hätte Malwida gern gewusst.

Das Mädchen mit Namen Freya schmollte anscheinend noch immer, denn sie gab sich keine Mühe, wegen zwei fremden Kindern von der Couch aufzustehen. Ihr Haar war ebenso lang und ebenso rot wie das ihrer Mutter. Im Gesicht hingegen war sie so käseweiß wie Hildchen, als sie den Sonnenstich hatte. Und sie hatte eindeutig ein Nachthemd an. Ein Damennachthemd mit weiten Armlöchern und einem Spitzenkoller.

Sie hatte ein Nudelbrett auf den Beinen liegen und fügte die Zungen eines Legespiels zu einem Bild zusammen. Drei Viertel waren schon fertig: Rosenhecken und grüne Baumkronen und in der Mitte die Hälfte eines Lusthäuschens, zwei Frauen in Krinolinenröcken und zwei mit Reifen spielende Kinder. Alles glänzte, als sei es lackiert.

»Freya hat Kinderlähmung gehabt. Sie kann noch nicht wieder richtig laufen«, sagte die Dame. »Deshalb wird sie verwöhnt, stimmt's mein Häschen?«

Freya äußerte sich nicht dazu. Als sei es selbstverständlich, sich verwöhnen zu lassen. Vernichtend starrte sie Hildchens Kleid an, das kaum noch bis zum Schritt reichte. Es hatte vorher Hermi gehört. Langsam ließ sie den Blick abwärts wandern zu Hildchens schmutzigen Füßen. Bei Malwida fing sie unten an und musterte dann interessiert Trägerrock und bestickte Bluse. In die Augen sah sie den Besuchern nicht.

»Ich hab auch zwei Legespiele«, sagte Malwida.

»Ich hab zwölf«, sagte Freya wegwerfend. »Ich sammle alle, die es gibt. Wie viele Stammbuchblümchen hast du?«

Malwida besaß kein einziges.

Freya lächelte herablassend. »Ich hab fast fünfhundert. Die sammle ich auch.«

»Ich sammle Postkarten«, sagte Malwida.

»Wegen der Briefmarken?«, erkundigte sich Freya.

»Nö, nur so, als Postkarten eben.«

Freya machte Ph! und beschäftigte sich wieder ausschließlich mit ihrem Legespiel.

Noch immer wollte Freyas Mutter sie nicht fortlassen. Sie fing sie in der Diele ab, mit einer Miene voller Geheimnistuerei.

»Schau hier – würden die dir gefallen?«

Sie stellte einen Schuhkarton auf den Tisch der Loggia, mitten zwischen die ausgetrunkenen Kaffeebecher und die Glasteller (von denen Hildchen jeden Kekskrümel mit dem nassen Zeigefinger aufgetupft hatte).

In Malwidas Bauch wogte hektisches Geflatter. Wie durch glühende Drähte geleitet, strahlte es ihr bis in die Fingerspitzen, zuckte über die Schenkel in die Knie.

Der Karton war voller Postkarten.

Malwida wühlte. Malwida fledderte. Ihre Finger tanzten nur so durch die liederlich hineingeworfenen Kartenstapel. Ihr Hochgefühl nahm ein wenig ab, als sie feststellen musste, dass es sich bei den meisten nur um Ansichtskarten handelte; um graue und bräunliche Fotografien. Auch etliche Plischke-Karten waren darunter. Die mussten sich doch überall dazwischenschmuggeln, wo man sie nicht haben wollte!

Aber die … und die … Und die sowieso, weil sie wie ein Zwilling der Wurzelweiblein-Karte von Fräulein von Carolsfeld aussah.

Alle, die ihr gefielen, legte Malwida säuberlich neben den Karton. Freyas Mutter lächelte, als sei sie die Sonne persönlich. Hildchen allerdings zog eine Schippe. Ihr schwante nichts Gutes. Einmal wagte sie leise zu mahnen: »Malwida, lass das jetzt. Los, komm wir müssen heim.«

»Gleich«, sagte Malwida. »Ich hab sie fast durch. Eine Minute noch.«

»Du fängst ja wieder von vorne an.« Hildchen murrte. Ihr konnte man nichts vormachen.

»Ja doch … gleich … sofort …«

Irgendetwas in Malwida antwortete für sie, als ob da eine Spieldose abschnurrte. Oder wie im Märchen der Lappen mit der Spucke, der immer denselben Satz herplapperte, wenn es nötig war.

»Zweiunddreißig Stück«, sagte Freyas Mutter, die die ausgewählten Karten gezählt hatte.

Abwägend besah Malwida sich ein weiteres halbes Dutzend. Über die war sie sich noch nicht ganz klar. Je länger sie auf sie niederschaute, desto besser gefielen sie ihr. Sie hatte die Schönheit einer bestimmten Sorte alter Ansichtskarten entdeckt.

Sie prangten in grellen, giftigen Farben. Die Seen darauf waren türkisblau, der Himmel ausnahmslos vergissmeinnichtblau, die Bergkuppen bonbonrosa. Sonnenuntergänge brannten goldorange und die Palmen, Zypressen und Weinspaliere behaupteten sich gegen Wasser und Himmel mit samtigem Smaragdgrün.

Den Ausschlag gab die rote Schrift an der oberen Kante.

Lago di Lugano, Gandria, stand da. Und *Lago di Como, Punta Balbia. Lago di Como, Bellaggio. Lavandaie sul lago di Garda …*

Die musste sie unbedingt Tante Edith zeigen. Zu schade, dass keine von Gardone dabei war. Für sich selbst wollte sie eine Ansichtskarte, wo eine hohe Eisenbahnbrücke schräg ins Bild herein verlief. Auf der Brücke schob eine winzige, verkehrt herum angekuppelte Lokomotive zwei winzige Waggons vor sich her, bergauf, in ein himbeermilchrosa Alpenglühen hinein. Das Gebirge war leider weder die Marmolada noch das Hefelekar; *L'Aiguille du Dru (3815 m)*, stand auf der Karte.

Tief einatmend und schwer wieder ausatmend, legte Malwida die sieben zum Stoß der Auserwählten.

»Die kommen noch dazu.«

Freyas Mutter sagte: »Nimm dir nur, so viel du willst. Nimm ruhig hundert.«

»Ich will nur die«, sagte Malwida.

Peinliches Stummsein breitete sich aus, das noch peinlicher wurde. Babbel nannte das: Ein Engel fliegt durchs Zimmer.

Die Dame lächelte unablässig, aber nicht mehr so sonnig und herzlich wie vorher. Sie war falsch, Malwida fiel es auf einmal wie Schuppen von den Augen. Leider kam die Erkenntnis zu spät. Ohne die Karten würde sie keine frohe Minute mehr im Leben haben – diese Erkenntnis war stärker.

Aufbruchbereit lauerte Hildchen an der Tür, die Hand auf der Klinke. Für sie stand fest, dass die fremde Dame Malwida verhext haben musste. Ihr Quengeln wurde immer dringlicher.

»Malwida, komm jetzt. Wir müssen nach Hause.«

»Weiß ich selber.«

Langsam, sehr langsam zog Malwida den Reißverschluss auf der linken Seite auf. Er reichte vom Ende der Achselhöhle bis zum Hüftknochen. Der Trägerrock hatte ein angenähtes Mieder, so dass sie nicht mit bloßem Oberkörper weggehen musste.

Langsam, sehr langsam, wie im Traum, streifte Malwida als nächstes die breiten Träger von ihren Schultern.

Sie nahm die Arme hinter den Kopf und löste im Nacken das Knöpfchen aus der Schlinge (ein gelbes Knöpfchen in Herzform, aus dem Bestand Fräulein von Carolsfelds).

Nun nahm sie die Arme über Kreuz und zog sich langsam, sehr langsam die hauchdünne Mullgardinenbluse über den Kopf.

Sie reichte sie der Dame und fuhr mit den nackten Armen unter die Träger. Sie zog den Reißverschluss wieder hoch bis unter die Achsel und griff nach dem Stapel Postkarten neben dem Schuhkarton.

Hildchen sabberte am Fingerknöchel, entsetzt über die ungeheuerliche Macht, die die Dame auf Malwida ausübte.

Ein Rinnsal Spucke lief ihr aus dem offenen Mund bis übers Handgelenk. Als Malwida mit gesenktem Kopf und ohne sich zu verabschieden zur Tür ging, gab Hildchen Fersengeld. Wie die Irren rasten sie die drei Treppen hinunter.

Ein Glück, dass Hildchen sich das verzwickte Um-sechs-Ecken-Herum eingeprägt hatte; ihr Ortssinn war unfehlbar.

Tiefsinnig und schuldbewusst brütete Malwida die lange Straßenbahnfahrt heimwärts vor sich hin. Hildchen störte sie nicht dabei. Sie stellte weder dumme Fragen noch malte sie lang und breit das unvermeindliche Strafgericht aus. Gegen Behextwerden war man machtlos. Dagegen war die schief gelaufene Kornäpfel-Aktion direkt harmlos.

Als nur noch zwei Haltestellen vor ihnen lagen, traute Hildchen sich, Malwidas dumpfes Brüten zu unterbrechen.

»Was soll ich denn nun meiner Mutter sagen, wieso wir ohne Kornäpfel heimkommen?«

»Die Wahrheit«, antwortete Malwida kurz angebunden. »Dass eine Herde Gänse uns überfallen hat. Wenn sie's nicht glaubt, kann ich ihr ja meine Schmarren zeigen.«

Auf lautlosen Sohlen stahl sie sich in die Wohnung. Dort empfing sie unerwartete Stille.

Es gab vielerlei Arten von Stille. Mit Unheil geladene Stille, Totenstille, die Stille der Langeweile. Die hier wirkte beruhigend. Na, wenigstens war diesmal kein »Wo bist du gewesen, wir haben uns solche Sorgen gemacht«, zu befürchten. Sie hatte heute Nachmittag erwähnt, dass sie mit Hildchen wegwollte.

Alle Türen standen sperrangelweit offen, um die Hitze

des Tages herauszulüften. Im Stübel zog Malwida rasch den guten Rock aus und den Luftanzug an. Babbel saß auf der Veranda, hörte den Vögeln zu und genoss den Abendfrieden.

Kotchen-Katchen und Fiedel-Adschith, so berichtete sie, hatten sich in Schale geworfen und waren ausgegangen. Einige Kinos hatten wieder aufgemacht. Ein Zirkusfilm, ein nagelneuer, sollte gespielt werden.

»*1-2-3 Corona* soll er heißen. Zirkusfilme sind alle gleich. Immer rangeln sich zwei Männer um eine Frau. Und immer nimmt sie natürlich den Jüngeren. Auch dann, wenn sie mit dem Älteren verheiratet ist. Der verunglückt dann meistens, weil er mit den Gedanken nicht bei der Sache ist. Babbel gähnte: »Galla-galla. Und wo warst du?«

»In Neu-Zschitzschewig.«

Für ihr Leben gern hätte Malwida Babbel die vielen neuen Karten gezeigt. Sie sehnte sich nach Anteilnahme und Mitfreuen. Aber noch wusste sie nicht, wie sie die Herkunft einer solchen Menge von Trophäen erklären sollte. Konnte man Trophäen, die so teuer erkauft waren, überhaupt noch als Trophäen bezeichnen?

Unerhörte Freuden und nagende Qualen; Sternenflüge und skrupellose Begierde – das würde von nun an ihr Los sein, hatte Oberon Holtei zu Ostern versichert. Es sei das Los aller Sammler, die mit Leidenschaft sammelten.

Um ungestört an dieser Leidenschaft zu leiden, ging Malwida beizeiten ins Bett. Hingerissen betrachtete sie die neuen Karten. Dann zählte sie alle miteinander, auch die alten. Ihre Sammlung belief sich nunmehr auf achundsechzig Stück.

Das Glücksfieber verscheuchte den Schlaf. Malwida unterhielt sich damit, die Karten nach Gebieten zu ordnen. Das erwies sich als recht knifflig, da viele theoretisch zu mehreren Gebieten gehörten. Sollte man die Geburtstags- und die Weihnachtszwerge nun zu Zwergen oder zu Geburtstag und Weihnachten zählen?

Spät in der Nacht hörte Malwida im Halbschlaf Stimmen auf der anderen Seite der Wand, wo das Ehebett stand. Memmi trällerte einen Schlager: »Komm, Casanova, komm Casanova, küss mich …«

Tante Edith sagte etwas dazu. Schon lachten sie beide hoch und girrend, bis sie verstummten wie abgeschnitten. Memmi hatte sich vermutlich besonnen, wie dünn die Wände waren. Aber das Gickern ging weiter, jetzt mit verhaltener Lautstärke.

Malwida dachte sich aus, wie es wäre, wenn sie jetzt hinüberginge. Wenn sie die Tür öffnete und in die rötliche Beleuchtung der beiden Nachtlämpchen hinein sagte: Ich hab euch ganz schrecklich lieb. Und ihr sollt mich genauso lieb haben. Nämlich, wenn man jemanden richtig lieb hat, darf er alles, alles, alles, ohne dass man ihn anschreit und haut. Deshalb müsst ihr verstehen, dass ich … dass ich die Bluse für die Karten … weil ich ohne die Karten … Also, weil eben jeder Sammler an skrupelloser Begierde leidet.

Aber sie konnte sich nicht entschließen. Wie hatte Babbel am Abend vor dem Wandertag gesagt: Wahrscheinlich kann nur ein anderer Sammler einen Sammler begreifen.

20. Kapitel

Es wurde September. Die Schule fing wieder an.

Malwidas Mutter war das Verschwinden der weißen Bluse noch immer nicht aufgefallen, weil sie eine Viertelstunde nachdem sie Malwida geweckt hatte, aus dem Haus musste.

Der Großmutter hatte Malwida gebeichtet, dass »etwas Furchtbares« mit der Bluse passiert sei. Nur noch ein einziger Fetzen sei sie gewesen, obendrein mit Wagenschmiere besudelt.

»Die war nicht mehr zu retten, ehrlich Babbel.«

Das »ehrlich«, rutschte ihr so heraus. Allein dafür schämte sich Malwida. Die erfundene Geschichte belastete ihr Gewissen nicht im Geringsten.

Nachdem die Jammerlitanei abgesungen war, wollte die Großmutter wissen, wie Malwida sich das Weitere dächte. Nichts von ihrer sonstigen Kleidung passte zum Trägerrock.

»Die Bluse ist extra dafür genäht worden. Damit du in der Schule anständig auftrittst.«

»Ach, ich nehme irgendwas«, sagte Malwida unbestimmt. Wer aus der Klasse trug schon passende Sachen?

»Bunt wie 'n Kasper«, sagte die Großmutter missbilligend am Morgen des ersten Schultags zu Malwida. »Igitt, wo hast du denn *den* rausgefischt? Aus dem Lumpensack?«

»Und wenn?«, fragte Malwida patzig zurück.

Der beanstandete Pullover war ein Produkt aus allen möglichen Wollresten, hauptsächlich holunderbeerlila, auf der Brust ein weißer Latz mit draufgestickten Sternen, die Ärmel apfelsinenfarben und weiß geringelt. Im Lumpensack war er gelandet, weil er bereits so verschwitzt und verfilzt war, dass man ihn nicht mal mehr aufribbeln konnte.

»Da opfert man wer weiß was an Kissenbezügen und Gardinen, um dich einzukleiden, und dann rennst du rum wie dem Hanswurst seine Frau. An dir ist alles verschwendet, was besser ist als ein Scheuerhader! Da hast du einen schönen neuen Rock, schöne neue Schuhe und verhunzt alles wieder, indem du dieses unappetitliche Ding aus der Mottenkiste dazu anziehst.«

Malwida ließ die Großmutter nörgeln. Das störte sie nicht und tat vor allem nicht weh. Was sie selber viel mehr störte, war das Ausmaß der Halbschuhe, die Tante Edith mitgebracht hatte. Babbel hatte ihr Watte in die Spitzen gestopft, damit sie besser saßen. Trotzdem konnte man nicht darüber hinwegsehen, dass es die reinsten Quadratlatschen waren. Zwei Nummern zu groß. Kein Mensch konnte mit zwei Nummern zu großen Schuhen normal laufen, so dass alle in der Klasse über ihren Watschelgang witzeln würden.

Hundertmal wichtiger aber als der Lumpensackpullover und die Quadratlatschen war die Frage: Wer würde in der Fünften ihre Banknachbarin werden?

Denn Frau Schleiermacher hatte die Angewohnheit, die alte Sitzordnung zu Beginn jedes neuen Schuljahrs total durcheinander zu wirbeln. Brutal zerstörte sie bewährte Abschreib- und Vorsage-Gemeinschaften und rückte beste Freundinnen weit auseinander, so dass sie nicht mal mehr durch Zeichensprache in Verbindung treten konnten.

In der Vierten hatte Malwida die ersten Monate neben Irene Gimpel gesessen. Bis deren Läuse auch auf ihrem Kopf herumwuselten und die Mutter ihr einen Brief an Frau Schleiermacher mitgab und sich beschwerte. Danach war sie neben Rosel Wagenitz gelandet, dem Umsiedlermädchen, die so scharf auf Pausenbrote war, dass sie ihre Andersen-Märchen dafür hergegeben hatte.

Malwida war gut mit ihr ausgekommen. Sie mochte die bedachtsame, feierliche Art, mit der Rosel alles anging: das Hefte-Aufschlagen, das Federhalter-Eintauchen, das Schreiben. Selbst ihre Linealstriche waren gewissenhafte Zeremonien. Rosel liebte ihren Schulkram über alles und pflegte ihn wie Heiligtümer. In der Handarbeitsstunde stellte Frau Heisterbach die Rosel-Wagenitz-Arbeiten als Vorbild hin.

Rosel war die Erste, die Malwida zu ihrem Geburtstag einlud. Der war zwar erst am 20. September, aber es konnte nicht schaden, wenn man seine Gäste rechtzeitig vorbereitete. Dann hatten sie genügend Zeit, sich ein Geschenk zu überlegen.

Mitten in ein interessantes Gespräch über die Geburtstagsfeiern vergangener Jahre platzte Frau Schleiermacher. Sie kam nicht allein.

»Ich bringe euch eine neue Mitschülerin«, verkündete sie, als wenn man das nicht selbst gesehen hätte. »Sie heißt Jewgenia Fröbel. Aber ihr könnt Schenja zu ihr sagen; das ist ihr lieber. Dort, wo sie herkommt, ist das die übliche Abkürzung für Jewgenia. Stellt euch vor – Schenja hat den Sommer in der sowjetischen Pionierrepublik auf der Krim verbracht.«

»In Artek«, ergänzte die Neue. Sie betonte es so, wie Tante Edith »Gardone«, sagte.

Schüchtern war sie jedenfalls nicht. Es schien sie gar nicht zu genieren, im Brennpunkt von siebenunddreißig Augenpaaren zu stehen. Sie hielt sich sehr gerade und ließ den Blick munter durch die Klasse flitzen. Ein kokettes, spitzbübisches Augenfunkeln, als sei es eine Riesengaudi, hier mal eine Weile mitzumachen. Natürlich funkelte sie auch in die Ecke, wo die Jungen sich zusammengerottet hatten, um die heimlich mitgebrachte Blindschleiche von Otmar Rietschel zu bestaunen.

Jetzt staunten die Jungen die Neue an, denn auch sie war ein Wundertier, den anderen Mädchen der Klasse haushoch überlegen. Mit dem ausgefallenen Namen und der Vergangenheit!

Die Mädchen hatten sich noch nicht entschieden, ob sie sie mögen wollten. Sie war so anders. Das fing schon damit an, dass sie als Einzige der Klasse keine Zöpfe hatte, sondern das Haar kurz geschnitten trug, mit einer Libellenspange links. Dann der dunkle Glockenrock und die weiße Hemdbluse mit dem feuerroten Halstuch, dessen feuerrote Zipfel auf die Brust hingen.

»Das ist die sowjetische Pionieruniform«, wurden sie später von Schenja aufgeklärt.

»Alles Angabe«, tuschelte es hinter Malwida. Erste Schenja-Fröbel-Gegnerinnen und Schenja-Fröbel-Anhängerinnen gaben sich zu erkennen.

Frau Schleiermacher zog ihren ausgetüftelten Sitzplan aus der Mappe. Wie jedes Jahr setzten Wehklagen und Gebettel ein, wurden mürrische Gesichter gezogen. Malwida und Rosel Wagenitz hakten sich trotzig ein, als könnten sie Frau Schleiermacher damit zwingen, sie zusammenzulassen.

»Malwida Meisenbug …«, sagte Frau Schleiermacher sinnend. »Da muss ich was ändern.« Sie machte sich eine Notiz. »Ja. Du wirst neben Schenja Fröbel sitzen.«

Rosels Miene wurde traurig. Einige der Mädchen, die sich bereits in die Neue verguckt hatten, riefen neidisch: »Och, die! Nehmen Sie lieber mich, Frau Schleiermacher! Kann ich nicht neben Schenja?«

Malwida war sich nicht schlüssig, ob sie ihre Freude zeigen sollte oder maulen, wie der gute Ton es verlangte.

Die Neue bewies nur zu bald, dass sie nichts mit Rosel Wagenitz gemeinsam hatte. Ihr Schulkram war äußerst lückenhaft. Radiergummi, Löschblatt, Winkel, Zirkel, Redisfeder, Lineal, bestimmte erforderliche Hefte – irgendwas fehlte ihr immer. Hatte sie es dabei, war das reiner Zufall; am Stundenplan schien sie sich nie zu orientieren. Komischerweise brachte Schenja Fröbel es dennoch fertig, nicht etwa liederlich zu erscheinen, sondern ihre Gleichgültigkeit wirkte beinah schick.

Sie hatte eine angenehm vertrauliche Art, flüsternd Malwidas Zeichenfeder, Zirkel, Tuschpinsel und Radiergummi zu erbitten. Malwidas Hefte nahmen rapide ab, weil sie fortwährend aus der Mitte Blätter rausreißen musste, um Schenja zu versorgen.

Niemand sonst konnte wie Schenja so drollig und unwiderstehlich schmeicheln: »Du, lass mich nachher abgucken, ja? Ich hab vergessen, das blöde Zeug zu lernen.«

Fast genierte Malwida sich dann, dass sie selbst so dämlich gewesen war, das »blöde Zeug« geübt zu haben. Vom ersten bis zum letzten Wort einschließlich aller falschen Satzzeichen schrieb Schenja Fröbel alles von Malwida ab. Mit ihrer klitzekleinen Schrift, die von weitem ein beispielhaft sauberes Bild abgab. Mit ebenso klitzekleinen Ziffern übertrug sie Malwidas falsche Rechenwege und entsprechend falschen Lösungen in ihr Heft oder auf ihren Zettel (die richtigen natürlich auch).

Nur in den Musikstunden glänzte sie aus sich selbst heraus. Keine Woche verging, in der Fräulein Pforr nicht Schenja aufforderte, ihnen etwas vorzusingen. Jede andere wäre im Boden versunken. Nicht Schenja Fröbel. Dabei hatte sie gar nicht mal eine besondere Stimme. Kein Vergleich mit Gisi Kammer aus der Siebten, dem Gesangstar der Schule.

Kaum hatte Schenja sich bereitwillig und ohne eine Spur von Lampenfieber vorn beim Pult aufgestellt, setzte schon der Wunschchor ihrer Anhängerinnen ein: »*Kat-ju-scha*! *Kat-ju-scha*!«

Dann lächelte Schenja strahlend zu ihnen hin und begann ohne Umschweife: »Leuchtend prangten ringsum Apfelblüten …« So ging der deutsche Text des russischen *Katjuscha*-Liedes.

Fast genauso beliebt waren *Seht die alten Kremlmauern* und das *Lied vom kleinen Trompeter*, dem »lustigen Rotgardistenblut«. Keins von all diesen Liedern war Babbel geläufig. Sie musste es gestehen, als Malwida sie darauf ansprach.

Manchmal schrie Malwida auch mit bei dem »Kat-ju-scha! Kat-ju-scha!«-Gebettel. Im Grunde war es ihr egal, was Schenja sang, sie wollte ihr nur dabei zusehen. Sie wollte diesen verzückten Gesichtsausdruck sehen, den Schenja dabei bekam. Wie eine richtige erwachsene Vortragskünstlerin untermalte Schenja ihre Darbietungen mit Handbewegungen. Sie wiegte sich hin und her und legte bei traurigen Stellen den Kopf leicht zurück.

»Du gehörst auf die Bühne«, sagte Fräulein Pforr regelmäßig. »Deine Stimme wird später sicherlich noch kräftiger werden. Dein Theaterblut jedenfalls ist schon jetzt zu erkennen.«

In Sport war Schenja Fröbel auch ganz gut. Sport war in Artek groß geschrieben worden.

Übrigens erschien sie jeden Tag in ihrer sowjetischen Pionieruniform. Seit es draußen frischer war, trug sie eine khakifarbene Windjacke mit Gürtel dazu. Niemand hatte sie je in anderen Sachen gesehen.

»Na klar, so fällt sie besser auf«, behaupteten die Schenja-Fröbel-Gegnerinnen. »Wenn die ihre Extrawurst nicht gebraten kriegt …«

Aber sie waren eindeutig in der Minderzahl, nur drei oder vier.

Die Jungen wären geschlossen für Schenja durchs Feuer gegangen. Noch nie, in den ganzen vier Schuljahren davor nicht, hatte es so viele Balgereien gegeben und sie fanden nur dann statt, wenn Schenja in der Nähe war. Der Sieger schielte dann heiß und puterrot und verstrubbelt zu ihr hin. Verirrte sich Schenjas Blick zufällig in seine Richtung, galt das als Orden und Ehrenzeichen. Fast schon als eine Art Verlobung.

Das mit der »Verlobung« hatten die Mädchen hinten herum erfahren. Verena Siebert hatte einen Bruder in der Sechsten und dem war das zufällig herausgerutscht: Wenn um ein bestimmtes Mädchen gekämpft wurde, »gehörte« sie anschließend dem Sieger. So lange, bis der sie an einen anderen verlor oder an dem Vorrecht nicht mehr interessiert war.

Selbstverständlich hatte Malwida Schenja zu ihrem bevorstehenden Geburtstag eingeladen. Banknachbarinnen wurden immer eingeladen. Das war ein ungeschriebenes Gesetz. Ob man mit ihnen enger befreundet war oder nicht, spielte keine Rolle.

Malwidas Mutter hatte nur drei Gäste erlaubt. Das hatte mit dem Geburtstagskuchen zu tun. Für ihn war eigens ein bestimmtes Quantum Mehl und Zucker von Herrn Holteis Würzburger Schätzen aufgespart worden. Um eine runde Blechform mit Teig auszulegen, würde es gerade noch reichen. Obendrauf würden Pflaumen gelegt werden. Und über die Pflaumen kam ein Guss aus verdünntem Pudding.

Malwida beschrieb den Kuchen in allen Einzelheiten in der Hofpause. »Und nach dem Kaffeetrinken wird Topfschlagen gespielt.«

Schenja kannte Topfschlagen nicht; Malwida musste es ihr erläutern.

»Na, jeder kriegt einmal die Augen verbunden und einen Spazierstock in die Hand. Dann wird er tüchtig im Kreis gedreht, damit er die Orientierung verliert, und muss versuchen, mit dem Stock nach dem Topf zu fuchteln. Man darf ihm dabei helfen und *warm* oder *kalt* rufen. Wenn er dreimal draufgeschlagen hat, kann er behalten, was unter dem Topf liegt. Was das ist, weiß niemand vorher, weil das meine Mutter drunter versteckt.«

»Kann ich auch kommen?« Edda Wildgans (die eigentlich die beste Freundin von Renate Pappenheim war) schlang ungestüm den Arm um Malwida. »Och bitte, bitte. Du darfst auch mal mit meinem Seil springen. Komm mit in die Ecke, wir schlagen es für dich.«

Von Rechts wegen durfte man Spielsachen nicht mit in die Schule bringen. Edda Wildgans und Renate Pappenheim fingen an, das Seil für Malwida zu schwingen. Malwida konnte nicht widerstehen. Sie zählte stumm die Schläge des Seils auf dem Boden – schumm, schumm, schumm –, bis sie den Rhythmus heraus hatte, dann sprang sie. Zuerst mit beiden Füßen zugleich. Später abwechselnd mal auf dem einen, dann auf dem anderen Fuß: Hopp-hopp-hopp.

Damit hatte sie sich stillschweigend verpflichtet, Edda Wildgans zu ihrem Geburtstag einzuladen.

Edda lächelte zufrieden. »Ich schenk dir auch was Hübsches. Du wirst dich freuen!«

In der nächsten kleinen Pause kam Edda schon wieder zu Malwida. Beschwörend, tuschelnd, unter Ausschluss der Öffentlichkeit versuchte sie sie zu überzeugen, auch noch Renate Pappenheim einzuladen.

»Willst du mal abbeißen?« Sie hielt Malwida eine geschrubbte Möhre hin. »Du kannst sie auch ganz essen. Nimm ruhig, ich hab noch eine.«

So spontane Beweise der Sympathie waren verwirrend. Besonders, wenn man sie nicht gewöhnt war. Schwach und gefällig biss Malwida in die Möhre, obwohl sie selbst zwei in ihrer Brotkapsel hatte.

»So viele darf ich nicht einladen«, sagte sie. »Die Pappe ist außerdem gar keine Freundin von mir.«

»Ach, nun sei nicht so kiebig!« Überredend legte Edda ihren Arm um Malwidas Rücken. »Du musst verstehen – sie und ich, wir gehen überall zusammen hin. Gib deinem Herzen einen Stoß. Und überhaupt: Wenn du eine wie die Wagenitzen einlädst, wirst du wohl nichts dagegen haben, wenn Renate mitkommt.«

Die Stunde begann, das Gespräch konnte nicht fortgesetzt werden. Doch für die zwei Unzertrennlichen, Wildgans und Pappe, schien das Ergebnis festzustehen. Denn als sie nach Unterrichtsschluss mit ihren Ranzen im Laufschritt losrappelten, winkten sie beide Malwida ungewohnt herzlich zu.

Panik erfüllte Malwidas Bauch. Sie zählte an den Fingern ab, wie viele Gäste denn nun eigentlich ins Haus standen.

Schenja Fröbel. Rosel Wagenitz. Dann die Wildgans und die Pappe. Machte vier. Na ja, eine mehr, das ging zur Not.

Aber dann fiel ihr siedendheiß ein, dass sie ja auch Hildchen Hahn-Hahn eingeladen hatte. Hildchen kam jedes Jahr.

21. Kapitel

Am 20. September nieselte es schon am frühen Morgen.

»Das wird sich kaum ändern«, sagte die Großmutter und klopfte gegen das Barometer.

»Wo sollen wir dann aber das Topfschlagen machen?«, fragte Malwida ungehalten, als sei das schlechte Wetter die Schuld der Großmutter.

»Das entscheiden wir, wenn's so weit ist. Deine Mutter kommt ja heute eine Stunde eher nach Hause; ihr wird schon was einfallen.«

Halb drei am Nachmittag zog Malwida ihr Matratzendirndl an. Viertel vor drei wurden die zehn dünnen Kerzchen in dem hölzernen Jahresring noch einmal angezündet. Zwei Löcher waren noch frei. Malwida fand den Jahresring eigentlich ziemlich kindisch. Das heißt, ihr selber gefiel der Ring der still brennenden Flämmchen noch immer, aber die Gäste würden garantiert darüber feixen. Na ja, Hildchen und Rosel Wagenitz vielleicht nicht, aber die anderen drei bestimmt.

Fünf Minuten vor drei sagte Malwida beiläufig: »Stell mal lieber noch zwei Tassen und zwei Teller mehr hin.«

Die Großmutter sah sie scharf an; ihre Augenbrauen gingen in die Höhe. Sie wollte etwas sagen, überlegte es sich aber anders.

Ring-ring!

Der erste Gast drehte am Zuckerdosendeckel.

Rosel Wagenitz trat sich umständlich die Füße auf der Matte ab, bevor sie Malwida einen Strauß Winterastern überreichte (goldbraun gesprenkelt). Aus mehreren Lagen Zeitungspapier wickelte sie eine Buchhülle aus Stramin, auf die mit Kreuzstich zwei große M gestickt waren und darunter ein Schneestern.

Edda Wildgans und Renate Pappenheim kamen natürlich zusammen. Auch sie brachten Winterastern mit, Edda hellrosafarbene, Renate weiße. Sie knicksten vor der Großmutter, händigten Malwida hastig zwei Päckchen aus und stürzten sich umgehend auf Malwidas Geburtstagstisch.

»Na, was haste denn alles Schönes gekriegt? Zeig mal her.«

Weithin nach Leder duftend, stellten die Schnürstiefel mit den metallenen Häkchen ohne Frage die Hauptattraktion dar. Edda drehte einen Stiefel um und inspizierte kennerisch die Sohle.

»Ungebraucht«, sagte sie zu Renate Pappenheim.

»Westzonenschuhe«, ergänzte die Pappe.

Die neue Strickjacke – Ärmel und Rücken lebkuchenbraun, die Vorderteile in einem raffinierten Muster aus unzähligen Wollresten – hielten sie sich abwechselnd an und gingen damit zum großen Spiegel in den Flur hinaus.

»Hat deine Mutter die bei Frau Schimmank stricken lassen?«, erkundigte sich Renate Pappenheim interessiert. Malwida hatte keine Ahnung.

Sie war heilfroh, dass sie noch in letzter Minute daran gedacht hatte, die beiden angerauhten Winterschlüpfer und den gleichfalls angerauhten braunen Unterrock vom Geburtstagstisch zu entfernen. Wer weiß, was die neugierigen Elstern, Wildgans und Pappe, damit angestellt hätten.

Renate Pappenheims Geschenk bestand aus einem Schächtelchen, in dem früher mal Indische Blumenseife gewesen war. Darin lag auf gelber Watte eine gelbe Glasperlenkette.

Und Edda – Malwida kreischte entzückt –, die Wildgans hatte ihr doch wahrhaftig *Sieben kleine Heimatlose* geschenkt. Jenes Buch, das Memmi damals zur Strafe für irgendwas beschlagnahmt hatte. So hatte Malwida nie erfahren, bei wem die letzten vier Kinder untergekommen waren.

»Hast du deine Mutter gefragt, ob du das weggeben darfst?«

»Das ist der doch egal«, sagte Edda großzügig. »Denkst du, die zählt meine Bücher?«

»Wetten, dass Schenja wieder in ihrer Pionierkluft antanzt?«, sagte Renate Pappenheim. Sie kicherte in die hohle Hand. Sie und Edda gehörten zu denjenigen, die sich nicht von Schenja Fröbel hatten verzaubern lassen.

Ring-ring!

Mit tiptop geflochtenen Erntekränzen standen Hildchen und Hermi Hahn-Hahn vor der Wohnungstür. Hermi mit einem Strauß Winterastern (in Rostrot), Hildchen mit einer kunstvollen Pyramide aus Kornäpfeln, Eicheln, Kastanien, Silberdisteln und Strohblumen. Alles war durch Hölzchen miteinander verbunden.

Hermi hatte noch nicht mal den Anstand, verlegen auszusehen. Ganz im Gegenteil. Ihrem Gesichtsausdruck nach schien sie sich für einen heiß ersehnten Ehrengast zu halten. Ruhig und würdig hatte sie sich neben Hildchen aufgepflanzt.

Malwida schnappte nach Luft. Sie wusste, dass man seine Gäste höflich behandeln sollte, ihnen jeden Wunsch von den Augen ablesen und so weiter. Aber Hermi Hahn-Hahn gehörte nicht zu ihren Gästen. So fauchte sie in der ersten Wut: »Der Kuchen ist bloß für die Eingeladenen, das sag ich dir gleich. Du kriegst höchstens …«

Eine Marmeladenbemme, hatte sie sagen wollen. Doch in dem kritischen Augenblick ging unten die Haustür. Das konnte nur Schenja sein. Endlich! Malwida ließ Hildchen und Hermi stehen, die kannten ja den Weg, und beugte sich übers Geländer.

Die Wildgans und die Pappe hatten ihre Wette verloren. Schenja kam in einem hellblauen Häkelkleid, eine weiße Riesenschleife schräg ins Haar gesteckt. In der Hand hielt sie einen Strauß Winterastern (gelbe). Sie begrüßte Babbel, als sei sie ein Gast in einem Theaterstück und Babbel die im Stück vorkommende Großmutter.

»Guten Tag, Frau Meisenbug, ich hab mich ja so wahnsinnig über die Einladung gefreut. Ich bin Jewgenia Fröbel, Malwida hat sicher schon von mir berichtet. Meine Eltern lassen vielmals grüßen.« Und zu den anderen sagte sie: »Tag, Mädchen.«

Ihr Geschenk für das Geburtstagskind war eine Vase mit

einem Haken zum An-die-Wand-Hängen. Die Vase stellte ein rotes Herz aus Keramik dar. Malwida suchte gleich einen Platz für sie. Sie nahm die Radierung mit der Burg Eltz über ihrem Bett ab und ersetzte sie durch Schenjas Herzvase.

»Solange du Blumen darin hast, so lange wird unsere Freundschaft blühen«, sagte Schenja.

Als Malwidas Mutter aus der Gummibude kam, steckte sie als erstes den Kopf ins Wohnzimmer. »Juhu, seid ihr alle da?«

Dann veränderte sich ihre Miene.

»Komm mal einen Moment raus«, sagte sie zu Malwida. Und schon legte sie los, direkt vor der Tür.

»Drei hatte ich gesagt, mehr nicht. Aber wie's aussieht, hast du die halbe Klasse eingeladen. Kommen etwa noch mehr?«

Malwida schüttelte den Kopf. Ihr Blick ähnelte dem eines lieben Hundes, der den ganzen Tag nichts zu fressen gekriegt hat. Doch ihre Mutter war zu aufgebracht, um auf Blicke zu reagieren.

»Du glaubst doch nicht im Ernst, dass Babbel und ich uns krumm legen und die halbe Einrichtung außer Haus geben, damit ein Geburtstagskuchen zustande kommt, um ihn dann an irgendwelche Rotznasen zu verfüttern, die ich noch nicht mal kenne. Haben die dich denn schon mal eingeladen?«

»Nicht so laut, bitte, bitte«, flüsterte Malwida. »Die können dich doch hören.«

Im Wohnzimmer herrschte auffallende Stille.

»Hermi hab ich gar nicht eingeladen, die ist mit Hildchen gekommen.«

Lautlos begann sie zu weinen.

Die Mutter bollerte weiter: »Außerdem hab ich nur vier Überraschungen fürs Topfschlagen.«

»Ich will nichts haben, mir reicht ein Topf ohne was drunter«, sagte Malwida verzweifelt. Sie faltete die Hände und zog die Schultern hoch. »Bitte, bitte ... Bitte, Memmi. Bitte, bitte ...«

Die Großmutter stieß die Küchentür auf. Sie trug eine Platte mit sieben aufgeschnittenen Stücken Pflaumenkuchen.

»Am Geburtstag wird nicht geweint«, sagte sie und es war nicht ganz klar, zu wem sie es sagte. »Nimm dich zusammen, Käthchen. Wir können die Kinder jetzt nicht wieder wegschicken.«

Malwida setzte sich neben Schenja und warf verstohlene Blicke auf die anderen.

Rosel Wagenitz wirkte verschüchtert; sie saß gebückt, machte sich klein und unauffällig. Sie aß auch unauffällig, ohne jedes Geräusch, als würde sie Luft essen.

Edda Wildgans und Renate Pappenheim dagegen schienen den Vorfall eher belustigend zu finden. Hier passierte wenigstens was, hier war was los. Sie warfen sich bei Tisch Bemerkungen zu, komische Abkürzungen, die außer ihnen selbst niemand verstand, und außer ihnen kicherte auch keiner darüber.

Hermi Hahn-Hahn, die sich normalerweise vor Häme und Schadenfreude kugelte, wenn jemand sich blamierte, hatte nicht den leisesten Schatten von Häme im Gesicht.

Noch erstaunlicher: Malwida glaubte ein brummiges Mitgefühl zu erkennen.

Hildchen war wie gewöhnlich. Dabeisein dürfen und einen Teller Kuchen vor sich haben – mehr Glück konnte es nicht geben.

Nur Schenja Fröbel machte eine Oper daraus, mit großen Beileidsaugen, zuckenden Mundwickeln, scheuem Lächeln. Zweimal ließ sie die Kuchengabel sinken, als hielte sie es für taktlos, in Gegenwart einer so Heruntergeputzten Pflaumenkuchen zu mampfen.

Babbel ging um den Tisch und schenkte Muckefuck nach. Die fünf Winterasternsträuße verdrängten den Duft der ausgeblasenen Kerzen, den Kuchen- und den Ledergeruch, bis nur ihr eigener Duft, herb und pfeffrig, übrig war.

Da es noch immer nieselte, wurde das Topfschlagen auf dem Dachboden veranstaltet. Malwidas Mutter tat, als habe es die Szene vor der Wohnzimmertür nicht gegeben. Sie verband einem Geburtstagsgast nach dem anderen die Augen mit dem schwarzen Tuch aus dem Erste-Hilfe-Kasten, der seinerzeit für den Luftschutzkeller angeschafft worden war. Mit viel Pipapo drehte sie die »Blinden« im Kreis und ließ sie dann lostappen, ins Ungewisse.

»Kalt! Kaaalt! … Wird schon wärmer … ja, jaha … lauwarm …«

Schenja war die Einzige, die sich kein bisschen lächerlich anstellte. Sie wirkte wie immer schick, auch mit verbundenen Augen und dem Blindenstock, und sie traf den umgedrehten Topf bereits nach wenigen graziösen Leerschlägen.

»Du hast geschummelt«, behauptete Edda Wildgans. »Du konntest gucken, gib's zu.«

Zu spät begriff Schenja, dass bei diesem Spiel der Beifall nicht für Geschicklichkeit und Anmut vergeben wurde. Hermi Hahn-Hahn dagegen hatte erkannt, worauf es ankam. Sie gebärdete sich so übertrieben tollpatschig und fuchtelte so verrückt mit dem Spazierstock in der Gegend herum, dass man sie im Zirkus Sarrasani sofort als Clown engagiert hätte.

Sie sah wieder so zufrieden und nett und satt aus wie am Ostersonntagnachmittag, als Erdbeernase, der Maler, sie als Einziges von allen Kindern zum Modellsitzen ausgewählt hatte.

Viermal lag ein Bleistiftspitzer unterm Topf. Zweimal eine Renette und einmal eine Goldparmäne. Memmi musste im Regen in den Garten gegangen sein, um sie vom Baum zu pflücken.

Unten, in der Wohnung, übernahm jetzt Hermi Hahn-Hahn das Kommando. So wie Babbel alle Lieder kannte (wenn man von *Schenjas Katjuscha* und *Seht die alten Kremlmauern* absah), kannte Hermi alle Spiele: *Herr Kapitän, ein Eisberg in Sicht, Schnapp hat 'n Hut verlorn, Mutter, wie weit darf ich reisen?, Kämmerchen vermieten, Mein linker Platz ist leer, Ringlein, Ringlein, du musst wandern* und *Drei Fragen hinter der Tür.*

Der Kandidat für die drei Fragen musste nebenan, im Stübel, warten, damit sich die anderen außer Hörweite absprechen konnten.

»Die tut immer so edel«, sagte Renate Pappenheim, als Schenja dran war. »Fragen wir sie doch, ob sie schon mal gemaust hat.«

»Und wo soll dabei der Witz sein?«, wollte Hermi wissen. »Jeder hat in seinem Leben irgendwann mal was geklaut. Trotzdem würde er es ums Verrecken nie zugeben. Wenn man schon vorher weiß, dass sie schwindeln wird, macht's keinen Spaß.«

Malwida dachte an Fräulein von Carolsfeld und spürte, wie sie rot wurde. Nie würde sie das zugeben; Hermi hatte Recht.

»Ich hab noch nie was genommen, das uns nicht gehörte«, sagte ganz unerwartet Rosel Wagenitz, die bis dahin kaum den Mund aufgemacht hatte. Sie sagte es laut und empört.

Hermi lachte ungläubig.

»Keine Äpfel von 'nem fremden Baum? Und wenn du was gefunden hattest, immer ehrlich abgegeben? Dann geh dir 'n Heiligenschein abholen. Nee, nee, die Frage ist doof. Wisst ihr nicht was Besseres als mausen?«

So weit kam es jedoch nicht mehr. Frau Pappenheim klingelte und wollte ihre Tochter mitnehmen. Sie mussten ja bis zur Siedlung auf der Höhe hinauf.

»Ist schon zweimal was vorgekommen in diesem Jahr«, informierte sie die alten Meisenbugs. »Der Weg liegt so einsam und es gibt nur die eine Straßenlaterne. Ich hab mir gedacht, gehst ihr mal lieber entgegen. Ist ja inzwischen nahezu finster draußen.«

Ohne Renate wollte auch Edda Wildgans nicht länger bleiben.

Unruhe riss ein; Rosel Wagenitz suchte ihre Strickjacke und ihren gewonnenen Bleistiftspitzer. »Ich geh dann gleich mit.«

In dem Aufbruchsdurcheinander hatte man Schenja im Stübel ganz vergessen. Auf einmal war auch sie mit Verabschieden beschäftigt, bedankte sich bei den alten Meisenbugs per Handschlag für die Einladung und war aus dem Haus.

»Schenja, was ist denn, was hast du denn?« Malwida rief aus dem Flurfenster hinter ihr her. »Du wolltest ganz lange bleiben, hast du versprochen. Deine Eltern wären sowieso nicht da, hast du gesagt. Schenja, komm wieder hoch!«

Nur die beiden Hahn-Hahns machten keine Miene, den Geburtstag freiwillig zu verlassen. Sie hielten sich leidenschaftlich gern anderswo auf. Schon das Nichtvorhandensein von IMI- und ATA-Kartons machte jede fremde Wohnung angenehm. Außerdem hofften sie auf ein Abendbrot, wenngleich eine solche Aufforderung noch niemals an sie ergangen war.

Hermi hatte der Nachmittag sichtlich gut getan. Sie hatte auf dem Dachboden am besten abgeschnitten, das meiste Gelächter eingeheimst. Danach war sie Spielmeisterin gewesen, hatte bestimmt und alle hatten sie anerkannt. Rundherum friedlich folgte sie den beiden Jüngeren ins Stübel.

Hildchens Vorschlag, die Postkartensammlung anzuschauen, war ganz nach Malwidas Geschmack. Nämlich: Wenn man seine Sammlung jemandem vorführte, dessen Begeisterung ehrlich war, wurde man in den siebenten Himmel versetzt. Hildchen Hahn-Hahn war die ideale Sammler-Freundin. Bei jedem neuerlichen Betrachten fand sie immer etwas Neues zu bewundern. Und über alte Lieblingskarten entzückte sie sich wieder wie beim allerersten Mal.

Hermi hatte die Sammlung noch nie zu sehen bekommen. Sie hatte bis jetzt noch nicht mal gewusst, dass Malwida Postkarten sammelte. Gönnerhaft, ohne Mundverziehen und nur ganz wenig gelangweilt, nahm Hermi die Karten Stück für Stück entgegen, legte sie weg, griff nach der nächsten. Sie guckte sie an wie das Bilderbuch einer kleinen Schwester, die zu kränken gemein wäre. Ihr Magen kollerte.

Plötzlich zeigte Malwida zunehmende Nervosität. Sie blätterte die Karten mit zittrigen Fingern durch. Zweimal. Dreimal.

Als sie aufsah, stand Entsetzen in ihren Augen. Panik. Nichtglauben-Können.

»Fehlt eine?«, fragte Hildchen.

»Drei«, sagte Malwida. Ihre Stimme krächzte. »Die mit dem Viadukt im Gebirge, wo die kleine Lokomotive rückwärts den Zug vor sich herschiebt, in das rosa Alpenglühen hinein. Dann die mit dem türkisblauen Meer und der Freitreppe bis ans Wasser; die, wo *Punta Balbianello* draufsteht. Und die mit den Waschfrauen auf dem Holzplateau im Gardasee ist auch weg. Alles Ansichtskarten.«

Ohne Übergang fing sie in piepsigen Tönen zu weinen an.

»Womöglich sind sie bloß unter den Tisch gefallen?« Hildchen krallte sich sogleich mit den Händen an die Tischplatte, Kopf nach unten hängend wie eine Fledermaus.

Hermis Schläfrigkeit war wie fortgeblasen. Sie hob die Zigarrenkiste hoch und klopfte dagegen. Sie hieß die beiden Mädchen aufstehen und auf ihrem Sitz nachgucken. Sie drehte jeden Gegenstand in Malwidas Regal um, auch in den Fächern, wo die Zigarrenkiste noch nie gestanden hatte.

»Hast du die Karten rumgeschleppt?«, examinierte sie die weinende Malwida. »In ein anderes Zimmer mitgenommen vielleicht?«

Kopfschütteln, Kopfschütteln.

Hermis braune Hummelaugen mit den stachligen Wimpern nahmen einen gebieterischen Ausdruck an. Inspektor Hahn-Hahn. Ab jetzt lag die Angelegenheit in ihren Händen.

Klärung des Sachverhalts war das Vordringlichste.

»Das Stübel hat zwei Türen: eine zum Wohnzimmer, die andere zum Zimmer hinter der Küche. Wir sind zuerst im Wohnzimmer gewesen. Dann Kaffeetrinken – auch im Wohnzimmer. Dann waren wir auf dem Boden zum Topfschlagen. Immer alle zusammen. Danach waren wir wieder im Wohnzimmer und haben Spiele gemacht. Wenn einer nach nebenan ins Stübel verschwunden wäre, hätten wir es gemerkt. Aufs Klo gegangen sind alle, aber da hätte einer erst durch die Küche und das andere Zimmer schleichen müssen, ehe er von hinten herum ins Stübel kommt. Dauert viel zu lange. Wär aufgefallen.«

»Außerdem waren in der Küche Malwidas Mutter und ihre Oma«, warf Hildchen ein.

»Genau«, sagte Hermi. »So, jetzt kommt's. Wer hatte Zeit, hier im Stübel gemütlich rumzuschnüffeln? Wer war alles dran bei *Drei Fragen hinter der Tür*, ehe die alte Pappenheim aufkreuzte?«

»Ich«, sagte Hildchen und blinzelte verängstigt. »Ich und Malwida und die mit dem Häkelkleid aus Malwidas Klasse.«

»Malwida scheidet aus.« Durchbohrend starrte Hermi ihre Schwester an. »Warst du's?«

»Nie! Nie!« Hildchen schrie fast. »Nie im Leben würde ich Malwida bemausen. Malwida ist meine beste Freundin.«

»Dann isses ja wohl klar«, sagte Inspektor Hahn-Hahn. »Das Häkelkleid hat sie.«

»Schenja? Schenja Fröbel? Du bist ja beheppt!« Heiß verteidigte Malwida ihre Banknachbarin. Schenja und klauen – ausgeschlossen.

»Und wieso nicht?«, fragte Hermi ungerührt. Hildchen, die auch den letzten Schatten des Verdachts von sich abwenden wollte, fasste eifrig zusammen: »Sie ist am allerlängsten im Stübel gewesen. Und auf einmal ist sie plitz, platz abgehauen. Obwohl keiner gesagt hat, sie muss gehen.«

Das hatte Malwida allerdings auch nicht verstanden. Sie hatte geglaubt, Schenja hätte es übel genommen, dass sich eine Zeit lang keiner um sie gekümmert hatte. Andererseits war Schenja Fröbel nicht der Typ, der wortlos verschwand, um für sich allein im stillen Kämmerlein zu muckschen. Wenn ihr was nicht gefiel, dann sagte sie es unumwunden, und zwar jedem. Sogar Frau Schleiermacher hatte das erfahren müssen. Das kam vermutlich durch die freie Erziehung im Pionierlager, deshalb ließ Frau Schleiermacher ihr das durchgehen.

Inspektor Hahn-Hahn war nicht dafür, die Angelegenheit auf die lange Bank zu schieben.

»Wir rücken ihr auf die Bude. Noch heute Abend. Weißt du, wo sie wohnt?«

22. Kapitel

Malwida traute sich zu, das Haus nach Schenjas Beschreibung zu finden. Dort gewesen war sie noch nie.

Schenjas Eltern waren häufig abwesend, das wusste sie. Eigentlich war ihre Abwesenheit die Norm. So wie Malwida ein längeres Verreistsein ihrer Mutter als außergewöhnlich vor anderen erwähnt hätte, erwähnte Schenja Fröbel das zeitweilige Erscheinen ihrer Eltern als Ereignis. Aufgekratzt vor Jubelfieber teilte sie Malwida mit: »Sie sind gestern Abend angekommen, ganz spät. Alle beide. Sie bleiben fünf Tage. Fast eine Woche, stell dir vor! Sie wollen mich mitnehmen zu einem Künstlerfest mit Verkleidung. Wir wollen alle drei als Japaner gehen.« Schenja nannte ihre Eltern immer in einem Atemzug, als ob es sich um ein siamesisches Zwillingspaar handelte.

»Und wer sorgt für dich, wenn sie fort sind?«, hatte Malwida gefragt.

Schenja hatte die Frage achselzuckend abgetan. »Eine Frau aus dem Haus; Tante Hedi. Aber das ist nur vorübergehend. Sobald Matuschka und Batuschka ein Haus mit Garten gefunden haben, ziehe ich zu ihnen nach Berlin. Sie wollen nicht, dass ich an der Schule hier bleibe.«

»Ich geh mit zu Hermi und Hildchen«, rief Malwida, als sie an der Küche vorbeihuschten.

»Aber bloß eine halbe Stunde, dann gibt's Abendbrot.«

Hermi hielt den Schirm, die beiden anderen hatten sich bei ihr eingehakt. Nie im Leben hätte Malwida gedacht, dass sie einmal mit Hermi Hahn-Hahn eingehakt gehen würde.

Eine Villa am Hang. Die Haustür war nicht verschlossen. Im Erdgeschoss roch es nach Essen; nach Kümmel und Zwiebeln.

Das Flurlicht klickte und beleuchtete einen geräumigen Vorplatz mit Kindersportwagen und Roller. Rechts war die Holztreppe. Sie knarrte ähnlich wie die Treppen im Puschkin-Haus. Im ersten Stock eine große Wohnungstür mit dem Namen FRÖBEL.

Sie klingelten. Sie klingelten insgesamt sechsmal. Das letzte Mal läuteten sie Sturm: Hermi ließ den Daumen einfach auf dem Klingelknopf.

Im Erdgeschoss ging die Tür auf und eine Frauenstimme schallte: »Da ist keiner zu Hause, bloß das Kind.«

»Wir wollen ja zu Schenja«, sagte Malwida. »Aber sie macht nicht auf.«

Sie trappelten die Stufen wieder hinunter. Zwei neugierige kleine Kinder klammerten sich an die Frau, die noch jung war und die Haare in einen Turban eingebunden trug. Offensichtlich handelte es sich bei ihr um »Tante Hedi«.

»Worum geht's denn?«

»Wir wollen was wiederhaben, das sie sich angeeignet hat«, gab Inspektor Hahn-Hahn grimmig Auskunft. »Sie ist vom Geburtstag weggegangen und dann fehlte was. Außer ihr kann's niemand gewesen sein.«

»Kommt mal kurz mit rein.« Die Frau klemmte sich die beiden kleinen Kinder unter die Arme wie strampelnde Dackel. In der Wohnküche standen sechs Suppenteller auf dem Wachstuch. Ein einarmiger Mann und ein ungefähr siebenjähriger Junge spielten auf einer Tischecke Dame oder Mühle. Das Radio dudelte; es thronte außer Reichweite der Kinder auf einem Wandbrett.

»Pass mal auf das Essen auf, Rudi«, sagte die Frau. Sie führte die drei Mädchen in ein finsteres, muffig-kühles Wohnzimmer und knipste eine schwache Glühbirne an. Die kleinen Kinder krabbelten auf die Couch, auf der Bettstücke lagen, und spielten »schlafen gehen«.

»Setzt euch. Und jetzt erzählt mir noch mal alles genau und von vorne.«

»Erzähl du«, sagte Hermi zu Malwida.

»Schenja, Schenja«, sagte die Frau, mehr wie zu sich selbst und ganz leise, nachdem sie alles gehört hatte. »Armes Würmchen. – Eins würde mich interessieren«, wandte sie sich an Malwida. »Hat sie dir was mitgebracht? Ein Geburtstagsgeschenk?«

»Ja, eine Vase wie ein rotes Herz«, sagte Malwida. »Zum an die Wand hängen. Solange ich Blumen drin habe, so lange wird unsere Freundschaft blühen, hat sie dazu gesagt.«

»Auf so 'ne Freundschaft pfeif ich«, knurrte Inspektor Hahn-Hahn.

Die Frau drehte sich halb um und deutete auf einen Fleck an der Wand. Sie hob den Lampenschirm an, damit sie ihn besser sehen konnten. Ringsherum an den Wänden war die

Tapete verraucht und nachgedunkelt. Nur dieser eine Fleck leuchtete in gelber Farbe mit weißen Ornamenten. Ein Fleck in Herzform. Der Nagel steckte noch in der Wand.

»Also wirklich …! Die ist ja 'n ganz ausgekochter Mausehaken!« In Hermis Stimme schwang schon fast etwas wie Bewunderung mit.

»Ich glaube nicht, dass ihr Schenja verstehen könnt.« Die Frau holte die zwei Kleinen unter den Kissen hervor und strich die Decke wieder glatt. »Ich selber kann nur raten, was in ihr vorgeht. Dabei betreue ich sie seit Wochen. Ihre Eltern sind Funktionäre und arbeiten in Berlin. Sie sollen vor dem Krieg im Untergrund tätig gewesen sein und während der Kriegsjahre waren sie in Russland. Wenn sie weg sind, schläft Schenja hier unten bei uns.« Sie klopfte auf die Couch.

»Und oben steht die ganze große Wohnung leer. So ein hübsches sonniges Kinderzimmer, mit bemalten Bauernmöbeln. Aber sie fürchtet sich wohl davor, allein zu schlafen. Sogar ihre Schularbeiten macht sie unten bei uns, obwohl sie oben viel mehr Ruhe und Platz hätte. Essen tut sie natürlich auch hier und ab und zu wasche ich eine von ihren weißen Blusen. Sie zieht ja kaum mal was anderes an. Ich kann mich leider nicht eingehender mit ihr abgeben – mit drei eigenen Kindern. Mein Mann ist kriegsversehrt und arbeitet Nachtschicht auf dem Bahnhof. Gepäck annehmen kann er auch mit einem Arm.«

Sie erhob sich. »Purzel und Bille, ihr bleibt unten beim Papa.« Und zu den drei Mädchen sagte sie: »Wir sehen mal nach ihr. Ich hab einen Schlüssel für oben.«

Schenja hatte das Radio angestellt; die Musik tönte ihnen in der Diele entgegen. Eine Männerstimme sang zum Akkordeon, eine ziehende, ruhige Melodie mit viel Auf und Ab. Schenja sang mit. Ganz allein für sich sang sie in der verlassenen Wohnung.

»… po dikim stepjam sabaikalja, gdje soloto rojut v garach …«

Aber dann war es doch kein Radio: Schenja hatte eine Schallplatte aufgelegt. Das Grammophon stand auf dem Fußboden im Schlafzimmer ihrer Eltern. Schenja trug wieder ihre Pionieruniform. Sie lag quer über dem Doppelbett, auf dem Bauch, mit aufgestützten Armen.

Wie ertappt hörte sie auf, das Lied auf der Platte mitzusingen.

»Du hättest mich nicht extra holen müssen, Tante Hedi. Ich weiß, wann gegessen wird. Ist Onkel Berthold schon zum Dienst?«

»Nein, heute nicht. Heute ist doch sein ›Sonntag‹«, sagte die Frau sanft. »Schenja … du hast Besuch.«

Schenja hob den Kopf.

»Malwida, nanu … ist deine Geburtstagsfeier schon aus? Wen hast du denn da alles dabei? Ach ja, ihr wart mit auf dem Fest. Setzt euch irgendwohin; ich spiele gerade das Pesnja o Ssibir, das *Lied von Sibirien*. Das hab ich euch noch nie vorgesungen. Ich muss nur ein bisschen üben, damit ich den Text nicht verlerne.«

»Schenja, die Mädchen möchten etwas von dir zurückholen. Kannst du dir denken, was?«

Schenja ging nicht darauf ein. Sie fuhr fort, das Lied auf der Platte mitzusingen.

»Idjot on gustoju, taigoju, gdje ptitschki adni lisch pajut … Tante Hedi, wenn du einmal hier bist, such dir bitte eine Vase aus. Ich hab eine von deinen heute verschenkt. Willst du die aus Kristall im Wohnzimmer? Oder die dunkelblaue mit dem Goldrand? Matuschka und Batuschka verstehen das schon, wenn ich's ihnen erkläre; sie verstehen mich immer.«

»Schenja, treib es nicht auf die Spitze. Warum hast du mir nicht gesagt: Ich brauche ein Geburtstagsgeschenk? Wir hätten schon was gefunden. Man vergreift sich nicht so mir nichts, dir nichts am Eigentum anderer Leute.«

»Batuschka sagt, Eigentum ist Diebstahl. Er nennt Leute, die immerzu ›mein Haus‹, ›mein Geschirr‹, ›mein Teppich‹, ›mein Fahrrad‹ sagen, *burschuá*. Wer alle möglichen Sachen anhäuft, die er eigentlich gar nicht braucht und sie so anderen vorenthält, die sie vielleicht brauchen, darf sich nicht wundern, wenn er die Gewalt herausfordert. Du hast in die rote Herzvase nie Blumen hineingetan. Deshalb dachte ich, du merkst gar nicht, dass sie weg ist. Nimm dir ruhig eine von uns dafür, Matuschka und Batuschka haben nichts dagegen, ich schwör's dir.«

»Schenja, versteck dich nicht hinter diesen aufgeschnappten Losungen. Das ist doch bloß Geplapper.« Die Frau klang jetzt ungeduldig. »Ich hab dir bis heute vertraut und ich will das auch weiterhin können und nicht ständig meine Einrichtung nachzählen, ob eventuell was fehlt. Hast du mich verstanden, Schenja?«

»Ja«, sagte Schenja gedehnt.

Die Luchsaugen der Hahn-Hahns hatten inzwischen den nur schwach beleuchteten Raum durchkämmt. Hildchen teilte Ellenbogenpüffe an ihre Schwester und Malwida aus.

»Dort – guckt, dort sind sie. Dort, auf dem Nachttisch. Es liegt ein Buch drauf, aber sie gucken vor.«

Hermi, um der Gerechtigkeit zum Sieg zu verhelfen, ging schnurstracks auf den Nachttisch zu. Sie wollte die Karten unter dem Buch hervorziehen, doch mit einem Aufschrei stürzte Schenja sich darauf.

»Gib her, lass die sein! Die haben mir Matuschka und Batuschka geschickt, aus dem Ausland.«

Sie erwischten die Streitobjekte beinahe gleichzeitig. Hermi Hahn-Hahn hielt fest, was sie hatte; Schenja zog und zerrte. Es ratschte; das kurze, scharfe Geräusch von zerfetzendem Papier.

Jetzt schrie auch Malwida: »Nicht, nicht, nicht! Nicht kaputtmachen, die sind doch aus meiner Sammlung!«

Die Frau seufzte und schüttelte den Kopf. »Kinder, Kinder, lohnt sich das denn?« Aufgebracht trat sie zwischen Hermi und Schenja. »Jetzt hab ich aber die Nase voll von euren Dummheiten. Hergeben! Sofort. Oder muss ich euch erst mit den Nüscheln aneinander rammeln?«

Schenja ließ los, warf sich wieder aufs Bett, umschlang ein Kopfkissen und drückte ihr Gesicht hinein.

Auch Malwida kämpfte gegen das Heulen an. Mit zitternder Unterlippe beugte sie sich über ihre mittendurch gerissenen Sammelstücke.

Ihr Blick fiel auf einen südlichen Garten. Auf steinerne Vasen mit rosa Blumengewucher und auf dunkle Borstenstiele – Zypressen. Mitten im Blau des Horizonts aber, einem Blau zwischen Vergissmeinnicht und Pfauenhälsen, schwebte eine schneeweiße Bergkuppe. Ein zartes Rauchwölkchen stieg aus ihrem Gipfel und verwehte. *Taormina. Giardini pubblici* stand darunter.

Die andere zerstörte Karte zeigte einen Luxusdampfer. Drei dicke Schornsteine qualmten und über die Reling lehnten ameisenkleine Passagiere. *Queen Mary 1947 erneut auf Nordatlantikkurs* konnte man am Himmel geschrieben lesen.

Die Karte, die das Tauziehen überstanden hatte, stellte eine Laubfrosch-Blaskapelle dar. In altmodischen rotweiß gestreiften Badeanzügen, aufrecht wie Menschen, hielten die Frösche sich Posaune, Tuba, Trompete und Waldhorn vor die breiten Mäuler. *Herzliche Grüße aus …* war mit roter Schrift in das Schilf gedruckt. Jemand hatte *Paris* in das Freigelassene gekritzelt.

»Das sind ja gar nicht meine«, sagte Malwida entgeistert.

Aber wenn die Karten Schenja gehörten, wenn sie Schenjas Eigentum waren, bedeutete das … Konnte es das wirklich bedeuten?

Hüte dich vor Sammlern, die dasselbe sammeln wie du. Sie sind zu allem fähig, sagte eine Stimme in Malwidas innerem Ohr. Klar und deutlich wiederholte Herr Holtei seine Warnung, ausgesprochen zuerst am Ostersonntag.

Hildchen, die Malwidas Karten schon x-mal gesehen hatte, bestätigte es: »Nee, das sind andere. Nicht Malwidas. Wir müssen weitersuchen. Vielleicht hat sie sie unterm Kopfkissen versteckt? Oder im Ranzen? Oder unterm Tischtuch?«

Auffordernd richteten sich die Augen von Malwida und den beiden Hahn-Hahns auf die Frau. Immerhin vertrat sie die Stelle von Schenjas Eltern. An ihr war es jetzt, etwas zu tun, anzuordnen, zu erlauben. Ein Wort von ihr und Hermi und Hildchen würden in die Zimmer ausschwärmen. Würden alles hochheben und umdrehen, aufschließen und herausziehen, was sich in der Fröbel-Wohnung hochheben, umdrehen, aufschließen und herausziehen ließ.

Vorläufig drehte die Frau selbst etwas um. Sie betrachtete die Rückseiten der Postkarten. Die auseinander gerissenen Teile mit der Adresse rechts und der Mitteilung links. Nur Malwida, die direkt neben ihr stand, konnte mitlesen. Jemand hatte liniertes Schreibheftpapier über die ursprünglichen Texte und Namen geklebt.

An Jewgenia Fröbel las Malwida. Auch die zweite und die dritte Karte waren *An Jewgenia Fröbel* gerichtet. Darunter stand jeweils *Sonnleite 9* und der Name der Stadt mit Bindestrich und Anfügung des Vororts Poyritz.

Die privaten Mitteilungen an die Empfängerin der Karten trugen zärtliche Anreden: *Geliebte Schenetschka* und *Wie geht es Dir, Rjabinuschka*? und *Koschka ljubimaja*. Und sie handelten davon, wie herrlich es dort sei, wo die Schreiber der Karten gerade waren, und wie viel herrlicher es doch wäre, wenn auch Schenja dabei sein könnte. Unterschrieben waren sie mit: *Es grüßen und küssen Dich voller Liebe M. und B.*

Das alles in einer klitzekleinen, zierlichen Handschrift, die Malwida nur zu gut kannte. Erst heute Vormittag war in dieser Handschrift aus Malwidas Heft die Entstehung eines Regenbogens abgeschrieben worden. Die Briefmarken waren vermutlich die echten: abgeweicht und auf das Neue draufgeklebt.

Die Frau legte die Bruchstücke der Karten auf die Steppdecke und begann Schenja sacht über den Rücken zu fahren. Sie streichelte ihre Haare und ihren Nacken, bis Schenja das Kopfkissen fortschleuderte und sich der Frau an die Brust warf.

»Es geht nicht anders, du musst sie zurückgeben«, sagte die Frau leise zu Schenjas Hinterkopf. Sie strich mit der Wange an Schenjas Haar entlang. »Deine Freundin vermisst sie. Sie hängt daran. Sie ist sehr traurig gewesen, als sie sie auf einmal nicht mehr fand. Sag's mir: Wo hast du sie? Sag's mir. Sag's Tante Hedi.«

Schenja hauchte etwas Unverständliches.

»Sie sind im Kinderzimmer«, sagte die Frau und sah Malwida jammervoll an, Schenja in den Armen. »Die Tür links neben der Eingangstür. Nehmt, was euch gehört, und dann seid so gut: Geht nach Hause und verzeiht und vergesst.«

Malwidas Karten lagen ganz offen auf dem Tisch im Kinderzimmer. Unversehrt. Daneben war schon eine Glasflasche mit Büroleim bereitgestellt. Auch herausgetrennte Heftseiten und die Schere fehlten nicht.

»Siehst du, wie gut es war, dass wir ihr gleich auf die Bude gerückt sind?«, sagte Inspektor Hahn-Hahn triumphierend. »Musst immer mich fragen, wenn was ist. – Mensch, guckt euch das an!«

Malwida musste das Licht dreimal wieder anknipsen, weil Hermi und Hildchen sich nicht trennen konnten. Das blau bemalte Bauernbett! Der blaue Schrank mit den dicken Rosensträußen und den Spruchbändern! Sie pressten die Nasen an die Balkontür und versuchten im regnerischen Dunkel die Aussicht sonniger Tage zu erraten.

»Und da schläft die lieber unten auf der Couch? Die ist ja beheppt.«

Hermi und Hildchen schliefen in einem Kabuff neben der Küche, dessen aktentaschengroßes Fenster auf eine felsige Wand hinausging. Frau Hahn-Hahn sagte dazu: die Eiger-Nordwand.

Malwida kehrte noch einmal ins Schlafzimmer zurück. Dort hatte sich nichts verändert. Die Frau saß auf dem Bett und wiegte Schenja, als sei sie drei Jahre alt.

Flüsternd fragte Malwida: »Was ist denn nun mit der … na ja, Sie wissen schon. Soll ich sie Ihnen wiedergeben?«

Die Frau verstand gleich, dass Malwida die Herzvase meinte. Sie bewegte verneinend den Kopf. »Geschenkt ist geschenkt. Und tu Blumen hinein.«

»Wollte ich sowieso«, sagte Malwida. »Fünf Sträuße hab ich heute gekriegt. Alles Winterastern.«

23. Kapitel

In der Nacht vor dem ersten Adventssonntag liebte Malwida Memmi und Babbel besonders. Sie lag im Bett und wusste, dass die beiden jetzt herumgingen und überall Weihnachten anbrachten. In jedem Zimmer. Auch in den ungeheizten und im Korridor.

Memmi steckte hinter jedes Bild und jeden Spiegel einen Tannenzweig mit ein bisschen Lametta. An das linke Wohnzimmerfenster hängte sie das Transparent, bestehend aus drei Spitzbögen. Mit dem ersten Tageslicht würde der Hintergrund rot und blau aufscheinen, wie aus Regenbogenfarben gemacht: in der Mitte Maria, Joseph und die Krippe, rechts die Hirten, links die drei Weisen aus dem Morgenland.

Auf das Wohnzimmerbüffet stellte sie die Lackbilderkrippe. Die musste jedes Jahr repariert werden. Das eine abgeknickte Schaf und der Stamm der Palme hielten gerade mal eine Saison, ehe sie wieder schlapp machten.

Malwida konnte hören, wie sie sangen. Die alten Meisenbugs sangen zwar öfter mal, aber nie gemeinsam. Außer zu Weihnachten.

»Die Pfefferkuchenfrau, die Pfefferkuchenfrau mit ihrem Mann aus Olbernhau. Er knackt ihr eine Nuss, er knackt ihr einen Kern und hat sie auch zum Fressen gern. Eia, Weihnacht, Weihnacht ist ein schönes Fest – juhu!«

Babbel sagte kein einziges Mal »Pscht, das Kind schläft«, wie sonst. Malwida konnte sich genau vorstellen, was sie machte: Sie wickelte die Engelkapelle aus. Jede einzelne Figur dröselte sie aus dem Zeitungspapier und kratzte die Wachsreste vom Vorjahr ab. Die Engel waren Hemdenmätze aus Holz mit grünen Flügeln, keiner länger als ein Finger. Einer blies Trompete, einer zupfte Harfe, einer Zither. Andere spielten Cello oder Geige oder Posaune. Der auf dem Klavierhocker, vor dem Flügel mit dem hochgestellten Deckel, war das Prachtstück. Er wurde in die Mitte vom Sofa-Umbau platziert, alle anderen rechts und links davon.

Hoffentlich hatte Memmi rechtzeitig die winzig kleinen Kerzen aufgetrieben, die man für die Engelkapelle brauchte. Und die Baumkerzen! Jedes Jahr schwebten die Meisenbugs in Sorge, ob es Baumkerzen geben würde. An gewöhnlichen Abenden behalf man sich, ohne zu mucken, mit Tellerlichtern oder Haushaltskerzen und hatte beinah vergessen, dass das elektrische Licht schon erfunden war.

Heiligabend aber würde total in die Binsen gehen, wenn man auch da auf Haushaltskerzen und Tellerlichter angewiesen wäre. Heiligabend wollte Malwida auf ihrem Tannenbaum Christbaumkerzen haben: weiße oder rote, das war egal.

Am Morgen des ersten Adventssonntags wachte Malwida lange vor den alten Meisenbugs auf. Sie fuhr in die Filzschuhe und nahm sich nicht mal Zeit, die »Leitern« zuzuhaken. Im Nachthemd stürmte sie ins Wohnzimmer:

Gucken. Ob alles an seinem Platz war. Nichts durfte fehlen und nichts durfte auf einem anderen Platz stehen als im letzten Jahr.

Weihrauchduft schlug ihr entgegen. Memmi hatte in der Nacht, als sie fertig waren, ein Räucherkerzchen angebrannt und auf den Beinsockel des Rotmantel-Türken gestellt. Dann den hohlen Oberkörper drübergestülpt, so dass aus seiner Mundöffnung Weihnachtsduft herausströmte.

Malwida drehte sich wie ein aufgezogener Kreisel.

Tannenzweige! Lametta! Engelkapelle! Adventskranz auf dem Tisch mit vier roten Lichtern! Qualmende Räucherkerzchen, bis zum Hustenreiz, über drei Wochen lang! Alles, alles war wieder da.

Moment, wo waren eigentlich die Kurrende-Knaben? Hatten sie die etwa im Karton vergessen?

Von wegen – sie marschierten alle sechs im Gänsemarsch auf der Kredenz zwischen den dort aufgestellten Fotografien und der Tannengrünvase. In ihren schwarz lackierten Pelerinen und den schwarzen Hüten; der Sternträger voran, die mit den Gesangbüchern ihm nach. Der letzte hatte offensichtlich einen unglücklichen Sturz hinter sich, denn Malwida entdeckte, dass von seiner Hutkrempe die Hälfte abgesplittert war. Man konnte an der Bruchstelle das rohe Holz sehen. Das musste gestern Nacht passiert sein.

Die Kurrende-Sänger leiteten mit ihrer Marschrichtung Malwidas Blick nach Osten. Zum Fenster hin.

Ans Fenster zu gehen, dort nachzugucken hatte sie sich bis zuallerletzt aufgehoben. Um den Moment so lange wie möglich auszukosten, guckte Malwida absichtlich in die Luft und zählte im Kopf: eins ... zwei ... drei ... vier ... Sie zählte immer schneller. Bei zehn senkte sie endlich den Blick.

Aus Gründen, die die alten Meisenbugs nicht genau erklären konnten und die irgendwie mit *Religion* zu tun hatten, gab es bei ihnen keine Nikolausbescherung.

»Das ist bei uns noch nie Mode gewesen«, sagte Memmi. Es hörte sich fast ein wenig abfällig an.

Stattdessen fand Malwida an jedem Adventssonntag eine Überraschung zwischen den Doppelfensterscheiben.

Auf einem Bett aus Tannenreisig lagen sechs Schokoladenkringel, mit roten und weißen Zuckerkrümeln besät, sechs Albertkekse (die Memmi ansonsten bis Weihnachten unter Verschluss hielt) und eine Postkarte.

Die Schokoladenkringel konnten nur von Tante Edith sein. Selbst auf Zuckermarken konnte man so etwas hier nicht kaufen. Auf der Postkarte stand in Druckbuchstaben (weil kein Mensch Tante Ediths Schrift entziffern konnte):

> Malwida, Malwida, was nützt das Mala Vita?
> Einen schönen ersten Advent wünscht dir
> deine Tante Edith. Ich komme am Heiligabend
> und bleibe bis zum Neujahrstag. Sag Babbel,
> ich bringe eine ungerupfte Wildente mit.
> Für dich hab ich bis jetzt 23 Postkarten
> gesammelt. Na, war ich brav?
> Grüsse und Küsse
> Eure Fiedel-Adschith

Dreiundzwanzig Karten! Malwida stampfte im Nachthemd den großen Büffeltanz von Häuptling »Offener Filzschuh«.

Auf der Bildseite der Adventskarte sah man in eine unterirdische Höhle hinein, wo Baumwurzeln von der Decke hingen und Zwerge auf Hochtouren für Weihnachten schufteten: Schaukelpferde zusammenleimten, Puppenstuben möblierten und so weiter.

Auch in der Schule wurde kaum über etwas anderes geredet als über Weihnachten.

»Wir gehen nächste Woche zum Bäcker, unsere Stollen backen lassen. Sechs Stück. Backt ihr auch Stollen?«

»Wir gehen erst eine Woche vorm Fest. Meine Mutter hat noch nicht alle Zutaten beisammen. Habt ihr Zitronat aufgetrieben? Wo habt 'n ihr das her? Ach so – aus der Westzone. Wir haben niemanden dort.«

Nach den Stollen war der Christbaum das Nächstwichtigste. Ob man schon einen besorgt hatte. Ob man zum Förster ging oder bei Nacht in den Busch wollte, mit dem Fuchsschwanz.

Bei Unterhaltungen über Geschenke reagierten einige in der Klasse auffallend maulfaul. Sie verzogen bloß den Mund und ließen Sätze fallen wie »Bei uns gibt's sowieso nüscht.«

Wieso konnten sie das jetzt schon wissen? Darüber zu reden, was man sich so alles wünschte, was man ganz sicher kriegen würde und was eventuell zweifelhaft war, war allein schon den Spaß wert. Schenja Fröbel hatte Malwida anvertraut, dass sie sich einen Samtmantel wünschte, mit Kapuze und mit weißem Flaum als Besatz.

»Batuschka meinte zwar, ein Samtmantel wäre *burschuá*, aber Matuschka hat gesagt, die Zeiten sind vorbei, wo das Volk in Sack und Asche gehen muss.«

Malwida hätte gern gewusst, wann sie das wohl gesagt hatten, denn Schenja hatte mit keinem Ton ihre Anwesenheit erwähnt. Nicht in den letzten drei Wochen jedenfalls.

Malwida hatte übrigens über die Sache mit den gemausten Karten nicht die kleinste Anspielung fallen lassen. Schenja selbst tat erst recht, als sei es nie passiert. Und so wuchs langsam Gras drüber. Nur dass Malwida aufgehört hatte, Schenja anzuhimmeln. Und sie lud sie auch nie mehr in die »Bruchbude« ein. Schenja ihrerseits lud auch niemanden ein, obwohl sie doch das schöne Kinderzimmer mit den blauen Bauernmöbeln hatte.

Auch der Unterricht bezog sich auf das Hauptthema der Saison. Die Aufsätze handelten von Weihnachten. Die Diktate waren ausnahmslos Texte über Weihnachten. In Musik brachte Fräulein Pforr ihnen völkerverbindende Weihnachtslieder bei: *Hej hoppsan in galoppsan, alla ljusen brinna hoppsan* und *Nous étions trois bergerettes, auprès d'un petit ruisseau.* Im Zeichenunterricht wurden Transparente und Baumschmuck gebastelt.

In der Handarbeitsstunde entstanden Topflappen am Fließband und Frau Heisterbach zeigte den Geschickteren (Malwida gehörte nicht zu ihnen, Schenja auch nicht), wie man Müffchen strickte aus siebenerlei Wollresten. Malwida hatte aber immerhin ein Ballnetz gehäkelt, aus apfelsinenfarbenem Glanzgarn. Unten Stäbchen, der Beutel aus lauter Luftmaschen. Da aber weder Memmi noch Babbel einen Ball besaßen, ernannte sie es eben zum Zwiebelnetz.

Jeden Tag in der letzten Stunde (das heißt, wenn sie die letzte Stunde gab) las Frau Schleiermachen ein Kapitel aus *Zäpfel Kerns Abenteuer* vor.

Am zweiten Adventssonntag fiel Malwida ein, dass sie Herrn Holtei und seinen Bruder schon lange nicht mehr besucht hatte. Ihre Besuche bei den Brüdern Holtei fanden immer unangemeldet statt und gingen auf plötzliche Entschlüsse zurück.

Die alten Meisenbugs hatten sich, wie jeden Sonntag nach dem Mittagessen, aufs Ohr gelegt. Zur Lichtelstunde, wenn die zweite Kerze auf dem Adventskranz angezündet würde, wollte Malwida wieder zu Hause sein.

Sie wickelte zwei Räucherkerzchen in einen Seidenpapierrest. Seit Herr Holtei damals im Sommer bei seinem Besuch den Tropfenfänger-Vogel mitgebracht hatte, wusste Malwida, was man als Gast seinen Gastgebern schuldig war. Beim letzten Mal hatte sie ihren Freunden eine Handvoll Walnüsse spendiert; eigene Ernte, aus dem Garten.

Trübe und grauschleimig wie Haferflockenpamps hing der Winterhimmel über der Gasse, als Malwida die »Bruchbude« verließ. Ein fieser Wind ratterte um die Hausecken und biss in Fingerspitzen und Ohren. Kein Vogel war zu hören. Kein Mensch machte sich draußen zu schaffen. Allerdings stimmte das mit den Vögeln nicht ganz, denn das Schnarren der Krähen erfüllte die Luft: Harr-harr-harr. Immer mehr kamen zusammen und flogen als Schwarm über die Dächer.

Ein Tag zum Trübsinnigwerden, zum Kopfhängenlassen, falls einer nicht voll und ganz auf Weihnachten eingestimmt war. Weihnachtsstimmung nämlich wirkte wie Rostschutzfarbe. Malwida war damit durchtränkt. Sie jagte den Steilhang hinauf, ohne einmal abzusetzen, durch die Kurve und hinein in das gelbe Haus.

Auf dem Dachboden war es feuchtkalt und gruselfinster. Lichtschalter konnte sie keinen entdecken. Durch die Glasfenster der Holteischen Diele drang kein noch so schwacher Schimmer. Sie fand, Herr Holtei hätte irgendwie ahnen müssen, dass sie heute kommen würde, und ihr vorsorglich eine Kerze hinstellen müssen wie im Lied von den Königskindern.

Mit vorgestreckten Händen tappte Malwida in die Richtung, wo die Wohnung lag. Aber was, wenn ein Zauber sie plötzlich zum Verschwinden gebracht hätte? Wenn sie auf einmal in ein Nichts hineintrat und nie mehr aus dem Nichts herausfände und ewig so weitertasten musste? Als ihre Finger auf Glas trafen, trommelte Malwida heftig daran, zuletzt mit der geballten Faust, bis innen eine Tür aufgestoßen wurde.

»Nicht zerschlagen, nicht zerschlagen«, jammerte Herr Holtei. »Niemand leistet Widerstand. Es wird sofort geöffnet.«

Seine Freude, dass es sich bei dem Besuch um Malwida handelte, kannte keine Grenzen. (Wen er befürchtet hatte, sagte er nicht.)

»Wir heizen nur noch ein Zimmer«, teilte er Malwida mit. »Jede Woche kommt ein anderer in den Genuss, damit die Räume nicht gar zu sehr auskühlen. Diese Woche war Oberon dran; heute ist sein letzter Heiztag. Komm, komm, wir wollen doch die Tür nicht so lange aufhalten.«

Herrn Holteis Bruder empfing Malwida wie üblich in seinem Hausmantel aus rotem Brokat. Weil Winter war, trug er darunter allerdings kein weißes Hemd mit Schmetterlingskrawatte, sondern einen weißen Rollkragenpullover. Er öffnete eigens für Malwida den Mantel, um ihr die roten gestrickten Hirsche auf seiner Brust zu zeigen.

»Ein Norweger-Skipullover, noch aus Friedenszeiten. Nicht, dass ich je Ski gefahren wäre. Der einzige Sport, zu dem ich mich bisweilen aufgeschwungen habe, war Badminton. Aber ich habe immer gefunden, dass weiße Rollkragenpullover einfach unwiderstehlich machen; sie kommen gleich hinter dem Frack.«

Auch er musterte seinerseits Malwida eingehend. Sie musste die Arme ausbreiten und sich einmal um sich selbst drehen. Das lebhafte Interesse für Kleider war ihm aus seiner Zeit als Garderobier der Städtischen Bühnen geblieben.

»Ein Trachtenjäckchen, wie reizend. Jolloloidi! Aber solltest du bei diesem eisigen Ostwind nicht lieber einen Wintermantel anhaben?«

»Ach, ich renne einfach, wenn ich wohin muss«, sagte

Malwida. »Meine Mutter sagt, untenherum warm ist viel wichtiger. Weil die meisten Erkältungen von nassen und kalten Füßen kommen.«

Höchst zufrieden schaute sie auf die Kappen ihrer tadellosen braunen Schnürstiefel hinunter und bewegte die Zehen, die weder gequetscht noch abgeklemmt wurden wie in den uralten Gurken vom letzten Winter.

Herr Holtei richtete seinen Blick ebenfalls dahin und war ebenso zufrieden. Schließlich hatte er die Stiefel im Sommer gekauft und in seinem Rucksack über die Grenze geschleppt.

Oberhalb der echten Lederstiefel hatte Malwida Trainingshosen an, wie in jedem Winter. Dicke, steife, innen angerauhte. Und dieses Dicke, Steife, innen Angerauhte wurde in der Taille von einem Gummizug zusammengebauscht, so dass sich vorn und hinten gemeine Beulen bildeten. Deshalb trug Malwida den neuen dunkelblauen Faltenrock über der Trainingshose. Sie kannte kein einziges Mädchen, das seine Trainingshosen ohne einen Rock darüber getragen hätte.

Fräulein von Carolsfeld hatte einen treffenden Vergleich gefunden: »In den Trainingshosen seht ihr alle aus wie Hyazinthenzwiebeln. Die Hose ist die Zwiebel und eure dürren Oberkörper sind die Keime.«

Nachdem sie die Hose von Herrn Meisenbugs marineblauem Anzug in einen neuen Faltenrock für Malwida umgewandelt hatte, trennte sie auch noch das Jackett des Anzugs auseinander. Malwidas Mutter ließ sich daraus eine Kostümjacke schneidern.

»Jetzt, wo wir wissen, dass Friedrich nie mehr wiederkommen wird ... wozu soll sein guter Ausgeh-Anzug im Schrank herumhängen?«

Das Dringlichste aber war das Problem gewesen, einen Ersatz für Malwidas alten Wintermantel zu finden. Erwachsene hatten es leicht, die konnten ihre Mäntel viele Jahre anziehen. Sie wuchsen ja nicht mehr. Der Fohlenmantel von Malwidas Mutter war schon zwölf Jahre alt, der schwarze Sealmantel von Babbel sogar schon achtundzwanzig Jahre; zweimal modernisiert.

Im Winter des ersten Schuljahres hatte Malwida einen sehr reichlich bemessenen Kamelhaarmantel bekommen. Auf Fotos von damals konnte man sehen, dass er wirklich neu gewesen war. Im Winter des dritten Schuljahres musste Fräulein von Carolsfeld in der Mitte einen breiten Streifen andersfarbigen Stoff anstückeln. Die Ärmel wurden durch Bündchen verlängert. Das Ergebnis war nicht extra fotografiert worden.

Im Winter des vierten Schuljahres hatte der halb kamelbraune, halb butterpilzbraune Stückelmantel sein endgültig Letztes hergegeben.

Nun, wo der Winter des fünften Schuljahres angefangen hatte, musste etwas Neues her, auf Biegen oder Brechen. Das sahen die alten Meisenbugs ein. Sie hatten schon im Herbst die Schränke im Zwischenstock auf Brauchbares und Verwendbares durchwühlt. Ein brauner Übergangsmantel von Babbel (braun wie nasser Sand) hatte zuletzt das Rennen gemacht. Die Ellenbogen waren durchgescheuert und die Taschen saßen, wie Fräulein von Carolsfeld sagte, »sehr, sehr ungünstig.«

»Das Einzige, was aus dem verschnittenen Teil noch rauszuholen ist, wäre eine kurze Trachtenjacke«, hatte sie gemeint.

Malwida liebte ihre Trachtenjacke auf den ersten Blick. Auf der Brust gab es grüne Aufschläge, die, wenn man die Jacke zuknöpfte, ein grünes Herz bildeten. Den Hals umschloss ein grüner Stehkragen und die Taschenschlitze wurden von grünen Eichenblättern eingefasst.

Was sie anziehen sollte, wenn es richtig kalt wurde, mit zehn Grad unter Null oder zwanzig und wenn die Elbe wieder zufror wie letzten Winter, darüber machte Malwida sich keine Gedanken. Jetzt noch nicht. Von Kopf bis Fuß picobello ausstaffiert, fand sie es ganz in Ordnung, dass ihre beiden alten Freunde das lobend herausstrichen.

»Heute ist der zweite Advent«, erinnerte sie sie dann vorwurfsvoll. »Bei Ihnen merkt man gar nichts davon. Wir haben überall was stehen.«

Sie zählte alles auf: Engelkapelle und Kurrende-Knaben, Räuchermann, Transparent und Lackbilder-Krippe, Adventskranz und Lamettazweige.

»Liebe Güte, könnt ihr denn da noch die Ellenbogen bewegen?«, fragte Herr Holtei. Und sein Bruder begann zu singen: »Eine Muh, eine Mäh, eine Tschingderättätä ...«

»Du kannst dir deine Ironie sparen«, sagte Herr Holtei. »Das hat nichts mit Geschmack zu tun, sondern ausnahmslos mit der Bereitschaft, weihnachtliche Gefühle zuzulassen.«

Einen Tannenstrauß wenigstens hatten sie.

»Ich hab den Höhlenbären da aus seinem Schlupfwinkel hervorgescheucht und wir haben uns was im Busch besorgt«, erzählte Herr Holtei.

»Ich spürte schon die Hunde vom Förster an meinem Hosenboden«, sagte Oberon Holtei. »Nicht, dass sie da viel zu beißen gehabt hätten, aber die Angst, sie *könnten* kommen – die Angst war das Schlimmste. So schnell rühre ich mich hier nicht mehr raus. Da kannst du Gift drauf nehmen, mein lieber Titus.«

Er zog eine Schallplatte aus der Papierhülle und legte sie liebevoll auf den Plattenteller, der mit dunkelviolettem Samt bezogen war. Bei jedem Besuch bekam Malwida zwei oder auch drei Platten des großen Thoralf Atterbom vorgespielt. Das Grammophon der Holteis war viel wuchtiger als das von Schenja Fröbel. Deshalb klang es auch viel lauter.

Die Stehlampe mit dem gelben Pergamentschirm wurde angeknipst. »Mal sehen, wie lange sie uns heute den Strom lassen.«

Jeder suchte sich einen bequemen Platz zum Zuhören. Oberon Holtei legte sich, wie immer, auf seinen Diwan und machte die Augen zu. Malwida setzte sich an sein Fußende und Herr Holtei rückte sich einen Hocker an den kleinen Dauerbrandofen.

Malwidas mitgebrachtes Räucherkerzchen nebelte zarte Duftfäden durch den Raum.

Diesmal sang der große Atterbom nicht allein, sondern im Duett mit einer Frauenstimme.

»La Traviata«, sagte Oberon Holtei weihevoll.

Als die Nadel die Tonspur durchlaufen hatte und nur noch leer kratzte, öffnete er die Augen wieder.

»Sie ist ein Biest und bleibt ein Biest, aber sie konnte singen wie ein Engel. Sie war die beste Partnerin, die Thoralf je hatte, da müsst ihr mir zustimmen.«

Fragend sah er zu Malwida hinüber, die einen krummen Katzenbuckel machte, die Arme auf die Knie gelümmelt hatte und das Gesicht in die Hände stützte. »Oder bist du anderer Ansicht?«

»Sie weiß doch gar nicht, auf wen du anspielst«, sagte Herr Holtei. Erklärend sagte er, an Malwida gerichtet: »Die Sängerin, die bei dieser Aufnahme die Violetta singt, gemeinsam mit dem großen Atterbom, ist – halt dich fest – Nelly Musäus.«

»Was – die?« Das hätte Malwida nie und nimmer vermutet.

Der Name Nelly Musäus wurde von den Brüdern Holtei, vor allem von Oberon, sonst nur mit Hohn und Verachtung überhäuft. Das heißt, wenn sie ihn überhaupt jemals erwähnten. Malwida wusste, dass es sich bei ihr um jene andere Atterbom-Sammlerin handelte, die Oberon vor Jahren so hinterlistig um das Sektglas gebracht hatte. Und die die Frechheit besessen hatte, ihm auch noch Atterboms Kaffeetasse abkaufen zu wollen.

Als bloße Gegenstände genommen, mochte der Wert – hier Porzellan, dort geschliffenes Glas – vielleicht nicht allzu hoch eingeschätzt werden. Bedachte man jedoch, dass Thoralf Atterbom die Tasse wie das Glas für die Dauer seiner

Engagements an der hiesigen Oper täglich benutzt hatte, stieg ihr Wert für einen Sammler ins Unermessliche.

Die Tasse gehörte Oberon Holtei. Das Champagnerglas war bei Nelly Musäus. Niemals würden sie je zusammentreffen, niemals je nebeneinander stehen.

Malwida wurde unversehens an die Tasse erinnert, die sie von der Waschfrau hatte. Zuerst hatte sie sie im obersten Fach ihres Regals aufbewahrt, neben ihren Postkarten. Dann war die Tasse immer tiefer gewandert und inzwischen bei den Baukästen gelandet.

»Zeigen Sie mir die Tasse noch mal?«, bat Malwida.

Oberon Holtei rappelte sich hoch und reichte sie ihr, als sei er ein Priester und die Tasse ein Sakramentsbehälter mit heiligem Inhalt.

Malwida ging mit Augen und Nase ganz dicht heran. Die Tasse in die Hand zu nehmen, wagte sie nicht. Die gleichen Rosen wie bei ihrer Tasse zu Hause: derbe, plustrige Dinger wie rosa Wirsingkohl; ein Kranz um den Tassenkopf und ein Kranz auf der Untertasse. Und der Henkel genauso geschnörkelt und mit schon abgegriffener Vergoldung.

»Drehen Sie sie bitte mal um?«

Royal Derby stand auch hier auf der Unterseite beider Teile gedruckt. *Royal Derby.* Wenn das nicht ein Glücksfall war, hatte es nie einen Glücksfall gegeben.

»Wissen Sie, was wir machen? Sie kaupeln Nelly Musäus das Sektglas ab und geben ihr dafür eine Tasse, die so aussieht wie die hier. Woher soll sie wissen, dass es nicht die echte ist?«

Vor Freude über ihre geniale Idee sprang Malwida mit ihren Lederstiefeln auf dem schwankenden Bretterboden auf und ab, dass es donnerte.

Die beiden Holteis lächelten gutmütig und ein bisschen enttäuscht. Gutmütig, weil sie Malwida gern hatten, und enttäuscht, weil sie ihr einen solch kindischen Vorschlag nicht zugetraut hätten.

Oberon verkniff sich jede Bemerkung. Herr Holtei aber sagte gütig: »Deine Idee entbehrt nicht einer gewissen Logik. Die Frage ist nur: Wo findet man diese absolut identische Tasse?«

»Ich hab eine zu Hause«, sagte Malwida. »Ich hab sie im Sommer mal gegen was anderes erkaupelt. Ich hab schon damals gedacht, dass sie so aussieht wie die Tasse vom großen Atterbom. Richtig ulkig fand ich das.«

Oberon Holtei saß wie versteinert auf seinem Diwan inmitten der Atterbom-Bühnenplakate und Atterbom-Fotografien und der Schränke voll mit Rollenkostümen Atterboms. Er blinzelte nervös. Immer wilder blinzelte er, als sei ihm ein Rußkörnchen hineingeraten. Ein anderes Lebenszeichen gab er nicht von sich.

Gespannt beobachtete Herr Holtei seinen Bruder. Seine buschigen Augenbrauen hüpften auf und ab. Sein Blick war feurig, seine Mundwinkel kräuselten sich in innigem Vergnügen.

»Ich dachte, er freut sich auch«, flüsterte Malwida ihm zu. Sie war enttäuscht.

»Das dauert eine Weile bei ihm«, flüsterte Herr Holtei zurück. »Der große Schmerz damals, du weißt, was ich meine, hat das Freuenkönnen in ihm verschüttet. Vielleicht reißt ihn das hier endlich aus seiner Lethargie.«

Herrn Holteis Anspielung auf die Angriffsnacht, als die Stadt verbrannte, brachte Malwida auf eine Schwierigkeit, an die sie bisher nicht gedacht hatte.

»Was ist, wenn Nelly Musäus im Luftschutzkeller war, als es passierte? Von denen sind die meisten doch erstickt und verkohlt. Wir hatten im Februar einen Gedenktag in der Schule, da stand es auf einem Plaket: 35 000 Tote. Oder auch 40 000, ich weiß nicht mehr so genau. Wie kriegen wir raus, ob sie überhaupt noch lebt? Und selbst wenn sie bloß ausgebombt wurde, ist dann doch ihre ganze Atterbom-Sammlung futsch.«

»Ist sie nicht«, frohlockte Herr Holtei. »Nelly Musäus wohnte nicht in der Innenstadt, sondern oben auf dem Weißen Hirsch. Ihr Haus hat allerhand Schäden, aber Nelly Musäus ist höchst lebendig. Davon habe ich mich schon lange überzeugt. Im Gegenteil – seit sie durch die Hungerjahre so vom Fleisch gefallen ist, wirkt sie zehn Jahre jünger.«

Da sein Bruder sich noch immer nicht gerührt hatte, setzte Herr Holtei sich zu ihm auf den Diwan. Er legte ihm den Arm um die Schultern.

»Nehmen wir mal an, die Tasse unserer lieben Malwida wäre tatsächlich aus dem gleichen Service wie Atterboms Tasse. Diese Chance wirst du dir doch nicht entgehen lassen!? Oberon!« Er rüttelte ihn sanft. »Hörst du mir eigentlich zu?«

Oberon Holtei nickte kaum merklich.

»Sobald wir die Tasse gesehen haben und kein Zweifel möglich ist, schreibe ich an die Musäus und schlage ihr einen Tausch vor«, sagte Herr Holtei geschäftig und munter. »Ich werde es so darstellen, als wolltest du ein bisschen frisches Blut in deine Sammlung bringen. Da neue Trophäen kaum je mehr auftauchen werden, hättest du dich darauf verlegt, alte zu opfern, um dafür in den Besitz anderer Einzelstücke zu gelangen. Wenn sie bereit ist, das Champagnerglas rauszurücken, bekommt sie die Tasse. So werde ich es ihr schreiben.«

Oberon Holtei machte den Mund auf und sagte: »Damit wird sie sich nie einverstanden erklären. Ich kenne sie doch.«

»Das werden wir ja erfahren«, sagte Herr Holtei.

»Soll ich gleich lossausen und die Tasse holen?« Malwida war Feuer und Flamme. »Ich bin Zweitbeste von den Mädchen im 75-Meter-Lauf. In zehn Minuten könnte ich wieder hier sein.«

Mit einem Mal kam Leben in Oberon Holtei.

»Um Gottes Willen – und wenn du hinfällst? Das Steinpflaster … die Unebenheiten … der Dachboden ohne Licht … Nein, nein. Ich komme mit. Ich werde vor eurer Haustür warten und sie in Empfang nehmen.«

Er suchte den Blick seines Bruders und Herr Holtei sagte: »Ich begleite dich natürlich.«

Da die Brüder Holtei keine Akkutaschenlampe besaßen wie die Meisenbugs und die verbrauchte Batterie ihrer kleinen Stablampe nicht mehr Licht hergab als ein Glühwürmchen, rüsteten sie eine alte blecherne Sturmlaterne aus. Sie klebten einen Kerzenstumpf in das Innere und schoben die Glasscheibe davor, so dass kein Zug die Flamme ausblasen konnte.

So eine Laterne hätte Malwida liebend gern auch besessen. Man konnte nämlich vor das Glasfensterchen eine Blechtür schieben und den Lichtstrahl verändern. Richtig morsen könnte sie damit und Hildchen und Hermi Hahn-Hahn Blinkzeichen geben.

Mit hinaufzukommen weigerten sich beide Holteis einmütig. Auch die Aussicht, das Anzünden der zweiten Adventskerze mitzuerleben, konnte sie nicht umstimmen.

Nachdem Malwida mit der Waschfrauen-Tasse vorsichtig Stufe für Stufe das finstere Treppenhaus abwärts getapst war, ließen die Holteis aufgeregt den Laternenschein darauf fallen.

»O Titus – wahrhaftig die gleiche Tasse. Sieh doch! Ich kann es noch immer nicht glauben. Ein Mirakel!«

»Ja, Oberon, ich sehe es. *Royal Derby.* Keine Verwechslung möglich. Ich will einen Besen mitsamt dem Stiel fressen, wenn die Musäus diesen Köder nicht mit Wonne schluckt.«

»Kann ich mit dabei sein, wenn es so weit ist?«, fragte Malwida.

»Selbstverständlich, das bedarf doch keiner Frage.«

Oberon Holtei wickelte die Doppelgängerin von des großen Atterboms Kaffeetasse in eins seiner seidenen Halstücher. Dann versenkte er sie in einem ledernen Toilettenköfferchen, das er vorher zu Hause in aller Eile leer geräumt hatte.

»Falls Nelly Musäus tatsächlich einwilligt, bekommst du einen Platz in der Ehrenloge, Malwida. Schließlich hast du mit deinem so großherzig gestifteten Tauschgegenstand ja alles ins Rollen gebracht.«

Überschwänglich setzte er hinzu: »Ich würde dir gern auch noch einen Platz in meinem Herzen anbieten, Malwida, aber den hast du schon längst. Seit du damals am Ostersonntag mit verweinten Augen und neuen Ringelsöckchen bei uns zwei alten Krautern hereinschneitest. Titus geht es genauso. Hab ich Recht, Titus?«

Herr Holtei bestätigte es, indem er mit der linken Hand auf die Stelle seines Brustkorbs klopfte, wo er sein Herz wusste. (In der Rechten hielt er die Sturmlaterne.)

24. Kapitel

Von jetzt an konnten sie nichts tun als abwarten.

Von Nelly Musäus kam keine Nachricht. Der dritte Advent rückte heran und ging vorbei, ebenso der vierte.

Malwida hatte in der Zwischenzeit ein Nadelbuch fertig gebracht (mit Frau Heisterbachs Hilfe), aus Stramin, mit einem Fetzen karierten Taft als Futter und Seiten aus Filz für die Nadeln. Außen hatte sie es mit parallelen Reihen in doppeltem Hexenstich bestickt.

Sie hatte sich noch nicht endgültig entschieden, wer das Zwiebelnetz bekommen sollte und wer das Nadelbuch. Außerdem hatte sie sechs Weihnachtsbilder mit Wasserfarbe gemalt. Auf die Rückseiten von einer Hopfenreklame, drei Mahnungen und zwei Rechnungen einer Speditionsfirma – alle aus Großvater Meisenbugs alten Geschäftsordnern. Für Memmi und Babbel, für Tante Edith, für Herrn Holtei und seinen Bruder und für Lulu Wesendonk.

Erst am Mittwoch dem 22. Dezember entdeckte Malwida die kleine weiße Visitenkarte im Drahtkorb des Briefkastens. Unter die bekannte Namens- und Adressenangabe hatte Herr Holtei mit grüner Tinte geschrieben: Morgen 1/2 4 Uhr Übergabe bei Musäus. Holen Dich 3/4 3 Uhr ab. Gruß O. und T. Holtei

Ab halb drei stand Malwida am Korridorfenster, bereits fertig angezogen.

In ihrer Phantasie nahm das Zusammentreffen der beiden Atterbom-Sammler das Ausmaß eines zeremoniellen Zweikampfs an. Natürlich würden sie nicht wirklich aufeinander einschlagen, dafür würden Herr Holtei und sie Sorge tragen. Eher schon war es vorstellbar, dass Oberon Holtei und Nelly Musäus einen strengen Abstand voneinander wahrten, sagen wir zehn Meter. Und jede Seite schickte einen Stellvertreter los, der die jeweilige Trophäe in Händen trug. Bei Oberon würde das sicherlich sie sein.

Fünf, sechs gemessene Schritte; stehen bleiben; Kaffeetasse gegen Sektglas austauschen; ebenso gemessen wieder sechs Schritte zurück. Sodann Aushändigen der Trophäe an Oberon Holtei. Beziehungsweise an Nelly Musäus. Fanfarenstöße würden gut dazu passen.

»Herr Holtei und sein Bruder nehmen mich mit auf den Weißen Hirsch«, hatte sie der Großmutter gesagt. »Wir besuchen dort eine ehemalige Opernsängerin, die Herrn Holteis Bruder von früher kennt.«

»Und was macht so ein Sahnepiepchen wie du dabei?« Babbel hatte sich gewundert. »Dass sie dich aus freien Stücken dazu aufgefordert haben, kann ich mir nicht vorstellen. Wahrscheinlich hast du wieder mal so lange gedremmelt, bis sie klein beigegeben haben, gutmütig wie sie sind. Wie heißt die Dame denn? Nelly Musäus … o ja, die hab ich mal mit Opa als Rosina erlebt, im *Barbier von Sevilla*. So eine Rassige, Schwarzhaarige. Aber vielleicht war es auch nur eine Perücke.«

Sie zwang Malwida eine riesige gehäkelte Baskenmütze aus Chenille auf, die nach Mottenkugeln roch. Wer weiß, wo sie die ausgegraben hatte.

Malwida protestierte heftig. »Da kann man ja zehn Pfund Kartoffeln drin einkaufen. Nee, die kannst du behalten.« Und etwas vorschnell fügte sie hinzu: »Die setz ich sowieso wieder ab, wenn ich draußen bin.«

»Gut, dass ich das weiß«, sagte die Großmutter. »Dann bleibst du eben hier. Punktum. Bei diesem schneidenden Ostwind und drei Grad unter Null hat jeder vernünftige Mensch was auf dem Kopf. Willst du Mittelohrentzündung kriegen? Willst du Weihnachten mit Schnupfen und Fieber im Bett liegen? Willst du, dass deine Mutter Heiligabend ohne dich zum Bahnhof fährt, die Edith abholen?«

»Das klingt so, als wärst du 'ne böse Fee und das wären deine drei Wünsche zum Aussuchen. Wünsche wie auf Bezugschein – nur mieses Zeug«, giftete Malwida. »Na gut. Gib das Ding her.«

Sie probierte es vor dem großen Korridorspiegel auf.

»Wie 'n Dilldapp sehe ich aus.«

Sie schämte sich vor den Brüdern Holtei, die sehr elegant auftraten: mit Biberpelzkragen und dunkelgrauen Hüten und Glacéhandschuhen mit Knöpfen am Handgelenk. Oberon Holtei hatte zu alledem noch graue Gamaschen über die Schuhe gezogen.

Beide machten den Eindruck, als seien sie zu einer Weihnachtsfeier unterwegs, waren gut gelaunt. Zugleich suchten sie hinter den heiteren Mienen eine Spannung zu verbergen, die sich nur manchmal äußerte, indem Oberon etwa die Augen kreisrund aufriss oder Titus seine Mundpartie verzerrte, als sei sie aus Gummi.

»Was schaust du so miesepetrig drein?«, fragte Oberon Holtei Malwida, als sie in der Straßenbahn standen und sich an den Halteschlaufen fest hielten.

Malwida deutete gequält auf ihre Mütze.

»Ich könnte dir jetzt einen Vortrag halten über die reizvolle Wechselwirkung zwischen einer grotesken Kopfbedeckung und einem Kindergesicht«, sagte Oberon Holtei. »Und ich könnte diverse berühmte Bilder anführen, auf denen kleine Mädchen deines Alters zu pikanten Schönheiten wurden allein durch den Kontrast zwischen ihrer Jugend und dem monströsen Gebilde, das man ihnen aufgesetzt hatte. Wenn ich ein paar geringfügige Veränderungen anbringen darf, sobald wir ausgestiegen sind?«

Malwida hatte nichts dagegen. Sie wollte gern eine pikante Schönheit sein, auch wenn sie das Wort »pikant« nur in Verbindung mit Essiggemüse kannte.

Bevor sie mit der Drahtseilbahn zu dem Stadtteil hinauffuhren, wo Nelly Musäus wohnte, gab Oberon Holtei seinem Bruder das Toilettenköfferchen mit der Tasse zum Halten. Als Erstes löste er Malwidas Zöpfe auf. Er holte seinen Kamm aus der Brusttasche und kämmte sie fachmännisch, ohne dass es ziepte. Dann zog er ihr die Mütze wieder über, aber anders als vorher. Er zog sie bis tief in die Stirn.

»Es fehlt noch was«, sagte er dann. »Das Trachtenjäckchen stört den Gesamteindruck.«

Kurz entschlossen nahm er seinen breiten schwarzen Schal vom Hals und drapierte ihn um Malwidas Schultern. Die offenen Haare verteilte er gleichmäßig darüber.

»Titus – wie findest du es?«

»Könnte eine Porträtfotografie von Frank Eugene Smith sein«, fand Herr Holtei. »Oder ein Carl Larsson.«

Malwida lächelte beglückt in sich hinein. Sie war mit der Mütze ausgesöhnt. Aber ein komisches Gefühl war es doch, so mit aufgemachten Zöpfen herumzulaufen. Als käme sie gerade aus dem Bett.

Bei dem Haus, zu dem Herr Holtei sie nach Verlassen der Drahtseilbahn führte, war die Haustür kreuzweise mit Balken vernagelt. *Eingang durch den Keller* stand auf einem Pappschild.

»Dort oben wohnt sie.« Herr Holtei wies auf einen ehemals verglasten Balkon mit Holzschnitzereien. Derzeit gab es nur noch eine einzige heil gebliebene Glasscheibe; alles andere war mit Pappe ausgekleidet.

Oberon Holtei begann schwer zu atmen und umkrallte den Toilettenkoffer. Während sie weisungsgemäß durch die Hintertür erst in den Keller hinabstolperten und von da ins Innere des Hauses gelangten, brummelte er vor sich hin.

»Bin mal neugierig, wie sie uns wohl empfangen wird, die Meisterin der drei schrillen Schreie. Hoffentlich besteht sie nicht darauf, uns was vorzusingen; das ginge über meine Nerven.«

Offensichtlich versuchte er sich Mut einzuflößen. Und offensichtlich ging das nur, wenn er seinen alten Hass wieder zum Aufflackern brachte.

»Neulich erst hast du behauptet, sie sänge wie ein Engel«, wagte Herr Holtei ihm zu widersprechen.

»Ich bitte dich, Titus, die Schallplatten-Aufnahme der *Traviata* ist gut und gerne zwanzig Jahre her. Jetzt, mit mindestens sechzig, sind ihre Stimmbänder ausgeleiert wie alte Hosenträger. Ich habe schließlich genug dieser überreifen Primadonnen erlebt. Und wenn sie durch die schlechte Ernährung auch noch ihren Resonanzboden eingebüßt hat, wie du selbst sagtest …«, und Oberon Holtei formte mit der einen Hand einen imaginären Busen. »Nein – ihre Zeit als Vorhang-Leiche ist vorbei. Unwiderruflich. Ich wette, sie gibt Gesangstunden und brüstet sich damit, dass sie den großen Atterbom persönlich gekannt hat.«

»›Klingel defekt. Bitte Gong schlagen‹«, las Malwida einen Zettel vor. Er war mit einer Reißzwecke an die weiß lackierte Tür im ersten Stock gepinnt.

Oberon Holtei bekam einen Lachanfall. Er lachte seltsam schrill, in höchsten Tönen, und konnte sich nicht beruhigen.

»Du wirst doch jetzt vor der Höhle der Löwin nicht hysterisch werden und alles vermasseln«, sagte Herr Holtei und warf argwöhnische Blicke auf seinen Bruder.

»Ich gonge, ja?« Malwida packte den Messinggong, der

oben am Türrahmen baumelte, und den daneben befestigten Klöppel und haute beides aufeinander.

Der Ton einer Kirchenglocke schwang unerwartet laut durch das ganze Haus und schien der Auftakt zu sein für das Hochgehen eines Vorhangs oder wenigstens für das Auffliegen der Flügeltüren.

Doch als die eine Hälfte der Tür aufgerissen wurde, bremste innen eine Kette den Schwung. Es wurde hastig herumgenestelt, und nun endlich konnte die Tür, zumindest die eine Hälfte davon, effektvoll auffliegen.

Herr Holtei und sein Bruder Oberon waren beide nicht gerade kleine Männer, besonders jetzt nicht, da sie aufrecht und gestrafft dastanden. Nelly Musäus jedoch musste zu keinem von ihnen aufschauen.

Schwarzhaarig und rassig hatte Babbel sie beschrieben und so sah sie noch immer aus. Nur dass das Schwarz einen merkwürdigen Stich ins Rötliche hatte. Über die tief liegenden Augen waren mit einem dünnen Stift kohlschwarze Brauenbögen gezeichnet, gewölbt wie Halbkreise. Die Oberlippe war mit granatrotem Rouge bis weit über ihre natürlichen Konturen hinaus in Herzform ausgemalt. Allein die gebogene Nase mit Höcker, die kühne Nase eines tatarischen Kosaken, hatte sich nicht wegschminken lassen.

Ein schwarzes Kleid floss bis an die Fußknöchel (ihre Liederabend-Robe, wie Oberon Malwida später verriet). Schwarze Ketten, drei an der Zahl, klickerten aneinander. Und eine rote Mantilla mit langen Seidenfransen lag malerisch halb über der einen Schulter, halb wurde sie vom anderen Unterarm aufgefangen.

Die beiden Holteis griffen gleichzeitig nach ihren Hüten.

Um die Mundwinkel der großen Frau zuckte es amüsiert.

»Hast du den weißen Rollkragenpullover meinetwegen angezogen, Oberon, du ewiger Jüngling?«, sagte sie statt einer Begrüßung.

»Der Anblick deines berühmten andalusischen Schals gibt mir den gleichen Gedanken ein, verehrte Künstlerin«, konterte Oberon Holtei. »Darf ich vermuten, dass er speziell für unser Rendezvous angelegt wurde?«

Nelly Musäus lachte eine jauchzende Tonfolge ins Treppenhaus. Als wollte sie sich warm singen, bevor es mit der großen Arie losging.

»Vor dir kann man auch nichts geheim halten. Um ehrlich zu sein, gilt mein Aufzug nicht so sehr dir, als dem, was du da drin hast.« Sie zeigte auf das Toilettenköfferchen in Oberons Hand. »Die Kaffeetasse von Thoralf. Du hast sie doch da drin?«, fragte sie fast drohend.

»Ich hätte es nicht gewagt, mit leeren Händen vor dir zu erscheinen, Verehrteste«, sagte Oberon Holtei.

Die majestätischen Züge entspannten sich. Wieder zuckte es amüsiert, beinah spitzbübisch um die Mundwinkel der Sängerin. Von einer Sekunde zur anderen wechselten sie die Rolle. Sie breitete die Arme aus und rief gefühlvoll: »Tritt ein in meine Gemächer, Oberon, alte Kleidermotte. Ich lechze ja so danach, mit einer verwandten Seele die *rare old times* durchzuhecheln. Was sagst du dazu, dass Thoralf auf seine alten Tage noch geheiratet hat?!«

»Nelly, bei deinem unbestrittenen Ruhm als Vorhang-Leiche – ich dulde keine Scherze über den großen Atterbom. Das solltest du wissen.« Oberon Holtei war auf einen Schlag todernst geworden.

»Ich schwöre dir, es ist kein Scherz! Ich erfuhr es letztes Jahr, um zwanzig Ecken herum. Er hat sich in ein siebzehnjähriges Dingelchen verguckt, die Tochter irgendwelcher Leute, die zufällig das Sommerhaus neben dem seinen gemietet hatten. Sie war noch nicht mal mit der Schule fertig. Eine Lotta oder Dorte oder Putte – wie sie da oben in Schweden eben so heißen. Das Dingelchen war natürlich hoch geehrt, fortan den Namen Atterbom zu tragen. Und er ist dreiundsiebzig!«

»Zweiundsiebzig«, verbesserte Oberon Holtei. »Nelly, ich bin platt! Wenn das stimmt, gibt es wieder neue Trophäen zu erjagen: Hochzeitsfotos! Aber was anderes: Besitzt du zufällig ein paar dieser Möbelstücke mit vier Beinen und hinten einer Lehne dran?«

Die Musäus schlug die Hände zusammen. »Entschuldige, was musst du von mir denken? Daran ist nur die Freude schuld, jemanden von früher zu sehen. Das macht mich unaufmerksam.«

Mit einem flüchtigen Nicken in die Richtung der beiden anderen wollte Nelly Musäus Oberon in ihre Wohnung ziehen.

»Ich bin genauso unaufmerksam«, sagte dieser. »Darf ich

dir meinen Bruder Titus vorstellen? Und Malwida Meisenbug, eine geschätzte Freundin von uns.«

»Sehr erfreut«, sagte Nelly Musäus. Ihr Tonfall drückte das Gegenteil aus. »Ich nahm an, ihr wärt vorher im Weihnachtsmärchen gewesen und hättet die Hauptdarstellerin entführt. *Das kleine Mädchen mit den Schwefelhölzern* oder *Wie Liesel das Christkind suchte.* Tut mir Leid, Oberon, aber ich hatte in meinem Brief ausdrücklich dich hergebeten und nicht dein ganzes Ensemble.«

Malwida und Herr Holtei wechselten einen betretenen Blick. Oberon der Höhlenbär – und allein in eine wildfremde Wohnung gehen? Wo er sogar Scheu davor hatte, seinen Bruder zum Einkaufen zu begleiten, weil man ihn da ansprechen könnte?

Doch sie erlebten ein Wunder.

Der »Höhlenbär«, sagte lediglich: »Titus, tust du mir die Liebe und setzt dich solange mit Malwida in eine Gaststätte? Ihr könnt euch ja eine heiße Schokolade bestellen oder ein Croissant essen oder …«

»Man könnte denken, du wärst seit Jahren in keinem Lokal mehr gewesen«, unterbrach ihn Nelly Musäus. »Oder war das als Witz gemeint? Hinten, am Heiderand, gibt es eine Teestube, dort bekommt man zwei Heißgetränke: Muckefuck und eine Art Fleischbrühe. Ich glaube, auf Marken verkaufen sie einem auch Essbares.«

»Ein halbes Stündchen«, sagte Oberon überredend. »Länger kann ich die Zeit von Frau Musäus ohnehin nicht beanspruchen. Ich komme in diese Teestube.«

Nelly Musäus' Augen glitzerten über den Toilettenkoffer hin.

»Addio, addio«, trällerte sie. Dann klappte die Tür zu. Und Oberon Holtei war drinnen. Allein. Mit ihr.

25. Kapitel

Malwida und Herr Holtei trotteten in Richtung Heiderand, um die erwähnte Teestube zu suchen. Sie tauschten nur karge Bemerkungen aus, denn sie hatten den schneidenden Ostwind von vorn, so dass Nase, Kinn und Mundpartie vor Kälte taub und gefühllos wurden. Malwida musste feststellen, dass ihre neuen Fäustlinge kläglich versagten. Sie hatte eiskalte Hände und in den Fingerspitzen stach es wie mit Nadeln. Memmi hatte die Fäustlinge vorzeitig aus der Kredenz geholt, wo sie immer die Geschenke »versteckte«.

»Eigentlich solltest du sie erst zu Weihnachten kriegen. Aber diese blau gefrorenen Hände kann man ja nicht mit ansehen.«

Ungetragen und wenn man sie nicht zu genau untersuchte, hatten die Handschuhe wirklich einen guten Eindruck gemacht: blassrosa Garn mit einem braunen Norwegermuster auf der Oberseite. Jetzt, nach zwei Wochen Anhaben und Bekanntschaft mit regennassen Geländern, Gittertoren, Zäunen und nach der Transporthilfe beim Weihnachtsbaumschleppen, war die Innenseite der Handschuhe beinah aufgelöst. Die scheinbar wolleähnlichen Maschen hatten sich in hauchdünne Fädchen verwandelt, von denen ein paar schon gerissen waren, so dass Malwida ihre Handflächen durchscheinen sah.

Memmi würde sich furchtbar ärgern, wenn sie das merkte. (»Konntest du dich nicht ein bisschen in Acht nehmen? Ob ich noch mal welche auftreibe in diesem Winter, ist mehr als fraglich. Musstest du ausgerechnet den harzigen Stamm nehmen, konntest du den Baum nicht bei der Krone packen?«)

Durch das Erinnern an die Zwei-Meter-Fichte, die seit einer Woche auf der Veranda lehnte, entfernten sich Malwidas Gedanken noch weiter von Oberon Holtei. Sie begann in die kleinen Schaufenster der Geschäfte hineinzuspähen. In die Elektrogeräte-Reparatur, in das Antiquariat mit den gebrauchten Büchern, in das Geschäft für umgepresste Hüte, in die Drogerie, in die Schreibwaren, in die Kunststopferei und das Büdchen mit den Pappsohlen und Schnürsenkeln.

Manche Ladenbesitzer hatten Watteflocken auf Fäden gezogen und sie vor die Scheibe gehängt, um Schneefall zu imitieren.

In der Laufmaschen-Annahme stand ein Nussknacker in roter Uniform und mit goldener Krone, in der Drogerie Lichterengel und Bergmann, die immer zu zweit auftraten wie ein Ehepaar. Tannenzweige fehlten nirgends; auch sie waren mit Watte bestreut oder mit Lametta.

Im Fenster einer Reinigung, wo für das Schwarzfärben von Kleidern geworben wurde, drehte sich ein voll besetztes Weihnachtskarussell mit drei Etagen. Der Fächer an der Spitze wurde von der Wärme der Kerzenflammen angetrieben.

»Ohhh … Gucken Sie mal!«

Malwida hielt Herrn Holtei am Ärmel fest. Um ein Haar wäre er am Schaufenster der Bäckerei vorübergelaufen. Das wäre bedauerlich gewesen, denn außer drei Christstollen-Attrappen aus bemaltem Gips gab es noch eine Pfefferkuchenfrau zu sehen und einen Pfefferkuchenreiter hoch zu Ross. Beide waren über und über mit Wellenlinien aus künstlichem Zuckerguss verziert. Selbstverständlich bestanden auch sie nicht aus wirklichem Pfefferkuchen; dafür waren sie viel zu schön. (Wirklichen Pfefferkuchen hatte Malwida auf der Kinderweihnachtsfeier der Volkssolidarität kennen gelernt. Auf jedem Platz hatte so ein brauner Ziegel gelegen, ohne jede Verzierung, weder Mandeln noch Zuckerguss. Und beim Anbeißen hatte er sich als bittere strohige Masse entpuppt.)

Es gab noch mehr zu sehen in der Bäckerei-Auslage. Etwas, das die Stollen- und Lebkuchen-Attrappen in den Schatten stellte. Einen Weihnachtsmann in Lebensgröße. Im moosgrünen Plüschmantel. Ein Nasenflügel war ihm abgebröckelt und die Beine fehlten zur Hälfte. Der Weihnachtsmann endete dort, wo eigentlich seine Knie hätten sein müssen. Aber wer wollte kleinlich sein, da er doch zum Ausgleich den ganzen rechten Arm und die Gipshand mit dem schelmisch drohenden Zeigefinger auf und ab bewegte. Auf und ab. Unablässig. Er grinste dazu verschmitzt aus den Augenwinkeln.

»Den haben sie wohl aus dem Gruselkabinett entliehen?«, sagte Herr Holtei. »Malwida … willst du hier stehen bleiben, bis der Strom ausfällt?« Er trampelte mit seinen Halbschuhen, um warm zu werden. »Das kann noch zwei Stunden dauern. Hab Erbarmen. Wir kommen auf dem Rückweg noch mal daran vorbei. Ich möchte mich jetzt gern irgendwo reinsetzen, wenn du nichts dagegen hast.«

In der Teestube, einem Fachwerk-Pavillon unter Kiefernwipfeln, ein Stück von der Straße zurückgesetzt, behielten sie Jacke und Mantel an. Sie pusteten auf die heiße, fettige Flüssigkeit, die man ihnen in dicken weißen Steinguttassen gebracht hatte. Sie roch wie Wurstbrühe. Dunkle Partikel schwammen darin herum.

»Was meinst du? Ob es gut geht?«, fragte Herr Holtei dann mit einem schweren Seufzer. »Er ist doch gar nicht mehr daran gewöhnt. Und es beim ersten Versuch gleich mit so einem rabiaten Weib aufzunehmen ... Jetzt mache ich mir Vorwürfe, dass ich die Sache überhaupt eingerührt habe. Ich wollte, dass er endlich wieder mit der Außenwelt in Berührung kommt, verstehst du? Aber wer konnte ahnen, dass sie mir nicht erlauben würde dabei zu sein, diese Megäre ... diese ... diese ...«

»Was ist eigentlich eine Vorhang-Leiche?«, fragte Malwida.

»In den meisten Opern stirbt die weibliche Hauptfigur zum Schluss. Das heißt, wenn der Vorhang fällt, ist sie eine Leiche. Tosca springt von der Engelsburg. Butterfly begeht Harakiri. Mimi und la Traviata rafft die Schwindsucht dahin. Manon Lescaut verdurstet in der Wüste. Gilda wird erstochen. Isolde bricht das Herz. Desdemona wird erwürgt, Aida lebendig begraben. Um nur ein paar Beispiele anzuführen.«

Zerstreut brach Herr Holtei seine Lektion in Operngeschichte ab und zog zum hundertsten Mal seine Taschenuhr heraus.

»Eine Stunde vergangen. Ich darf gar nicht daran denken, was sich währenddessen in dieser Wohnung abgespielt hat. Womöglich hat sie ihn zum Weinen gebracht. Es *muss* etwas passiert sein, ich kann es geradezu spüren. Er hätte längst hier sein müssen.«

Die Bedienung im düsteren Hintergrund der Teestube drehte ein Radio an. Ich krächzender, schlechter Tonqualität plärrte ein Kinderchor: *Morgen, Kinder, wird's was geben, morgen werden wir uns freu'n.*

Er rief Malwida das Wichtigste wieder ins Gedächtnis. Sie konnte nichts dafür, dass sie es nicht fertig brachte, sich Sorgen wegen Oberon Holtei zu machen. Wie eine Fontäne sprudelte die Freude in ihr hoch. Sie wollte gerade anfangen, die Kette funkelnder Höhepunkte zu sortieren. Alle Ereignisse des morgigen Tages wollte sie in ihrer zeitlichen Reihenfolge Herrn Holtei aufzählen, damit er auch mal auf andere Gedanken kam. Doch er ließ sie gar nicht zu Wort kommen.

Er sagte: »Wir gehen ihm entgegen. Ich halte die Ungewissheit nicht länger aus. Ich bin sicher, er braucht mich. Einer Mata Hari wie der Musäus ist kein Mann gewachsen. Jedenfalls keine so sensible Seele wie der arme Oberon. Zahlen, Fräulein!«

Obwohl noch nicht ganz fünf Uhr, war es doch bereits dunkel. Den Kopf gegen den Ostwind vorgeneigt, strebte Herr Holtei an den schimmernden und glimmernden Schaufenstern vorbei. Er hatte Malwidas Arm fest unter seinen geklemmt und zog sie mit sich, ohne ihr Gelegenheit zum nochmaligen Stehenbleiben und Gucken zu lassen. Als ob er eine stromaufwärts fahrende Elbzille wäre und Malwida ein hinten angebundener Äppelkahn.

Der Arm des moosgrünen Weihnachtsmannes im Bäckereifenster ging noch immer auf und nieder. Sein erhobener Zeigefinger schien unsichtbare Personen abzuzählen: Eene meene Mintsche Matsche, zibber di bibber di Bontschen-Gnatsche.

»Titus! Malwida! Warum seid ihr denn nicht im Warmen geblieben wie ausgemacht? Ich war gerade auf dem Weg zur Teestube.«

Oberon Holtei prallte beinah mit ihnen zusammen. Reiner Zufall, denn bis eben noch war er auf dem Bürgersteig der anderen Straßenseite gegangen, wo es weniger Geschäfte gab, also auch weniger Fußgänger-Drängelei.

»Wie leicht hätte ich euch verfehlen können!«

Gemeinsam trabten sie zur Bergstation der Drahtseilbahn.

»Na, hat sie noch was von dir übrig gelassen?«, fragte Herr Holtei und gab sich Mühe, seine Befürchtungen durch einen munteren Ton herunterzuspielen.

»Du wirst es nicht glauben, Titus, mein Guter, aber ich habe eine überaus kurzweilige und anregende Stunde hinter mir. Ich kam mir vor wie ein Fisch, den man aus dem Eimer wieder ins Wasser zurückgeworfen hat. Wir hatten natürlich nur ein Thema: Erstens die Oper, das heißt die alten Inszenierungen, die wir gemeinsam erlebt haben. Und zweitens – na ja, du kannst dir schon denken, worum es zweitens ging.«

»Um den großen Thoralf Atterbom?«, mischte sich Malwida ein. Sie wollte beweisen, dass sie mit dazugehörte.

»Das kluge Kind hat es erraten«, sagte Oberon Holtei. »Ich werde mit Nelly Musäus in Kontakt bleiben. Wir wollen versuchen, über eine schwedische Tageszeitung an Bilder von Atterboms Hochzeit zu gelangen. Falls das nicht klappt, werden wir an ihn selbst schreiben und um zwei Abzüge bitten. Es war wundervoll, wieder Pläne zu machen. Pläne, die gänzlich ungeahnte Atterbom-Trophäen zum Ziel haben. Ich bin wie neu belebt. Titus – die Welt hat mich wieder!«

»Ein schöneres Weihnachtsgeschenk konntest du mir nicht machen«, sagte Herr Holtei. Er musste sich mehrmals räuspern. Dann lief ihm auch noch die Nase und wollte im Taschentuch ausgeschnäuzt werden.

»Dann ist sie also gar nicht so ein Biest, wie Sie immer gedacht haben«, sagte Malwida.

Oberon Holtei lachte leise in sich hinein.

»O doch, sie ist ein Biest. Mit allen Wassern gewaschen. Vor allem, wenn sie versucht liebenswürdig zu erscheinen, muss man aufpassen wie ein Haftelmacher. Aber da ich sie von Anfang an durchschaute, habe ich es sehr genossen. Sie hat eine Art von sarkastischem Witz, die unbezahlbar ist. Jeder ihrer einstigen Kollegen bekam sein Fett ab. Einige der Schoten kannte nicht einmal ich, obgleich das Opernhaus gewissermaßen mein zweites Heim war.

Die andere Hälfte der Plauderstunde war Thoralf gewidmet. ›Weißt du noch, wie er …‹ und ›Kannst du dich noch an die Sache mit XY erinnern?‹ Wir wärmten alles wieder auf, es war die reinste Wonne. Eine prächtige alte Füchsin, unsere Nelly. Gibt Gesangstunden, wie ich es vorausgesagt hatte.«

»Tut es Ihnen jetzt Leid, dass Sie sie behumst haben?«, fragte Malwida. »Dass Sie ihr meine Tasse als Atterboms Tasse angedreht haben?«

Oberon Holtei bekam wieder einen hysterischen Lachanfall. Er schüttete sich aus vor Lachen, während sie in die bereitstehende, noch leere Drahtseilbahn kletterten.

»Warum sollte mir das Leid tun? Sie hat mir ja auch nicht das echte Champagnerglas gegeben. Ich hatte von vornherein daran gezweifelt, dass sie es rausrücken würde. Deshalb hat sie wahrscheinlich so lange nichts von sich hören lassen. Sie musste erst ein Duplikat auftreiben. Ich suchte sofort nach dem winzigen Sprung im Fuß, den das echte Glas hätte haben müssen. Er fehlte. Natürlich fehlte er. Ich ließ mir nichts anmerken. Irgendwie stieg Nelly Musäus in meiner Achtung. Unter uns: Ich hätte sie als Konkurrentin und Atterbom-Sammlerin nicht mehr ernst nehmen können, wenn sie sich von dem echten Glas getrennt hätte.«

Malwida ärgerte sich ein bisschen. So prima war alles eingefädelt worden. Und nun alles umsonst.

»Was machen Sie denn nun mit dem falschen Glas?«

»Es wird mich an das echte erinnern. Ich werde es in der Hand halten und vor mir sehen, wie Thoralf seine drei rituellen Schlucke nahm, ehe er auf die Bühne ging.«

Die Drahtseilbahn setzte sich in Bewegung. Ruckend und ächzend glitt sie den Berg hinunter. So langsam nur kam sie von der Stelle, dass die Fahrgäste die Lichter der Vorstadt rund um die Talstation wie ein stilles Bild betrachten konnten. Der Ostwind hatte große Flächen des Winterhimmels freigefegt, auf denen Sterne funkelten, klar und kalt.

Malwida lehnte sich an Herrn Holtei und gähnte in ihren Fäustling. Sie träumte von morgen.

Mit dem Baumschmücken fing sie an. In Gedanken holte sie eins nach dem anderen aus den Kartons hervor, die Silberkugeln mit den kleinen eingedellten Höhlen, in denen es glitzerte, die rot schimmernden Riesenkugeln, die Vögel mit den Seidenpuschelschwänzen und die silberne Spitze mit dem Einsatz aus Rubinglas. Ob sie mit dem Lametta dieses Weihnachten noch einmal auskamen? Es gab ja kein neues zu kaufen, nirgendwo.

Dann machten ihre Gedanken einen Sprung auf den Hauptbahnhof, wo sie und Memmi Tante Edith abholen würden. Malwida versuchte zu erraten, was Tante Edith anhaben würde, damit sie sie morgen unter den vielen Reisenden schneller herausfand. Sicher hatte sie wieder die Skistiefel an und die Überfallhosen mit den dicken Kniestrümpfen und die Windjacke. Und auf dem Kopf trug sie bestimmt den Kopfschützer vom Skifahren. Ich werde schon von weitem Vorsicht, dein Stiftzahn! rufen, überlegte Malwida, damit sie ihn nicht noch einmal verliert, wenn sie Memmi abküsst. Als nächstes erschien vor Malwidas inneren Augen Tante Ediths riesiger Rucksack. In dessen Tiefen war die ungerupfte Wildente verpackt. Und irgendwo in seinen geheimen Etagen steckten auch die dreiundzwanzig Postkarten, sorgfältig eingewickelt gegen Nässe und durchfettenden Speck.

Am Nachmittag, wenn Tante Edith ein bisschen geschlafen hatte, kam das Kaffeetrinken, bei dem die Stollen angeschnitten wurden. Malwida legte in Gedanken zwei Scheiben Stollen auf ihren Kuchenteller. Mehr würde Babbel sicher nicht erlauben. Oder drei? Weil Weihnachten war?

Vom Kaffeetisch flogen Malwidas Gedanken zum Krippenspiel. Sonst gingen die alten Meisenbugs nie in die Kirche, nur am Heiligabend. Bei Memmi und Tante Edith hatte Malwida den Verdacht, dass sie nur wegen Fräulein Claudius hingingen, die jedes Jahr von der Empore herunter Solo sang. Sie sang immer die gleichen zwei Lieder und jedes Jahr war ihre Stimme noch höher und zittriger als im Jahr davor. Dann pufften Memmi und Tante Edith sich wie verrückt und Memmi zischte: »Wehe, du machst wieder solche Faxen wie letztes Jahr! Fiedel-Adschith, ich warne dich, du bringst mich noch so weit, dass ich mich in der Kirche unmöglich mache.«

Und Tante Edith sagte: »Ich wundere mich überhaupt, was du als Rote Käthe von der Volkssolidarität in der Kirche willst.«

Babbel machte dem Gezischel ein Ende, indem sie mahnte: »Pscht, ihr albernen Trinen, man kann den Gesang ja gar nicht hören.«

Und Memmi und Tante Edith saßen stocksteif in ihrer Bank, pressten die Lippen zusammen, so dass die Kinnbacken hervortraten, und hielten die Augen gesenkt. Um nur ja nicht herauszuplatzen, wurden sie vor lauter Anstrengung puterrot im Gesicht, während Fräulein Claudius hoch und zittrig sang: »Drei Kön'ge zogen gen Morgenland, ein Sternlein führt sie zum Jordanstrand.«

»Sie ist auf einmal so still geworden«, sagte Herr Holtei mit gedämpfter Stimme zu seinem Bruder. »Sie wird doch nicht etwa eingeschlafen sein?«

Oberon Holtei, der auf der Bank gegenüber saß und Malwidas Gesicht sehen konnte, schüttelte den Kopf.

»Sie hat die Augen auf. Ich habe zwar gehört, dass Hasen das können: mit offenen Augen schlafen, aber Kinder? Nein, wenn du mich fragst, wandern ihre Gedanken gerade durch ein seliges Land. Ob es der Vergangenheit oder der Zukunft angehört, kann ich nicht feststellen. Nur, dass es darin recht vergnüglich zugehen muss. Sie lächelt mit Augen, Mundwinkeln, Nasenflügeln und Kinn, unsere Freundin Malwida, mir scheint, selbst ihre Mütze lächelt mit.«

»Kaum hast du dich eine Stunde in deinem alten Milieu aufgehalten, schon sprichst du wieder wie Cavaradossi persönlich. Sag doch einfach: Sie träumt von Weihnachten.«

Die schmalen Glastüren der Abteile öffneten sich.

»Malwida«, sagte Herr Holtei, als alle außer ihnen ausgestiegen waren, »Malwida, wir sind wieder auf festem Boden. Würde es dir etwas ausmachen, in der Straßenbahn weiterzuträumen? Tut mir Leid. Warst du gerade bei der Bescherung?«

»Mm-mm, erst beim Krippenspiel«, sagte Malwida.

Sie konnte nicht anders, sie musste hüpfen – zwei Schritte, ein Sprung, zwei Schritte, ein Sprung. Bis sie merkte, dass sie die beiden alten Männer weit hinter sich gelassen hatte; da gab sie es auf. Mit beiden Armen hängte sie sich bei ihnen ein. In der Mitte.

»An die Bescherung denke ich erst, wenn wir in der Straßenbahn sitzen.«

Dass immer alle Leute die Bescherung für das Wichtigste hielten! Natürlich war sie die Krönung des Ganzen, daran bestand kein Zweifel. Aber wenn in der Lichterkette der Höhepunkte auch nur ein einziger fehlte – Tante Edith beispielsweise oder der Tannenbaum oder das Kaffeetrinken zu viert oder das Krippenspiel mit Fräulein Claudius und ihrem Solo – dann … ja dann wäre auch die Bescherung um all ihren Glanz gebracht. Aber zum Glück stimmte alles und alles war vorhanden. Und es würde gleich nachher losgehen, wenn sie den Baum von der Veranda hereinholten …

Karla Schneider

Die Reise in den Norden

Roman. Gebunden, 200 Seiten (79671) *ab 14*

Nominiert für den Deutschen Jugendliteraturpreis

Mit einem mysteriösen Auftrag des Königs beginnt für den Forschungsreisenden Isak Zettervall die abenteuerliche und gefährliche Reise in den hohen Norden Skandinaviens. Ursprünglich wollte er dort nur die unbekannte Tier- und Pflanzenwelt erforschen. Doch nun soll er mehr über die beiden geheimnisvollen Nomadenvölker herausfinden. Es ist eine brisante Angelegenheit, von der ihm Instinkt und Verstand abraten. Denn schon beginnen sich obskure Gestalten für seine geheime Mission zu interessieren. Zu alledem kann Isak nicht verhindern, daß die 14jährige eigensinnige Stemma Dannhauer mit ihm in die Wildnis des Nordens reitet. – Ein faszinierender Roman, der in der ersten Hälfte des 18. Jahrhunderts spielt.

»Was zwar als beschwerliche, aber auch eindeutige Forschungsreise durch Skandinavien begann, wird für Isak Zettervall zusehends zu einem lebensgefährlichen Abenteuer. Geheimen Botschaften von höchster Stelle kann er nicht ausweichen, und daß die fünfzehn Jahre alte Stemma ihn begleitet, war auch nicht vorgesehen ... Im Genre des Abenteuerromans kennt sich Karla Schneider aus. Auf den vierhundert Seiten ihres Romans kommt Langeweile nie auf.«
Marie Frisé, Frankfurter Allgemeine Zeitung

»Ein faszinierender, packender Roman.« *Heilbronner Stimme*

»Karla Schneider, versierte Autorin im Kinder- wie im Erwachsenenbuch, beherrscht ihr Metier: vom lateinischen Namen der Bärentrauben bis zur hochpolitischen Staatsaffaire, von der Besinnlichkeit der Naturbeschreibung bis zum dramatischen Showdown im Schneesturm entwickelt der stattliche Roman ein Gespinst aus feingewobener Spannung.« *Konrad Heidkamp, DIE ZEIT*

Beltz & Gelberg

Beltz Verlag, Postfach 100154, 69441 Weinheim

Karla Schneider
Die abenteuerliche Geschichte der Filomena Findeisen
Roman. Gebunden, 360 Seiten (80006),
Gulliver Taschenbuch (78230) *ab 12*

Dresden, 1813, zur Zeit Napoleons. Es ist Krieg, doch zugleich der Beginn einer innigen und zärtlichen Freundschaft zwischen Filomena Findeisen und Pruna, der Kunstreiterin. Es ist das Jahr ihrer abenteuerlichen Reise mit den Gauklern. Karla Schneider zeichnet ein genaues Bild dieser Zeit und erzählt eine spannende und bewegende Geschichte voller Wärme und Atmosphäre.

»Unsentimental, aber voller Anteilnahme und oft mit Humor schildert die Autorin das Leben eines Kindes in schlimmer Zeit ... Vor der Folie großer historischer Ereignisse werden individuelle Schicksale und Lebensgefühle deutlich.«
Konstanze Crüwell, Frankfurter Allgemeine Zeitung

»Der Verfasserin gelingt es vorzüglich, den Freiheitskrieg 1813 durch die Erlebnisse Filomenas, ihrer Familie und ihrer Umwelt, unmittelbar lebendig werden zu lassen. Packend erzählt sie von den Erfahrungen und Gefühlen des Mädchens und vermeidet jede unglaubwürdige Romantisierung.«
Karl Pörnbacher, Süddeutsche Zeitung

»Karla Schneider erzählt die Geschichte einfacher Menschen voll menschlicher Wärme.« *Darmstädter Echo*

»Es ist gerade dieses Nebeneinander von großen Ereignissen und kleinen Begebenheiten, das Karla Schneiders Buch so lesenswert macht. Kleinkarierter Ärger, spontane Freude, aufrichtige Freundschaft entfalten sich ebenso vor dunklem wie vor hellem Hintergrund ... es ist auch ein Buch gegen den Krieg ... weil spürbar wird, daß jeder durchaus mit dem anderen ausgekommen wäre, hätten sie sich denn unter friedlichen Umständen getroffen.« *Susanne Krebs, DIE ZEIT*

Beltz & Gelberg
Beltz Verlag, Postfach 100154, 69441 Weinheim

Erzählte Geschichte

Josef Holub

Der rote Nepomuk

Roman. Mit einem Vorwort von Peter Härtling
Gebunden, 200 Seiten (79608) *ab 12*

Pepitschek und Jirschi, der eine Deutsche, der andere Tscheche, sind die besten Freunde. Wie Tom Sawyer und Huck Finn sehen und hören sie, was keiner wissen soll. Ihr Paradies währt einen Sommer lang, dann wird es plattgewalzt von den Pionieren der deutschen Wehrmacht.
»Ein Buch wie ein großes Geschenk.« *Neue Züricher Zeitung*
Peter-Härtling-Preis für Kinderliteratur, Oldenburger Jugendbuchpreis

Klaus Kordon

1848. Die Geschichte von Jette und Frieder

Roman. Mit einem Nachwort des Autors
Gebunden, 528 Seiten (79761) *ab 14*

Berlin 1847/48. Die 15jährige Jette lebt mit ihrer Schwester und deren unehelichem Kind in einem armseligen Loch über dem Haustor. Als sie Frieder zum ersten Mal im Treppenhaus begegnet, ist es der Beginn einer zarten Liebesgeschichte – vor dem Hintergrund des dramatischen Verlaufs der Revolution von 1848 in Berlin.

Uri Orlev

Julek und die Dame mit dem Hut

Roman. Aus dem Hebräischen von Mirjam Pressler
Gebunden, 264 Seiten (79747) *ab 14*

Zwei Jahre nach Kriegsende führt die abenteuerliche Suche nach einer neuen Heimat den 17jährigen Julek, einziger Überlebender seiner Familie, nach Palästina, wo ein jüdischer Staat entstehen soll. In einem geheimen Vorbereitungslager bei Rom wartet Julek auf das Schiff, das ihn und andere Jugendliche ins »Gelobte Land« bringen soll. Hier findet er Freunde, und vor allem lernt er Teresa kennen.
»Ein meisterhaftes Buch.« *Batya Gur, Ha'aretz*

Arnulf Zitelmann

Unterwegs nach Bigorra

Abenteuer-Roman aus dem frühen Mittelalter
Mit einem Nachwort von Hermann Schefers
Gebunden, 304 Seiten (79655) *ab 12*

Zitelmann erzählt von Itta, der Christin, dem Juden Jakob und dem Muslim Sahnun, von ihrer Freundschaft und ihrem langen Weg durch Frankreich im Jahre 732.